民國歷史與文化研究

十 六 編

第 **1** 冊

「青天白日照古城」：戰前中國國民黨
在馬六甲的活動及其影響（1907～1941）

康 碧 真 著

花木蘭文化事業有限公司

國家圖書館出版品預行編目資料

「青天白日照古城」：戰前中國國民黨在馬六甲的活動及其影響
（1907～1941）／康碧真 著 -- 初版 -- 新北市：花木蘭文化
事業有限公司，2023〔民112〕
序 4+ 目 6+234 面；19×26 公分
（民國歷史與文化研究 十六編；第 1 冊）
ISBN 978-626-344-187-3（精裝）
1.CST：中國國民黨 2.CST：歷史 3.CST：馬來西亞
628.08   111021708

ISBN-978-626-344-187-3

民國歷史與文化研究
十六編 第 一 冊   ISBN：978-626-344-187-3

「青天白日照古城」：戰前中國國民黨在馬六甲的活動及其影響（1907～1941）

作　　者　康碧真
總 編 輯　杜潔祥
副總編輯　楊嘉樂
編輯主任　許郁翎
編　　輯　張雅淋、潘玟靜　美術編輯　陳逸婷
出　　版　花木蘭文化事業有限公司
發 行 人　高小娟
聯絡地址　235　新北市中和區中安街七二號十三樓
　　　　　電話：02-2923-1455／傳真：02-2923-1452
網　　址　http://www.huamulan.tw 信箱 service@huamulans.com
印　　刷　普羅文化出版廣告事業
初　　版　2023 年 3 月
定　　價　十六編 5 冊（精裝）新台幣 14,000 元

「青天白日照古城」：戰前中國國民黨在馬六甲的活動及其影響（1907～1941）

康碧真　著

作者簡介

康碧真（King Peck Chin），出生於馬來西亞霹靂州。畢業於馬來西亞博特拉大學（University of Putra Malaysia）外文系中文組、台灣國立暨南國際大學中國語文學系碩士班。目前就讀於國立臺北藝術大學文化資產與藝術創新博士班。曾任馬來西亞華校教師會總會沈慕羽出版基金執行員、馬來西亞林連玉紀念館高級執行員。曾獲得 2014 年台灣東南亞學會東南亞區域研究碩士論文獎第三名。

提　要

　　馬六甲是馬來西亞華人社會的發軔地。自明代以來，馬六甲即與中國有官方上的交流，不少華人透過各種管道從中國移入，他們憑藉著個人的努力與馬六甲得天獨厚之資源、地理位置而經商致富，並在當地逐漸形成一個「在地化」的傳統華人社會。這種華人社會面貌一直維持到國民黨勢力進入馬六甲後，整個華人社會風氣和精神面貌方有所改變。今日，豎立在馬六甲三寶山山麓「忠貞足式」抗日紀念碑上之「青天白日」標誌，足以證明了中國國民黨對馬六甲華人社會的影響。至於其在馬六甲的整體發展歷程如何，對當地華人社會又造成了哪一方面的影響，這些都是值得探究的問題。

　　本文第一部份旨在探討「馬六甲早期的華人社會」，故特以馬六甲華人社會的形成為中心而展開課題研究，並在議論中探究馬六甲華人傳統社會組織（地緣性）的形態，以及針對早期馬六甲華人在辛亥革命時期對民族革命的認同程度，作一番探析。第二部份則旨在探討「中國國民黨在馬六甲的崛起及發展」，試圖從歷史的角度，分別論述中國國民黨在馬六甲的各個時期演變及其特徵。因此，特將在馬六甲國民黨的發展歷程分成三個時期：一、早期的發展（1907～1927）；二、南京國民政府時期（1928～1936）；三、抗日戰爭時期（1937～1941）。以上三個時期在中國國民黨黨史上均有重大意義，而馬六甲國民黨在黨中央的政策與當地社會環境的種種因素影響下，深具獨特的發展模式。第三部份則是探究中國國民黨勢力對馬六甲華文教育的影響，故特選取國民黨人創辦的培風學校作為研究個案，說明國民黨的黨化教育對馬六甲華文教育的整體建設。

　　綜觀而言，國民黨在馬六甲華人社會進行的各項活動，對今日的馬六甲華人社會具有一定的影響力，尤其是在教育與文化方面的建設，有其獨特的歷史價值與意義。

序　古城依舊在、革命遺跡存

李盈慧

　　走訪馬六甲（麻六甲、Malacca）老城區，五步一寺廟、十步一教堂；拜會過馬來蘇丹皇宮、行經歐式建築物、穿越馬六甲河、轉入華人老街區，眼前所見，是如此衝擊，又如此和諧。

　　自古以來，馬六甲就出現在各種文字記載中。它曾經是數十種族群經商的幅輳之地，多元宗教和文化在此聚集，數十種語言在此交流。馬來王室在此建城，伊斯蘭教在此傳播，歐洲殖民者留下了斑駁的古建築、古教堂，華人移民者建起了寺廟、會館、學校。

　　過去，馬六甲有著輝煌的歷史；如今，馬六甲是馬來西亞國的一州；2008年，馬六甲成為世界文化遺產的古城。

　　如何書寫百年古城的馬六甲歷史？馬六甲華人與中國的情緣又是如何被牽起的？映照在夕陽下的三寶山，傾訴著鄭和的傳說；低調又搶眼的「忠貞足式」抗日烈士紀念碑，陪伴在側，期待人們關愛的注目。在中國史冊中赫赫有名的鄭和，曾經駐留馬六甲的史蹟，早已為人們所熟知。那麼，抗日烈士紀念碑又記載著怎樣的馬六甲史與中國史呢？馬六甲為何會與中國抗日戰爭聯繫起來呢？

　　身為馬來西亞華人的碧真，在暨大中文系就讀碩士班時，前來歷史學系旁聽我的「東南亞近代史」、「海外華人研究」課程及其他課程。在我的課堂上，她是非常用功的學生，雖然安靜，但是頗有主見，討論問題時，要言不煩，很能切中肯綮。隨後，她徵得中文系的同意，成為我的指導學生，也開啟我們的長期緣分。

　　來臺灣之前，碧真曾經在馬來西亞華教師會總會（教總）服務，還擔任沈

慕羽出版基金執行員，負責編輯《圖說沈慕羽》圖片集，因而熟識馬來西亞華文教育界的重要人物沈慕羽先生。在多次訪談後，碧真深受沈先生的情懷所感動。

沈慕羽先生對於馬來西亞華文教育具有重要貢獻，早已為馬來西亞華人所熟知，但是沈先生與中國的情緣卻較少受到關注。在中國近代史上，清末革命運動也在馬六甲留下事蹟，而馬六甲革命黨的重要領袖之一沈鴻柏，正是沈慕羽先生的尊翁。

在這些因緣之下，碧真注意到中國國民黨在馬六甲華人社會間活動的歷史。雖然馬來西亞早已承認中華人民共和國，而與中華民國斷交，但是國民黨對於馬六甲華人的影響似乎餘波盪漾，因而她的碩士論文即鎖定「戰前中國國民黨在馬六甲的活動及其影響」。

在國民黨的海外發展史上，相較於新加坡和檳榔嶼的名氣，馬六甲是比較少引起人們注意的地區。其實，在晚清之前，馬六甲的華人已經相當「在地化」，亦即與中國的關係日漸疏遠；但是國民黨的前身——同盟會在馬六甲設立分支機構以後，當地華人社會又逐漸轉向關注中國的政治，一時間，革命組織和活動在當地蓬勃地發展，並且延續很長的時間。換言之，國民黨使得馬六甲華人「再中國化」。

國民黨對於馬六甲華人的影響，在二十世紀上半葉達到鼎盛；除了黨人經常參與中國的事務之外，華文教育也有長足的進步，最著名的，當推「培風學校」的創辦。沈鴻柏正是參與培風學校創建的馬六甲國民黨人。在國民黨推動「國語政策」影響下，使得馬六甲從日漸「在地化」轉為「華語社會」，其「再中國化」更是有目共睹。

國民黨的影響還表現在另一件大事，此即馬六甲華人支持中國的抗日戰爭。為了援助中國抗戰，馬六甲華人盡了最大的努力，同時也顯出了國民黨「三民主義教育」的成效。這也是抗日烈士紀念碑之所以出現在馬六甲的原因。

當中國國民黨陷入與中共的戰爭之時，馬來亞華人也遭逢馬共與英國的對抗；1949 年馬華公會的成立，是中國和馬來亞各種政治、社會事件交雜的結果。聰敏的讀者請仔細閱讀本書，馬華公會成立的密碼即隱藏在其中。

馬來西亞建國後，當地華人社會堅持保有華文教育，因而使得馬來西亞成為中國、台灣、香港、澳門之外，華文教育最為興盛的地區。而馬來西亞華文

教育的倡導者與堅持者中，一定不能忽略的一位重量級人物——沈慕羽，即是出身馬來西亞的馬六甲地區。為何沈慕羽這麼執著於華文教育的維持？他個人的信念是否與早年國民黨在馬六甲的發展有關？國民黨黨化教育的推行是否也間接影響了今日馬來西亞華人對於華文教育的堅持？這些課題，正是碧真在她的碩士論文中想要呈現的，也即是這本書的重要內容。

　　如此說來，碧真的這本書雖然探討一個已成為歷史的課題，但是這個課題卻與今日馬來西亞華文教育有著千絲萬縷的糾葛。其重要性也就不言而喻了。

　　碧真在撰寫碩士論文之前，其論文的研究計畫曾經獲得「中央研究院亞太區域研究專題中心」101 年度碩士論文研究獎助，因而得以前往馬六甲及新加坡找尋史料、進行田野調查、口述訪問等。她所取得的史料包括了非常珍貴的沈慕羽及其兄弟的手稿、1930 年代華文教科書、新加坡國立大學典藏的許多舊版華文報刊等。

　　另外，她也在台灣的重要檔案館及圖書館收集了不少史料，例如中國國民黨黨史館、國史館、中央研究院近代史研究所、國家圖書館等。由於掌握了這麼多一手的史料，於是這本書寫出了前人所忽略的許多重要史事，也為讀者揭開國民黨在馬六甲活動的神秘面紗。

　　碩士論文完成後，又獲得 2014 年度「台灣東南亞學會」東南亞區域研究博碩士論文獎第三名。

　　這本碩士論文頗受到馬來西亞華社人士的重視，碧真也受邀在馬來西亞發表演講，闡明太平洋戰爭前國民黨在馬六甲的活動。

　　數年前，我已提醒碧真應該將碩士論文出版。但是她希望增補史料和史事，於是拖延至今。這兩年，她回到臺灣，就讀「文化資產與藝術創新」博士班，我們得以時相往還，出版之事，也在我的「嘮叨」之下加快時程。現在欣見碧真的研究心血即將公諸於世，於是在此叨敘雜憶，以記其志。

　　2023 年是沈慕羽先生 110 歲冥誕之年，本書的出版也算是適得其時。

　　前塵往事多是今日社會現象的起源，敏銳的讀者當可以在碧真的努力考究中見證歷史，理解今生。

李盈慧

於臺灣埔里、暨南國際大學

2022.09.25

圖 0.0.1 英屬馬來亞地圖 (1909～1941)

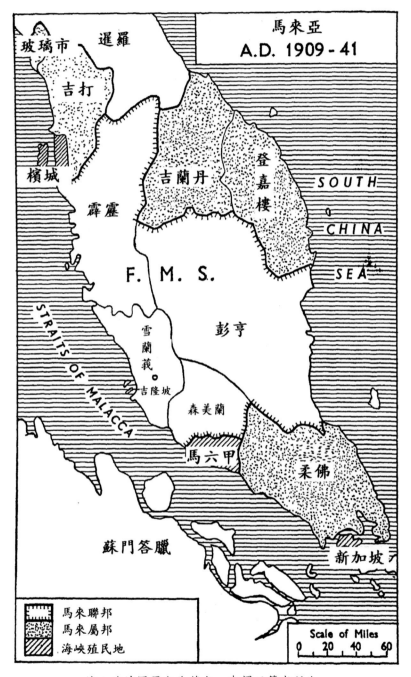

注：此地圖原文為英文，中譯乃筆者所為。

圖片來源：J. Kennedy, *A History of Malaya, A.D. 1400-1959*, p.246

目

次

圖目錄

第一章　緒　論

一、從「忠貞足式」上的「青天白日」談起

　　每逢清明時節，馬六甲華人社團（以下簡稱：華團）人士總是聚集在三寶山（馬來語為「Bukit Cina」，即「中國山」之意）山麓的「忠貞足式」抗日烈士紀念碑前進行默哀公祭儀式，對在馬六甲淪陷時期蒙難犧牲的義士給予敬禮和追悼。時光荏苒，轉瞬間，紀念碑屹立於三寶山已過半世紀的歷史，雖經多次修葺，但其依然氣宇軒昂地矗立於三寶山山麓，無論是在烈日下或晨夕時分望去，總是令人肅然起敬，追遠慎終。

圖 1.1.1　馬六甲「忠貞足式」抗日紀念碑

經過 1972 年和 1993 年兩度修葺後的馬六甲「忠貞足式」抗日紀念碑；正面有中華民國前總統蔣中正親題的「忠貞足式」四字。（照片攝於 2013 年 1 月 24 日）

「忠貞足式」抗日烈士紀念碑於 1948 年 4 月 5 日落成，巍峨地聳立於寶山亭左側之廣陵，碑高三丈，頂嵌「青天白日」中國國民黨黨徽，正面有當時中華民國政府總統蔣中正親題「忠貞足式」四字，碑下方為時任僑務會委員長戴愧生撰書三百字之墓誌銘，內容充分表達了對馬六甲抗日志士的緬懷及敬意。

根據鄭八和（Chang Pat Foh）博士的說法，紀念碑通常是為紀念一個民族或是國家的英雄抑或為悼念因保衛國土而犧牲的軍人所設。〔註 1〕設立「忠貞足式」抗日烈士紀念碑的意義，不僅是緬懷先烈捐軀抗敵的貢獻，同時也深具重要的歷史意義。換言之，這座紀念碑除了悼念抗日志士外，其背後還隱藏著對日本在二次大戰中的殘橫暴行加以批判和譴責之意涵；紀念碑上方嵌著的一個「青天白日」圖像，更是象徵著早期馬六甲華人的政治價值觀、對國民政府的認同與歸宿。正如已故馬來西亞華校教師會總會（簡稱：教總）前主席沈慕羽（1913～2009）在其自傳中提到：

> 那時的華人是僑民，祖國是中華民國，參加執政的國民黨，猶如現在的華人參加執政的馬華公會，是順理成章，天經地義的，一點也不希奇，同時也是合法的。戰後國民黨的組織，猶如現在的馬華、民政、民行和巫統一樣，總部之外，分部、支部遍及每個角落，黨員之多，不會少過現在的馬華公會。它也有三民主義青年團，一如馬華青年團，是黨的生力軍。每逢祖國節日，如黃花崗紀念、雙十國慶、國父誕辰、七七建國紀念日，都由國民黨聯合全甲華人社團、中小學，假座戲院舉行盛大紀念會，並放映電影。抗戰勝利及雙十節都曾提燈遊行，場面盛大。〔註 2〕

沈慕羽是馬六甲中國國民黨黨員，從其回顧中可隱約感受到他對國民黨的強烈自豪感。中國國民黨無論是在抗日戰爭以前或以後都是一直影響著馬六甲華人社會，就算是 1949 年才設立的馬來亞華人公會（馬來西亞成立後，改稱「馬來西亞華人公會」，簡稱：馬華公會）猶可見當年國民黨的影子。這種情

〔註 1〕Chang Pat Foh （1997），*Heroes of the land of hornbill*, Kuching: Ministry of Social Development, Sarawak, p. 64，轉載自林開忠：〈從叛徒到英雄：英雄紀念碑與砂勞越國族論述〉，收錄於蕭新煌、顧長永編：《新世紀的東南亞》（臺北市：五南，2003 年），頁 192。

〔註 2〕沈慕羽：〈沈慕羽自傳〉，轉載自廖文輝：《沈慕羽事蹟繫年》（吉隆坡：馬來西亞華校教師會總會，1997 年），頁 43。

況並非一時所能促成的，而是經過長時期的磨合、發展而產生的結果。

圖 1.1.2　馬六甲「忠貞足式」抗日紀念碑墓誌銘

抗日紀念碑中下方有前僑務會委員長戴愧生撰書的
墓誌銘。（照片攝於 2013 年 1 月 24 日）

後來，中國政治時局易幟，加上馬來（西）亞的政治情勢遽變，當地華人的政治認同遂傾向於本土。與此同時，有人認為應該要將馬六甲抗日烈士紀念碑上的「青天白日」徽章撤除，以表對馬來西亞政府的效忠。然而，在沈慕羽等眾人的極力反對下，堅持將其保留下來，並表示「青天白日」乃是代表著曾經領導馬六甲華人社會的政府——中國國民黨政府，若是執意要將其拆除，則是一種扭曲當地華人歷史的行為。最終，「青天白日」在眾人的堅持擁護下保留至今。從捍衛「青天白日」徽章一事來看，馬六甲華人的政治傾向轉變雖是時勢所使然，但仍有少數的中國國民黨黨員堅守著國民黨殘餘的勢力，並以其作為一種精神的慰藉。

隨著時日的推移，今日「青天白日」的政治勢力雖然已退出海外華人社會的舞臺，其政治色彩在海外亦逐漸淡化，當年孫中山所呼籲黨員扛起的革

命重任可說是被忘卻在歷史的角落，革命的意義更沉埋於海外華人歷史的狹縫中。曾經，照耀著馬六甲華人社會的「青天白日」；如今，僅剩下一段歷史、一片回憶、一種象徵！

二、研究動機和目的

　　走在馬六甲的街道上，隨處可見重要的古蹟，令人發思古之幽情。在雞場街文化坊內除了矗立著歷史悠久的青雲亭外，還有古色古香的海南會館、潮州會館、雷州會館、福建會館等各方言群會館，或大或小，目不暇給；馬六甲河兩岸刻有殖民時代印記的古老建築物，即：聖保羅山、博物館、教堂、葡萄牙與荷蘭統治時期的城堡遺址，以及歷史老街區等；在三寶山附近則有充滿美麗傳說的三寶井、寶山亭，以及一座為表彰與感念抗日時期殉難的馬六甲華人之「忠貞足式」抗日紀念碑。時至今日，這些歷經歲月洗禮的古蹟、建築物雖然淪為了旅遊佈景，但其背後依然各自承載著一些曾經發生在這塊土地上的歷史故事。而啟發這項論文的研究動機，也得從筆者與馬六甲這個地方結下不解之緣開始述起。

　　筆者自 2007 年在馬來西亞博特拉大學（Universiti Putra Malaysia）畢業後，即投身於馬來西亞華校教師會總會（馬來西亞成立前稱：馬來亞聯合邦華校教師會總會；簡稱：教總）服務，當時有幸擔任沈慕羽出版基金執行員，並負責編輯《圖說沈慕羽》圖片集。由於工作的因素，經常前往這座歷史韻味醇香的城市，更是有緣接觸到這一位德高望重的馬來西亞華文教育界前輩——沈慕羽老先生。在沈慕羽的身上，永遠感受到一份對民族教育的執著、一股對中華文化的熱誠！對於生長在霹靂州且接受「馬來文為主，華文為輔」教育薰陶的筆者而言，實在難以理解沈慕羽的這份精神與毅力。

　　曾經在翻閱沈慕羽的演講詞時，筆者發現一句與孫中山革命言論似曾相識的名言：「華教尚未成功，同道仍須努力」；亦在整理資料中得知，其父親沈鴻柏是馬六甲革命黨的重要領袖之一，曾經接待不少國內外的革命黨領袖，並與孫中山、黃興等人長期通信聯絡。另有不少馬六甲革命黨人亦被保送到中國國民黨陸軍軍官學校（以下簡稱：黃埔軍校），其中最為著名的則有後來在台灣擔任中華民國憲兵總司令的黃珍吾〔註3〕（1901～1969）和國家安全局局長

〔註3〕黃珍吾，字靜山，海南島文昌縣人。年少時，胸懷大志，因此遠渡南洋謀求發
　　　　展，希望能幹出一番事業。1921 年，他在沈慕羽父親沈鴻柏的推薦之下加入
　　　　中國國民黨。陳炯明叛亂之時，他積極響應孫中山的號召，毅然返回中國參加

的鄭介民（1897～1959）。這些珍貴的史料，讓筆者不自覺地斷定擔任教總主席 28 年的沈慕羽是秉持著革命精神在推進馬來西亞華文教育的發展，甚至為他打上「孫中山崇拜者」之標籤。

圖 1.1.3　〈鄭介民致沈慕羽函〉

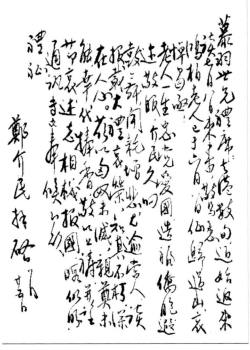

鄭介民在沈鴻柏逝世後曾致函沈慕羽，該信函內容表達了對沈鴻柏的追憶與緬懷。（圖片來源：馬六甲沈慕羽書法文物館）

然而，最令筆者為之讚嘆的是，馬六甲這個小小的州屬，竟然曾經是「臥虎藏龍，人才濟濟」的新、馬地區革命基地之一。不過，根據筆者的瞭解，早期馬六甲華人社會結構是由新客華人移民群體和土生土長的華人群體共同組成。新客華人移民主要以福建、廣東、潮州、客家和海南五大方言群體為眾，以「血緣」、「地緣」、「業緣」三緣性社團為自我社群的歸屬，各群體彼此之間的關係疏離，甚少有聯繫往來，具有強烈的排他性。他們對中國政治或民族大事，大多是抱持著漠不關心的態度，或者是處在若即若離的狀態中，似乎表露

討逆之役。亂平之後，他又返回南洋繼續致力於籌餉及宣傳工作。1924 年，他以忠貞黨員的名義被選回中國從軍，並進入黃埔軍校第一期接受革命軍事訓練，為華僑回國從軍之第一人。陳建仁：〈忠勇儒將　黃珍吾〉，《廣東文獻》第 20 卷第 2 期（臺北市：臺北市廣東同鄉會，1990 年 6 月 30 日），頁 20。

不出任何熱愛中國的傾向，最多也只不過就個別匯款接濟僑鄉親友或投資僑
鄉發展事業而已。至於另一群體——土生華人，則是早期中國移民和當地婦女
結婚後生下的後代，他們歷經當地社會環境的洗禮，除了在禮儀習俗上仍保留
傳統的華人文化外，語言的使用則是馬來語、英語、福建話或是「峇峇」語。
由於大多數的土生華人選擇接受英語教育，在西方思想與文化的長期薰陶下，
讓他們自認為是「大英帝國子民」，具有濃厚的親英意識。因此，要如何讓不
同方言群的新客華人和土生華人在接觸到孫中山的革命理念後，能夠團結一
致奮身於中國的革命事業？這是一項具有挑戰性的任務。

　　而出生於馬六甲的沈慕羽，是僑民的第二代。父親沈鴻柏是當地著名的
僑領，對孫中山的革命事業總是熱心資助，不遺餘力。沈慕羽在這樣的家庭
長大，自小耳濡目染，自然會受到革命精神的啟示。在馬來（西）亞獨立後，
他加入馬華公會，發起馬六甲馬華公會青年團（簡稱：馬青），甚至成為馬來
西亞華文教育發展的重要推手。這些種種的表現是否因其受到父親沈鴻柏的
影響，而在馬來西亞獨立以後，將革命戰場從中華民國轉移到逆境求生存的
馬來西亞華人政黨社團及華文杏壇上？

　　這一連串的問題不斷地在筆者的腦海裡打轉，直到正式著手處理圖片集
的工作後，在整理、篩選照片的過程中，一幅幅經典的圖像帶領著筆者走入
歷史時光隧道，重返沈慕羽的過往，從「教總、馬青團體、馬華公會、抗日
運動、晨鐘夜學、三民主義青年團、晨鐘勵志社、中國國民黨、沈鴻柏、孫
中山……」，在數千張的照片中，道盡沈慕羽的一生，亦是見證了中國國民
黨與馬六甲華人社會、教育、政治的淵源。可惜的是，中國國民黨與馬六甲
華人社會之間的歷史連結這個議題，至今尚未受到學界的關注，尚未有學者
進一步投入研究與探討。這些在教總工作時期所獲得的淺薄歷史知識，猶如
一顆等待發芽的種子深深埋在筆者的心裡。一年後，筆者離開工作崗位遠赴
台灣留學，在埔里國立暨南國際大學開始接觸新、馬華人相關的研究議題，
尤其是旁聽了歷史系李盈慧老師的「海外華人研究」，對革命黨與新、馬華
人社會的關係有了更深一層的認識與瞭解。

　　隨著學習經驗與相關領域的知識不斷增加，深知革命黨組織在新、馬華人
社會的崛起與孫中山領導的辛亥革命運動有關。孫中山和革命黨人為了爭取
當地華人的經濟支援，曾經在 20 世紀初、辛亥革命前，多次前往新、馬各埠
進行革命宣傳活動，並在各個地區紛紛成立同盟會分會，而夜校、閱書報社、

劇團等宣傳機構亦在這段時期如雨後春筍般發展，有效地發揮著革命傳播媒介的作用。在革命組織的宣傳下，新、馬華人開始極力響應孫中山等諸位革命黨人的號召，除慷慨捐資助餉之外，還有不少愛國志士更是返回中國參加武裝起義，為國捐軀，灑熱血，在所不惜。這些愛國志士在辛亥革命時期付出的貢獻，時至今日，對研究華僑華人歷史之學者、華團人士而言，仍是一段最值得重視與回味的史事。

　　1911 年民國建立以後，革命組織沿著國民革命的路線，一路走來，面臨著多次的改革和變化。從同盟會到中國國民黨，每一次的改組均是相應著中國政治發展方向和時代趨勢之需求。雖然革命黨組織內部存有許多嚴重與複雜的紛擾，但其仍對海外華人的問題甚為關心與重視。為了予以海外僑民適當的保護措施，中國國民黨中央執行委員會（簡稱：黨中央）除了確立與華僑相關的政策外，還多次派員前往僑居地徹查黨務工作並予以指導與糾正。爾後，三民主義與新生活運動在中國國民黨的極力推展下，亦為新、馬各埠華人社會所接受，其精髓透過學校教學與華人社團組織活動，進一步影響了當地華人教育與文化的發展，為民智尚未全開的馬六甲華人社會氛圍寫下一段不容湮沒的歷史。綜觀而言，革命組織在新、馬華人社會中具有一定的影響力，尤其是辛亥革命時期至 1942 年日本侵入馬來亞以前的這段時期，因此不可略而不述。

　　目前有關新、馬華人革命組織的研究，多是以新加坡與檳城兩地為探討焦點，其餘地區的研究尚顯不足。需要說明的是，新、馬境內每個地區的社會、文化、教育背景不同，故華人在支持革命組織的表現方式與程度上，皆具相當大的差異性與獨特性，不可相提並論，以偏概全。

　　筆者因先前在教總工作而曾接觸了一些與革命組織相關的資料。在眾多資料中，筆者發現在中國革命運動史上表現平平、未獲得學者矚目的馬六甲，實際上是受革命組織影響最深的一個地區。與新加坡、檳城、麻坡等地區相較，馬六甲在革命史上雖然沒有留下巨額的捐款記錄，亦非文獻記載中之革命運動重要基地，但它卻是在國民黨推動的「國語政策」影響下，使早已「本土化」的馬六甲華人社會出現轉機，後來更被譽為「華語社會」。這種社會轉變的情況，反而未曾出現在作為革命重要基地的新加坡、檳城、霹靂、麻坡等地區。

　　值得一提的是，在黨化教育背景下成長的沈慕羽，其在 1951 年發起創辦教總，對馬來（西）亞獨立後的華文教育生存和發展有相當程度的影響，而沈氏後來更成為極力捍衛華文教育的重要領導人物之一。若從這個層面上來看，

馬六甲國民黨與馬來（西）亞獨立前期的華文教育，豈不是有相當的依存關係？而中國國民黨推展的黨化教育政策，為何會在馬六甲華人社會產生如此大的影響力？這些議題值得進一步深究與探索。

綜上以觀，筆者認為馬六甲應與新加坡、檳城、霹靂等地區齊名，列為新、馬革命的重要基地之一，是一個值得探索的領域。因此，本文旨在探討：一、革命組織在馬六甲的發展過程（1907～1941）；二、革命組織如何對馬六甲華人社會造成影響；三、中國國民黨的黨化教育在馬六甲的成效如何？為了突顯革命黨對馬六甲華人社會的影響力，本文亦針對早期馬六甲華人社會的構成、形貌與特徵等作出說明，冀以讓革命黨組織在馬六甲華人社會留下的足跡一一浮現。

三、研究範圍

馬六甲位於馬來半島西海岸，始建於 14 世紀末，是馬來西亞歷史最悠久的城市，其在開埠後不久就先後歷經葡萄牙（1511～1641）、荷蘭（1641～1824）、英國（1824～1941、1945～1957）和日本（1942～1945）等四國的殖民統治，直至 1957 年馬來（西）亞獨立後，方才擺脫長達將近 500 年的「被殖民」宿命。

由於馬六甲位於馬六甲海峽的樞紐位置，是東西交通貿易重要的港口，因此華人移民自馬六甲開埠後，因謀生與航海貿易的因素而選擇長期定居於此地。根據史料的記載，最早移入該地區的華人是福建漳、泉二地的商人。後來，明朝被清朝推翻後，又有一批不願意臣服於清朝的明朝遺民移居至馬六甲。換言之，早期華人移民至馬六甲的原因大致可分為兩點：一為經商謀生，一為對中國政體的不認同。

隨著華人移民數量的增加，一個小型的華人社會逐漸在當地形成。當葡、荷殖民政府佔領馬六甲時，便任命華人首領擔任華人甲必丹，以協助解決華人社會問題。不過，甲必丹制度到了英國殖民時期便被取消，轉由青雲亭亭主負責維持和協調既有華人社會的秩序。

19 世紀中葉以後，土生土長的馬六甲華人在西方教育的衝擊下，形成獨特的「峇峇」群體意識，而大量的新客華人則在英國殖民政府的經濟政策下，被引入馬六甲進行勞動工作。在移民浪潮的衝擊之下，馬六甲華人社會遂分化成土生華人與新客華人兩個群體，而革命組織（含中國國民黨）的勢力正是在

英國殖民政府統治時期徹底滲入馬六甲華人社會，並對當地土生華人的政治、
文化觀念帶來極大衝擊。

　　此處擬從時間和空間兩個面向來界定和說明本論文的研究範圍。就時間
範圍而言，本研究的時間斷限是 1907 年至 1941 年，即以 1907 年組織馬六甲
同盟會分會為起始點，但為了能夠清楚突顯革命黨對馬六甲華人社會帶來的
影響，本文會在第二章先針對早期馬六甲華人社會的景況進行說明，以起輔助
對比革命黨組織滲入馬六甲華人社會前後之變化；至於終止的時間則落在
1941 年，即日本入侵馬六甲以前。需要說明的是，本文雖然以中國國民黨為研
究主體，然亦略述其前身——同盟會、國民黨、中華革命黨，在馬六甲的運作
和演變，這樣才能更完整地勾勒出革命組織在馬六甲的發展脈絡。

　　就空間範圍而言，本研究以馬來西亞馬六甲州（Malacca）為研究地區，
但研究焦點主要還是以馬六甲中區（Central Malacca）為主；而亞羅牙也（Alor
Gajah）、野新（Yasin）、亞沙漢（Asahan）等三個地區為輔。

圖 1.1.4　馬六甲行政區劃圖

馬六甲分為三個縣，即馬六甲中區、亞羅牙也、野新。（圖片來源：
本研究繪製）

四、文獻回顧

　　本文著重探討中國革命黨在馬六甲華人社會的發展歷程，以及其對當地
華人社會所產生的影響。與這個議題相關的研究，至今方興未艾，而現有的
研究成果與本文有直接關連的亦不多，碩、博士論文更是付之闕如。儘管如
此，本文仍就現有相關的研究成果分成三個部份，即：一、戰前中國國民黨

在新、馬地區之研究概況；二、馬六甲華人研究概述；三、新、馬華人社會研究等議題，進行回顧與前瞻，希望能夠作為本研究的基本架構指引。

（一）戰前中國國民黨在新、馬的黨務之研究概況

本文聚焦於中國國民黨在馬六甲的黨務活動發展，但是有關中國國民黨在新、馬特定或單一區域的研究成果屈指可數，多數以整個馬來亞半島的英屬殖民地範圍作為探討重心，故本文亦參採相關議題的研究成果作為研究回顧。

目前，研究辛亥革命與新、馬華人社會的權威學者有澳洲阿德雷德大學（University of Adelaide）歷史系終身榮譽教授顏清湟，其英文著作 *The Overseas Chinese and the 1911 Revolution*（1976）（李恩涵譯成中文版《星馬華人與辛亥革命》（1982）），至今仍是研究新、馬華人社會與革命黨不可或缺的重要參考書籍。顏氏採用新、馬保皇黨和革命黨創辦的報章，海峽殖民地政府檔案，中、英文報章雜誌，以及私人口述訪問等資料作為撰寫參考。這部著作內容以海外華人的民族主義思潮作為主軸，探析 1900 年至 1911 年間，革命組織在新、馬各地區的起源及發展，並針對華人在革命運動的參與和實質的貢獻加以分析。顏氏的這部著作對本研究具有很大的啟發性。

同樣以新、馬華人社會與革命組織作為研究議題的楊進發，其與 R. B. McKenna 合著 *The Kuomintang movement in British Malaya, 1912～1949*（1990），為戰前新、馬華人革命組織研究奠定了重要基礎。在此書中，楊氏以 1912 年至 1949 年英屬馬來亞國民黨組織的發展歷程為主題，並按照時間順序將國民黨組織的整體發展路線劃分為幾個階段來談論。此外，楊氏還在書中針對革命組織領導菁英之貢獻作詳盡地介紹。楊氏另有相關著作，如：《戰前星華社會結構與領導層初探》（1977）、《新馬華族領導層的探索》（2007）和 *Chinese Leadership and Power in Colonial Singapore*（1994）等，這幾部著作的內容著重在 1941 年以前新、馬國民黨和政治領導層的研究，雖非全面性地探討馬六甲國民黨的發展情況，但有助於擴大對當時代的研究視野。

繼顏氏、楊氏之後，崔貴強在《新馬華人國家認同的轉向，1945～1959》（1990）一書中，大量使用了英國殖民政府的檔案、殖民地官員來往書信、中英文報章、華人會館紀念刊物等史料及專書，內容針對新、馬華人在 1945 年至 1959 年間的國家認同和政治行為的轉變給予詳細地分析，並兼論戰後中國國民黨的僑務政策、黨部組織的發展和運作。

古鴻廷的《東南亞華僑的認同問題——馬來亞篇》（1994）是一部探討

新、馬華人政治認同的論文集，內容的第四至第六章側重於探討國民黨與新、馬華人的互動，並針對金文泰時期實施的嚴厲壓制國民黨政策提出獨特的見解。古氏在這部著作特別提到，華人對中國的認同以及與中國經濟活動的關聯性，雖然內容未予以明確的前瞻性指引，但卻為本研究提供另一種思考的向度。

張少寬的《孫中山與庇能會議：策動廣州三‧二九之役》（2004），由三十篇文章結集成書，內容分成上、下兩編。上編主要說明檳榔嶼與辛亥革命的淵源；下編則是說明檳榔嶼同盟會對孫中山革命活動的實質貢獻，並納入多篇相關附錄，以突顯檳榔嶼同盟會的重要性。這部著作收錄的文章篇幅雖然不長，尤工於考據，但卻對「華僑與革命」的研究議題極具啟示的作用與參考的價值。

鄭良樹《馬來西亞華文教育發展史》共有四分冊（第一分冊，1998；第二分冊，1999；第三分冊，2001；第四分冊，2003），主要以報紙、教育雜誌、校刊、社團紀念刊等資料作為參考材料，其中第一分冊與第二分冊這兩本著作的內容涉及到國民政府、英國殖民政府參與新、馬華文教育發展的探討，並從華文學校的教學課程、教科書等方面，進一步探索黨國意識的傳播。鄭氏的研究，對本研究在探討國民黨對馬六甲華文教育方面的影響，予以諸多的思考與幫助。

除了上述的著作外，與本研究相關的文章，如：Png Poh Seng 的「The Kuomintang in Malaya, 1912～1914」（1961），探析國民黨於 1912 年至 1914 年期間在新、馬的政治運動發展，並將英國殖民地政府嚴禁與壓制國民黨運動的原因加以敘述；Stephen Leong 的「The Kuomintang-Communist United Front in Malaya during the National Salvation Period, 1937～1941」（1977），針對馬來亞國共在抗日時期二次合作的情形予以分析，並指出統一陣線在新、馬的形成僅是一個「小插曲」，最終並未能產生如預期的效果；朱浤源的〈中國國民黨在新馬：戰前與戰後的比較〉（2002）一文中，將中國國民黨於 1896 年至 1954 年間在新、馬（此處所指的「新、馬」包括英屬北婆羅洲）的運作和發展，分成六個時期來說明，並就戰前和戰後的情況進行比較；蘇雲峰的〈星洲瓊僑與中國革命（1906～1927）〉（1986）一文，主要在探索新加坡瓊僑對革命活動的參與和貢獻，其中涉及到由瓊僑推動的黨務運作。在碩士論文方面，則有國立暨南大學歷史所陳哲維的《殖民與移民：史密斯、金文泰總督與新加坡華人社

團》（2011），其在論文的第四至第五章，特別針對海峽殖民地總督金文泰與馬來亞國民黨之間的衝突關係，作初步探討。

　　僑務政策雖非本文的研究主題，但戰前海外的中國國民黨黨務活動與中華民國政府實施的各項「華僑政策」有著直接且密切的關係，因此，「辛亥革命」至抗日戰爭前的華僑政策研究，不宜略而不提。在既有僑務政策的研究成果中，李盈慧《華僑政策與海外民族主義（1912～1949）》（1997）一書，可說是瞭解華僑政策的重要參考依據。該部著作特就中華民國在 1912 年至1949 年間，各個時期政府所落實的華僑政策之過程和效果為論述重心，進而探討華僑對中國的向心力和政治參與。另則有國立暨南大學歷史所黃辰濤碩士論文《爭取海外力量：中華民國外交、僑務、黨務在新馬的運作（1945～1957）》（2008），就國民政府在戰後初期（1945～1949）和馬來亞獨立前期（1950～1957）兩個階段的外交僑務和國民黨黨務工作的執行，進行探討和比較。此外，包愛芹〈1925～1945 年國民政府僑務政策及工作述論〉（2000）、陳國威〈1932～1945 年國民政府僑務委員會述論〉（2010）兩篇論文，依據相關的文獻史料，分別針對國民政府時期的僑務委員會、僑務政策及僑務工作的主要內容，予以說明與評述。

　　綜觀現有的研究成果，有關革命組織在新、馬的研究成果並不多，而國民黨在馬六甲的發展與影響等相關探討更是缺乏。儘管如此，前輩學者們各就相似主題所提出的研究資料或研究成果，皆對本論文有極大的幫助。

（二）馬六甲華人研究概述

　　近年來，有關馬六甲華人的研究開始備受關注，以馬來西亞拉曼大學黃文斌教授為首的「三寶山及青雲亭原始資料編纂計畫」小組，從 2009 年開始，即在三寶山上進行抄墓碑工作，所涉及的先人墓碑年份從明末至清朝嘉慶年間。該計畫團體還著手於研究荷蘭殖民政府時期的歷史文獻和檔案與青雲亭及其屬下廟宇的碑文、牌匾和楹聯等文物，藉此鉤沉早期馬六甲華人的生活情景、華人移民的籍貫及身分地位。這項計畫後來將蒐集所得的資料匯集成《馬六甲三寶山墓碑集錄（1614～1820）》（2013），是現有馬六甲華人研究之重要成果之一。

　　雖然有關馬六甲華人的研究成果為數不多，主要還是以殖民時期的馬六甲華人史、青雲亭和華人甲必丹、土生華人等研究議題作為探討主題。專以殖民統治時期華人社會為探討對象的有張禮千《馬六甲史》（1941）、葉華芬〈馬

六甲華人史〉（2006）、陳鴻瑜〈明朝與馬六甲王朝之關係：戰略前沿的建立和喪失〉（2010）、Sarnia Hayes Hoyt 的 *Old Malacca*（1996）、Victor Purcell 的「Chinese Settlement in Malacca」（1947）。至於英國女旅行作家 Isabella Lucy Bird 的 *The Golden Chersonese and the Way Thither*（2010）、Nordin Hussin 的 *Trade and Society in the Straits of Melaka: Dutch Melaka and English Penang, 1780 ～1831*（2009）、Timothy P. Daniels 的 *Building Cultural Nationalism in Malaysia: Identity, Representation and Citizenship*（2004）等著作，亦有略述馬六甲早期的華人社會概況。另有麥留芳的《方言群認同：早期星馬華人的分類法則》（1985），內容提及馬六甲各個方言群體的具體分佈情況，皆可為本研究第二章節之早期馬六甲華人社會的撰寫，提供相關的背景資源參考。

　　青雲亭是馬六甲歷史悠久的寺廟，同時也是馬六甲最早的華人社會組織，直到 20 世紀初仍在當地華人社會扮演著最高領導機構的角色。目前，有關青雲亭的研究多屬概括性描述與分析，其中有曾衍盛的《馬來西亞最古老廟宇——青雲亭個案研究》（2011），以青雲亭機構既存的會議記錄、祭祀簿、條規簿、碑文等原始文獻，官方檔案和口述訪談作為研究材料，討論的範圍分成三部份，前兩部份是在前人的研究基礎上作出進一步探討，內容主要談論青雲亭在 17 世紀至 20 世紀的發展過程及其社會功能；第三部份則以住持僧的承傳淵源、亭內外的建築裝飾風格等方面，窺探昔日馬六甲華人社會的民俗意識型態。

　　其他有關青雲亭研究的文章，還包括林孝勝的〈草創時期的青雲亭〉（1986）和〈青雲亭與十九世紀新華社會〉（1986）兩篇。前一篇是以法國使節團員弗羅吉（Francois Froger）的航海日記來窺探青雲亭初期的樣式和規模；後一篇則透過青雲亭的研究來探討馬六甲華人社會的現象。鄭良樹的〈亭主時代的青雲亭及華族社會（上）〉（1984）、〈亭主時代的青雲亭及華族社會（下）〉（1985）和〈試探馬六甲青雲亭領導層對辛亥革命的態度〉（1986）三篇，主要以青雲亭藏有的《祭祀簿》（1809～1882）和《同堂會議記錄簿》（1905～1930）兩部珍貴史料來探討青雲亭在 19 世紀至 20 世紀初的組織結構、主體思想及其社會功能，其中更是指出代表華人社會的青雲亭開始傾向於大英帝國的趨勢。鄭氏另一篇〈大馬華族史的第一章——青雲亭及三保山史略〉（1989）和李業霖的〈青雲亭和三寶山的歷史〉（1989），則透過木刻、碑銘、神位牌來探討青雲亭和三寶山的歷史脈絡，這兩篇文章的論述大體雷

同。另有日本史學家今堀誠二（Seiji Imahore）在《馬來亞華人社會》（1974）
中，以商業基爾特（Guild）的觀點來探討青雲亭和馬六甲華人的社會體制，
為早期馬六甲華人社會組織的研究帶來嶄新的方向。

目前有關馬六甲華人甲必丹的研究碩果累累，主要是以單篇論文呈現，或
是以各篇文章彙集成主題著述，文章內容多屬鑑定或考據的性質，其中有收錄
在《新馬華人甲必丹》（2006）一書中的三篇文章，即：前檳城代理高級華人
事務官黃存燊的〈華人甲必丹〉、日本著名漢學家日比野丈夫的〈馬六甲華人
甲必丹繫譜〉、〈馬六甲華人甲必丹——關於近年新發現〉，另有莊欽永的〈馬
六甲華人甲必丹新探〉（1990）、〈馬六甲華人甲必丹補遺〉（1986）、〈「甲政曾
振耀考」補遺〉（1988）、〈甲必丹曾有亮墓之發現〉（1988）；鄭良樹的〈馬六
甲華人甲必丹補義〉（1984）和駱靜山的〈馬六甲華人甲必丹繫年商榷〉（1984）
等，分別針對馬六甲華人甲必丹的系譜進行考證、補充、糾正和編寫。

除了青雲亭和華人甲必丹的研究以外，與馬六甲特殊群體——峇峇
（Baba）或土生華人（Peranakan Cina）相關的研究成果亦不少。土生華人是
早期華人移民在經過僑居地的社會、文化所涵化後而形成的一個特殊群體。相
關研究有陳志明的 *The Baba of Melaka: Culture and Identity of a Chinese
Peranakan Community in Malaysia*（1984）和 *Chinese peranakan heritage in
Malaysia and Singapore*（1993）、John R. Clammer 的 *Straits Chinese Society:
Studies in the Sociology of Baba Communities of Malaysia and Singapore*（1980）
等，分別採用人類學和社會學的研究方法，特別針對馬六甲的「峇峇」群體、
社會、文化和認同等方面，進行全面性的探索和分析。李寶鑽的碩士論文《馬
來西亞華人涵化之研究——以馬六甲為中心》（1998），則針對馬六甲華人文化
移植的歷史背景、涵化的過程和其認同意識的轉變，作出探討和分析。以上的
專書著作，無論是以青雲亭、甲必丹或是土生華人為主題的研究，對釐清早期
馬六甲華人社會的歷史脈絡皆具有特殊的價值。

（三）新、馬華人社會的研究概述

陳烈甫《華僑學與華人學總論》（1987）和吳主惠的《華僑本質的分析》
（1983）兩部著作，針對華僑華人社會的起源、結構、演變等方面作探討。
另外，王賡武在《南洋華人簡史》（1988）中，從南洋華人的視角，考察南洋
華人各個時期的歷史；王氏另有由論文結集成書的《東南亞與華人：王賡武
教授論文選集》（1987）、《中國與海外華人》（1994）和《移民及興起的中國》

（2005）三部，分別就中國和東南亞華人的關係、華人社會歷史變遷和身分認同等問題，進行探索和分析。

至於論述華人移民在東南亞地區的社會、社團、政治、經濟和文化等方面歷史的通論性著作，則有巫樂華《南洋華僑史話》等（1997）、程顯泗和錢平桃合著《東南亞歷史舞臺上的華人與華僑》（2001）、李恩涵《東南亞華人史》（2003）、林忠強等主編《東南亞的福建人》（2006）、朱傑勤《東南亞華僑史》（2008）、莊國土和劉文正合著《東亞華人社會的形成和發展：華商網路、移民與一體化趨勢》（2009）。

顏清湟是華人研究的權威學者，其著作有《海外華人史研究》（1992），*A Social History of the Chinese in Singapore and Malaya,1800～1911*（中文譯本《新馬華人社會史》（1986））、*Community and Politics: The Chinese in Colonial Singapore and Malaysia*（1995）和 *The Chinese in Southeast Asia and Beyond: Socioeconomic and Political Dimensions*（2008）等，特就新、馬華人政治、社會組織的發展，以及與中國的關係等問題進行探索。以上這些專書，從不同角度與觀點來呈現華人社會結構變遷的歷程，有助於深入瞭解新、馬華人整體社會的特質性。

曾經擔任華民護衛司、情報局主任等職的維多·巴素（Victor Purcell）有 *The Chinese in Malaya*（1948）（中文譯本《馬來亞華僑史》（1950））、*The Chinese in Modern Malaya*（1956）（中文譯本《近代馬來亞華人》（1967））和 *The Chinese in Southeast Asia*（1965）（中文譯本《東南亞之華僑》（1968）），針對新、馬華人移民社會的性質、自身的生存和發展，提出一番看法，當中亦對國民黨在新、馬的發展狀況略作論述。這三本著作的整體內容基本上是大同小異，尤其是在新、馬華人方面的探討。值得一提的是，巴素是以殖民者的立場去窺探整個新、馬華人的社會現象，雖有其不足之處，但亦有其獨特的見解。

另有中國各省出版的華僑志，如：《廈門華僑志》（1991）、《福建省志·華僑志》（1992）、《同安華僑志》（1992）、《廣東省志·華僑志》（1996）、《惠州華僑志》（1998）、《泉州市華僑志》（2002）等；而台灣方面則有華僑志編纂委員會編印的《華僑志：總志》（1956）、《馬來亞華僑志》（1959）等，詳細記載華人移民在新、馬地區的人口分佈、社團、經濟、社會生活等，為本研究提供不少新素材。

五、研究方法和侷限

（一）研究方法

本研究將採用社會研究的分析方法，將已蒐集的原始文獻和檔案、前人研究成果等，進行分析與審察；同時以口述訪問作為研究輔助，補充文獻檔案與專書的不足，並採取演繹法和歸納法統整文獻史料，以及分析、敘述內容。

1. 文獻研究和史料介紹

本研究透過各類的原始文獻及學術出版品進行解讀及分析，主要的原始文獻包括：中國國民黨傳播文化委員會黨史館藏之《一般檔案》、《會議檔案》及《環龍路檔案》，國史館館藏之《國民政府》、《外交部》、《軍事委員會委員長侍從室》等檔案。另有匯整編訂成冊的史料集：中國國民黨中央委員會黨史委員會編纂《革命文獻》（1953）；何鳳嬌《東南亞華僑資料彙編》一、二冊（1999、2003）；中國國民黨中央委員會第三組編印的《中國國民黨在海外：各地黨部史料初稿彙編》（1961）、《海外黨務通訊》（1951）；中國國民黨中央委員會黨史委員會編輯的《國父全集》（1973）；蔣永敬的《華僑開國革命史料》（1977）；李雲漢《中國國民黨史述》（1994）、《中國國民黨黨務發展史料：組織工作》（上）、（下）（1993）；中國第二歷史檔案館編輯的《中央黨務公報》（1939、1940）；陳鵬仁主編的《中國國民黨黨務發展史料：海外黨務工作》（1998）等，作為馬六甲國民黨黨務的考察依據。

此外，本研究亦透過民國時期報章雜誌所刊登的新聞、評論等來進行文獻蒐集，其中有新加坡國立大學中文圖書館在「東南亞華人歷史文獻數據庫計畫」下，加以數位化的舊報刊：《叻報》（1887～1932）、《振南日報》（1913～1920）、《新國民日報》（1919～1933）、《總匯新報》（1905～1946）、《南洋商報》（1923～1983）、《星洲日報》（1929～1983）等，現今皆可免費網路查閱及全文下載，對於探知與瞭解馬六甲當時的社會面貌及僑務活動等方面，助益甚大。

另有馬六甲沈慕羽先生生前所收藏有關新、馬中國國民黨的文件、信函、剪報等，由金馬士沈慕羽紀念館負責複印整理成冊，以《沈慕羽資料集》命名。這些資料集是由第一手珍貴的文獻及剪報匯集而成，雖然未正式出版成書，但價值極高，對探討中國國民黨與馬六甲華人的關係有極大的幫助，其中《沈慕羽資料集（1）：古城第一世家》、《沈慕羽資料集（5）：沈鴻柏翁實錄》、《沈慕羽資料集（16）：中國國民黨在馬六甲活動史料》第一、二冊、《沈

慕羽資料集（10）：日侵時期亞洲受害國》第一至第三冊等資料集是本論文的重要參考資料之一。

楊建成主編的《中國國民黨與華僑文獻初編（1908～1945）》（1984）、《三十年代南洋華僑團體調查報告書》（1984）、《英屬馬來亞華僑》（1986）、《南洋華僑抗日救國運動始末（1937～1942）》（1983）；林博愛等人撰稿編輯而成的《南洋名人集傳》（第一集，1922；第二集上冊，1924；第二集下冊，1928；第四集，1939；第五集，1941）；宋蘊璞主編的《南洋英屬海峽殖民地志略》第一部（1930）；僑務委員會僑民教育處教育指導科編印的《僑民學校調查錄》第一集（1935）等史料選輯，詳實地呈現馬六甲華人領袖的傳略，以及當地社會、社團、學校的發展歷程，這些專書皆可作為輔助資料之使用。

馬六甲華校出版的各類刊物，如：校刊、週年紀念刊、雙慶特刊、回顧特輯、畢業特刊等，數量為數不少。這些刊物雖非學術性質專書，但卻具有甚高的史料價值，內容具有學校大事記、校景、校訓、創辦人簡介、學校歷任校董、歷屆校長與教職員、行政事務概況、課程及課本等資料記載，乃是值得參考的原始資料。因此，本研究將以馬六甲華校出版的《培風校刊》第3～8期及第10期、《培風特刊：十二週年紀念號》、《英屬馬六甲華僑公立培風學校二十週年紀念刊》、《培風五十年金禧紀念特刊，1913～1963》、《培風中學雙慶特刊》、《馬六甲華僑公立平民學校第一屆高小畢業特刊》、《馬六甲平民學校創立六十週年紀念特刊（1922～1982）》、《馬六甲華校教師公會五十年回顧紀念特刊（1940～1990）》、《晨鐘夜學六二回顧特輯》等紀念刊物，加以整理、分析和引用，藉此呈現中國國民黨對馬六甲華文學校的影響。

此外，馬六甲華人會館、社團出版的紀念刊物種類繁多，刊物內容彙集：會館緣起及發展、會館章程、歷屆總理與主席名錄、會員名錄、會館辦校興學等資料，乃是窺探早期馬六甲華人移民社群的社會面貌，以及社團組織發展之重要文獻。故此，本研究將擇選相關的刊物，如：《馬六甲福建會館創館一百八十一週年紀念刊》、《馬六甲瓊州會館九十一週年紀念特刊》、《馬六甲永春會館重修百週年紀念特刊》、《馬六甲晉江會館四慶一期特刊》、《馬六甲海南會館千禧紀念特刊》、《馬六甲潮州會館慶祝成立一百七十週年紀念》、《馬六甲雷州會館慶祝成立九十一週年紀念特刊》、《馬六甲明星慈善社鑽禧特刊》等，作為反映當時馬六甲華人社會面貌、社團組織不可或缺的參考史料之一。

　　為了探討三民主義教育對馬六甲華文學校的影響,本研究亦以民國時期教科書內容作為研究對象,所採取的有上海中華書局出版的《新中華國語讀本》小學校初級、《新中華國語讀本》小學校高級、《新中華公民課本》小學校初級等。以上這些教科書現藏於國家教育研究院之教科書圖書館。

2. 深入訪談法

　　本研究的訪談對象主要是戰前馬六甲中國國民黨黨員的後代子孫,以及重要的相關人士。訪談內容除了針對戰前馬六甲華人社會的發展、中國國民黨組織的發展與活動、中國國民黨與華文教育的關係等課題外,其中還包括當地華人對中國國民黨的認同及看法。由於本研究旨在探索約半世紀以前的歷史事蹟,故在進行訪談前會事先寄一份訪談問卷予受訪者,使受訪者有充分的時間整理當年的經驗。訪談的過程雖然依據預先擬定的訪談綱要作為引導指南,不過如果訪談者的回應或針對史事的描述超乎預先想像,則再作適當調整,以讓受訪者能夠較為輕鬆地分享其自身想法、經驗或是其所知曉之歷史。

（二）研究侷限

　　由於馬來西亞華人社會長時期以來缺乏蒐集與整理文獻史料的專業人才,加上以華人為主體的歷史意識較為薄弱,因此導致許多歷史價值極高的文獻史料未獲得妥善的保存和管理。

　　在馬六甲淪陷期間,有一些抗日志士為了避免遭到日本憲兵部的調查及刁難,惟將不計其數的重要史料和文獻銷毀,而目前倖存的資料大多數散落在新、馬各個地區的華人民間團體裡,並沒有系統地進行整理與編目,查找使用如同大海撈針般困難。至於馬來西亞官方機構,如:國家圖書館、歷史檔案館等,因政治因素而對非主流族群的歷史或史料未予以重視,更甭談系統性地蒐集、記錄、保存當地華人的歷史。

　　因此,與本研究相關的史料文獻是經多方蒐集而得,並非既有現成的資料,故需要專業的學術能力來辨析、抉擇和整理,礙於筆者的學力與時間因素,僅能在現有的史料上作初步說明和推論,疏漏之處在所難免。

第二章　馬六甲早期的華人社會

第一節　馬六甲華人社會的形成與初期發展

　　馬六甲，中國古籍記載為：滿剌加、滿剌甲、麻六呷、嘎勒格、麻剌甲、麻喇甲、馬拉甲、麻拉甲、馬喇戛、麻六甲、磨六甲等，〔註1〕源出「Malaka」梵文一詞音譯。根據 Rouffaer 的另一說法，「滿剌加」地名可能出自阿剌伯語「Malaka」及波斯語「mamlakat」，意思是集合各商賈的市場。〔註2〕

　　馬六甲由於地理位置的優越，15 世紀初即為經商貿易重地，與中國明朝關係甚深，尹慶與鄭和南下西洋即為一例；而華人在馬六甲開埠以後就因出洋經商貿易而長期居住於此地。17 世紀中葉，明朝滅亡、鄭成功在台灣的政權結束，一批不願臣服於滿清王朝的華人逃亡海外，輾轉來到馬六甲避難。這一批在馬六甲落地生根的明朝遺民將當時中國的社會模式和文化移植於此地，從此奠定了馬六甲華人社會的發展基礎。

　　18 世紀末 19 世紀初，檳城、新加坡相繼開埠，部份馬六甲華人移居至

〔註1〕余定邦，黃重言等編：《中國古籍中有關新加坡馬來西亞資料匯編》（北京：中華書局，2002 年），頁 45～49、51～52、55～92、94～95、98、100～105、107、109、111～113、118、121～122、124～127、129～133、136、159、162、171、173～174、180～181、185、197～198、203、216～217、219～220、222～223、225、227、241、247、252、254～255、259～260、262、265、267、269、275、277～278、294、305、309、314、320～322、327～328、331～332、334～348、351～353、355～357、360、362、364、371～375、380、383、388、392、395、401～408。

〔註2〕許雲樵譯註：《馬來紀年》（新加坡：青年書局，2004 年），頁 119、130。

檳、新兩地謀求發展。19世紀以後，在英國殖民政策的影響之下，大批華人移民以契約勞工的模式進入馬六甲，固有的華人社會型態受到衝擊而分裂成兩個社群，即僑民（土生華人）與遷民（新客華人），兩者之間具有隔閡。從馬六甲開埠到英國殖民時期，每個階段的華人社會都展現出不同的特徵面貌。為了清楚地展現出中國革命黨之勢力如何在這獨特的華人社會逐漸膨脹、生存與發展的情景，故有必要將馬六甲華人社會的形成與初期發展情況略作概述。

一、華人社會的雛形

在探討馬六甲華人社會的源起之前，不得不就中國與馬六甲的邦交關係作出簡扼的說明，因其乃為華人社會，甚至是馬六甲王朝起源的成因之一，也可從中瞭解中國與馬六甲的因緣。根據史料記載，中國與馬六甲的友好關係建立於15世紀初葉，此時正值拜里迷蘇剌酋長（Parameswara）於馬六甲建城初期。在此之前，馬六甲乃是「舊不稱國……山孤人少，受弱於暹羅，每歲輸金四十兩為稅，田瘠少收」〔註3〕之地。永樂元年十月（1403年），明成祖遣派中官尹慶出使馬六甲和柯枝（今稱「柯欽」，Cochin）等諸國。尹慶到達馬六甲，「賜以織金文綺、銷金帳幔諸物」〔註4〕，並宣揚中國的威德及招徠諸國向明朝進貢。馬六甲酋長拜里迷蘇剌大喜，即派使者跟隨尹慶船隊赴中國朝貢，冀憑藉中國強盛的勢力，防堵暹羅的侵略。

永樂三年（1405年）九月，馬六甲使者抵達明朝京城南京，表示「願同中國屬郡，歲效職貢，請封其山為一國之鎮」〔註5〕。明成祖讚譽有嘉，依其所請，詔封拜里迷蘇剌為馬六甲國王，「賜誥印、彩幣、襲衣、黃蓋」〔註6〕，並勒刻石碑相賜，封馬六甲的西山〔註7〕為鎮國之山，賜以銘詩曰：〔註8〕

〔註3〕【明】費信撰：《星槎勝覽》，收錄於嚴一萍選輯：《原刻景印百部叢書集成》紀錄彙編第4函（臺北縣：藝文印書館，1966年），紀錄彙編卷61，頁12。

〔註4〕【清】張廷玉等撰：《明史》第28冊（北京：中華書局，1995年），頁8416。

〔註5〕黃彰健校勘：〈明太宗實錄〉卷47，《明實錄附校勘記及附錄》第2冊（臺北市：中央研究院歷史語言研究所，1984年），頁1153。

〔註6〕【清】張廷玉等撰：《明史》第28冊，頁8416。

〔註7〕根據馬來西亞華社研究中心榮譽研究員李業霖先生的推斷，所謂的「西山」即是三寶山；葉華芬則認為「西山」乃是現今的聖保羅山（St. Paul's Hill）。以上兩位學者的說法仍待考據。

〔註8〕〈明太宗實錄〉卷47，《明實錄附校勘記及附錄》第2冊，頁1153。

西南鉅海中國通　　翰天灌地億載同
洗日浴月光景融　　雨巖露石草木濃
金花寶鈿生青紅　　有國于茲民俗雍
王好善義思朝宗　　願比內郡伊華風
出入遵從張蓋重　　儀思楊襲禮虔恭
大書貞石表爾忠　　爾國西山永鎮封
山君海伯翕扈從　　皇考陟降在彼穹
後人監視久益隆　　爾眾子孫萬福崇

永樂七年（1409 年），三寶太監鄭和（1371～1434）第三次奉詔出使，再賜
予拜里迷蘇刺「銀印、冠服」〔註 9〕，並「主國封王，建城豎碑」〔註 10〕，
使馬六甲得以擺脫暹羅的羈絆而成為獨立的王國；而鄭和率領的大隊船艦亦
在此航行中，獲得馬六甲王國提供「外府」〔註 11〕作為往返東、西洋的中途
站，囤積貨物、錢糧的倉庫和補給站因此而建立。根據馬歡在《瀛涯勝覽》
的記載：

> 中國寶船到彼，則立排柵城垣，設四門更皷樓，夜則提鈴巡警。內
> 又立重柵，小城蓋造庫藏倉廠，一應錢糧頓在其內。去各國船隻回
> 到此處取齊，打整番貨裝載船內，等候南風正順，於五月中旬開洋
> 回還。〔註 12〕

據上引文得知，馬六甲王國對中國大規模的遠航給予極大的支持和方便，下
西洋的中國寶船均雲集於此地，其中不少官兵、隨員和商人常因經商貿易、
等待季候風向的交替而留駐馬六甲，這對華人遷居馬六甲起了直接和間接的
作用。

〔註 9〕　【明】張燮撰：《東西洋考》，收錄於嚴一萍選輯：《原刻景印百部叢書集成》
　　　　　惜陰軒叢書第 2 函（臺北縣：藝文印書館，1967 年），東西洋考卷 4，頁 1。
〔註 10〕　【明】鞏珍著，向達校注：《西洋番國志、鄭和航海圖、兩種海道針經》（北京：
　　　　　中華書局，2000 年），頁 15。
〔註 11〕　【明】鞏珍著，向達校注：《西洋番國志、鄭和航海圖、兩種海道針經》，頁 16。
〔註 12〕　【明】馬歡撰：《瀛涯勝覽》，收錄於嚴一萍選輯：《原刻景印百部叢書集成》
　　　　　紀錄彙編第 4 函（臺北縣：藝文印書館，1966 年），紀錄彙編卷 62，頁 18。

圖 2.1.1　鄭和航海圖（馬六甲部份）

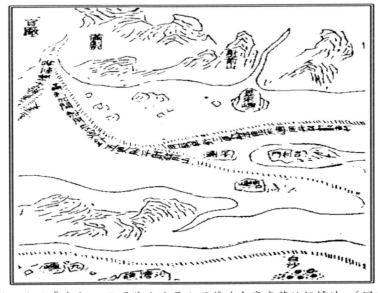

左上角的「官廠」，即是鄭和在馬六甲蓋造倉廠庫藏的根據地。（圖片
來源：《青雲傳奇：三百年前華族領袖甲必丹李為經傳》，頁 9）

　　除了依循政府認可的正式管道外，民間私自出海者亦不少，他們偷渡的
行為甚至早於明代官方之商貿活動。鄭和下西洋時期，正逢明廷實施海禁政
策，但仍有不少福建沿海一帶的農民為了謀生，紛紛棄農從商，冒禁私自出
洋市販。由於明廷對擒獲的走私者嚴辦，導致不少私自出洋的商民不敢貿然
回中國而長期停留馬六甲，甚至在異鄉落地生根。根據鄭和隨員之一費信在
《星槎勝覽》的描述，馬六甲乃「氣候朝熱暮寒，男女椎髻，身膚黑漆，間
有白者，唐人種也」〔註13〕，足以證明華人早在鄭和下西洋前已遷居馬六甲，
並與當地居民叢雜而居。此外，亦有不少明朝罪犯逃亡至海外，甚至被委任
為朝貢使節或通事而返回明朝擔任翻譯員。根據《明史》卷 325《外國六·
滿剌加》的記載：

> 正德三年（1508），使臣端亞智等入貢。其通事亞劉，本江西萬安人
> 蕭明舉，負罪逃入其國，略大通事王永、序班張字，謀往浡泥索寶。
> 而禮部吏侯永等亦受略，偽為符印，擾郵傳。〔註14〕

無疑地，馬六甲當時不僅敞開大門歡迎華人前往經商，更且招納不少流寓在馬

〔註13〕【明】費信撰：《星槎勝覽》，《原刻景印百部叢書集成》紀錄彙編第 4 函，紀
　　　　錄彙編卷 61，頁 12。
〔註14〕【清】張廷玉等撰：《明史》第 28 冊，頁 8418～8419。

六甲的華人擔任出使中國通事，或者委任華人擔任沙班達爾〔註15〕（港長，Syahbandar）負責接待與處理中國船隻之事宜，足以證明華人在當時馬六甲港口貿易活動和朝貢貿易方面居有極重要的位置。

隨著華人遷居馬六甲的數量增多，華人社會的雛形已初步形成。據《馬來亞華僑志》載：「男女頂結髻，風俗習慣，均與中國同，全城房屋，悉仿中國式，儼然為海外中國之城市」〔註16〕。又，黃衷在《海語》中提及華人在馬六甲的社會情形：「俗禁食豕肉，華人流寓或有食者，輒惡之，謂其厭穢也」〔註17〕，說明華人在融入當地社會的過程中，有者仍保持原有的信仰及習慣，生活習俗尚未因移植而被消融。儘管如此，當時馬六甲的華人社會結構不甚穩定，人口流動性極大，有者更因經商貿易而再次遷移至別處。

二、殖民政府的推動與衝擊

馬六甲王朝時期的華人社會發展緩慢，社會規模亦不及 16 世紀以後來得完整和嚴密，但始終是馬來（西）亞華人社會開始萌芽的關鍵時期。16 世紀至 20 世紀中葉，馬六甲歷經葡、荷、英的殖民統治，華人社會在如此的歷史大環境之下，逐漸拋棄舊有的中國社會面貌，形成了具有當地特色的馬六甲華人社會。以下將針對葡、荷、英治時期的華人社會作一說明：

（一）葡治時期的華人社會

葡萄牙統治馬六甲時期（1511～1641），葡人實行貿易壟斷政策，凡駛經馬六甲海峽的船隻必須在馬六甲港口停泊，以繳交規稅取得通行，並規定「中國貨入口徵稅百分之十，印度貨入口徵稅百分之八，雜費尚不包括在內」〔註18〕。又，張燮在《東西洋考》中，對葡治時期的華商情形作一番陳述：

> 本夷市道稍平，既為佛郎機所據，殘破之後，售貨漸少。而佛郎機
> 與華人酬酢，屢肆輈張，故賈船希往者。直詣蘇門答臘必道經彼國。
> 佛郎機見華人不肯駐，輒迎擊於海門，掠其貨以歸。〔註19〕

〔註15〕馬六甲王朝時期共設有四位沙班達爾（Syahbandar），其中一位由華人擔任。
〔註16〕華僑志編纂委員會編印：《馬來亞華僑志》（臺北市：華僑志編纂委員會，1959年），頁 68。
〔註17〕【明】黃衷：《海語》，收錄於嚴一萍選輯：《原刻景印百部叢書集成》嶺南遺書第 3 函（臺北縣：藝文印書館，1968 年），海語卷 1，頁 4。
〔註18〕華僑志編纂委員會編印：《馬來亞華僑志》，頁 76。
〔註19〕【明】張燮撰：《東西洋考》，《原刻景印百部叢書集成》惜陰軒叢書第 2 函，東西洋考卷 4，頁 3。

綜觀而言，馬六甲在葡人的統治下，海上貿易活動逐漸衰落，華人經商者不僅失去早前的方便及優勢，更是經常遭受葡人的劫掠和襲擊，遂移往馬來半島北岸的大泥（今稱北大年，Patani），「惟華人流寓馬六甲者，仍居留其地」〔註20〕，其中「多為從事貿易與打漁之福建人，但也有種植碩莪米的農人」〔註21〕。

　　葡人佔領馬六甲之初，並未特別委任華人社區領袖為甲必丹〔註22〕（Capitan），直至葡萄牙總督阿方索・亞伯奎（Alfonso d'Albuquerque）離開馬六甲前往印度數十年後，方委任華人為甲必丹。〔註23〕華人甲必丹制度的實行，得以證明遷居於馬六甲的華人人口數量顯著增加，華人社會的發展處在一個穩定的新階段，致使葡人須委任華人甲必丹，以協助處理有關華人社會的事務。

　　葡治時期華人甲必丹的議題向來備受爭議：黃存燊在〈華人甲必丹〉〔註24〕和鄭良樹在〈馬六甲華人甲必丹補義〉〔註25〕中，皆推斷鄭啟基，號芳揚（別名鄭明弘），是葡治時期的華人甲必丹；而荷蘭佔領軍行政專員舒登（Justus Schouten）在1641年的臨時報告書中，記載著Notchin是葡萄牙統治末期的華人甲必丹；薛克斯則在《馬六甲華人》中提出Tin Kap（鄭甲）是第一位甲必丹。然而，Notchin、Tin Kap和鄭啟基是否同屬一人？仍待稽考。值得一提的是，華人甲必丹制度雖是殖民政府的行政統治策略，但亦象徵著早期馬六甲華人社會體制初步的成形。

　　有關馬六甲華人聚居地的敘述，可從葡萄牙旅行家伊里地亞（Emanuel Godinho de Erédia）的記載得知：「這個中國村從海濱的爪哇人（Jaos）巴剎（市集）和（馬六甲）河口，朝東北方向，沿著同一條河（馬六甲河）的河岸，伸展到漳州門（Porta dos Chincheos），和構成部份防禦壁壘的土牆，再越過沼澤

〔註20〕宋哲美：《馬來西亞華人史》（香港：東南亞研究所，1966年），頁53。
〔註21〕李恩涵：《東南亞華人史》（臺北市：五南，2003年），頁179。
〔註22〕華人甲必丹是殖民政府的官吏，負起維護華人社會的秩序、解決華社的糾紛、審判輕刑案件，及發展華社事業的重大角色。參閱曾衍盛：《馬來西亞最古老的廟宇──青雲亭個案研究》（馬六甲：青雲亭機構，2011年），頁31。
〔註23〕李恩涵：《東南亞華人史》，頁181。
〔註24〕黃存燊撰，張清江譯：〈華人甲必丹〉，收錄於黃存燊等著，張清江編譯：《新馬華人甲必丹》（新加坡：亞洲研究學會，2006年），頁23。
〔註25〕鄭良樹：〈馬六甲華人甲必丹補義〉，《亞洲文化》第3期（新加坡：亞洲研究學會，1984年4月），頁7。

地，遠達中國渠（Parit China）旁邊的尼柏棕（Nypeiras）生長區。在這個中國村裡，居住著漳州人……」〔註26〕，進一步說明不少漳州人在葡治時期已聚居在馬六甲，沿著聚族而居的傳統，逐漸形成一座中國村落（Campon China）。

圖 2.1.2　馬六甲市鎮圖（Emanuel Godinho de Erédia 繪，1613 年）

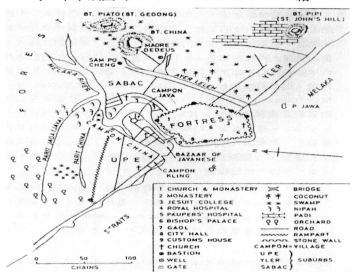

圖片來源：根據伊里地亞（Emanuel Godinho de Erédia）筆下的馬六甲市鎮圖所繪。Kernial Singh Sandhu, *Early Malaysia: Some Observations on the Nature of Indian Contacts with Pre-British Malaya*〔註27〕, p.63，轉載自李寶鑽：《馬來西亞華人涵化之研究——以馬六甲為中心》，頁 21。

透過伊里地亞在 1613 年所繪的馬六甲市鎮圖得知，華人聚落區的範圍由城堡外的烏八區（Upe），沿著馬六甲河流向內延伸至郊外，周圍栽種的經濟作物，象徵著華人新經濟因素的滋長。華人人口數量雖然不得而知，但是市鎮圖中以中國名稱命名的區域，如：中國村（Campon China）、中國渠（Parit China）、三寶井（Sam Po Cheng）和中國山（BT. China）等，正意味著馬六甲華人早期的聚落型態已形成，而且頗具規模。有關「中國山」和「三寶井」的稱謂及緣由有許多說法，最早的記載〔註28〕出現在《馬來紀年》：

〔註26〕葉華芬撰，張清江譯：〈馬六甲華人史〉，收錄於黃存燊等著，張清江編譯：《新馬華人甲必丹》，頁 9。

〔註27〕李寶鑽將書名寫成 "*Early Malaysia on the nature of Indian Contact- Some Observations with pre- British Malaya*"。

〔註28〕根據溫士德爵士（Sir R. O. Winstedt）的手抄本考證，《馬來紀年》成書於 1535 年前後，故，可推斷「中國山」和「三寶井」早在馬六甲王朝就已出現，後來才被伊里地亞（Emanuel Godinho de Erédia）標誌在 1613 年的馬六甲市鎮圖。

中國山早在馬六甲王朝時期已被命名為定支那（Den-China），即「中國區」之意，乃是下嫁蘇丹芒速沙（Sultan Mansur Shah，在位期間：1458～1477）的明朝漢麗寶（Hong Li-po）公主和其五百名隨員在馬六甲的居住之地。中國人亦在中國山下造下一口井。〔註29〕

另一說法則是「鄭和率領的使節團曾駐紮於三寶山，並在此地開鑿水井供給隨從汲用」〔註30〕，當地華人為了紀念鄭和而取其尊稱「三寶太監」，於是將「中國山」命名為「三寶山」，將當時開鑿的水井命名為「三寶井」。無論緣由屬實與否，「中國山」和「三寶井」在葡治時期已象徵著華人紮根立足在馬六甲的標誌，至於現今仍留在三寶山上的兩座明朝古墓：「皇明顯考維弘黃公妣壽姐謝氏墓」〔註31〕（1622年）和「明故妣汶來氏夫人之墓」〔註32〕，則是印證華人在明朝時期已聚居在馬六甲的珍貴遺跡之一。

（二）荷治時期的華人社會

荷蘭人統治馬六甲時期（1641～1824），一如葡萄牙人般壟斷整個貿易市場。荷蘭東印度公司專員舒登（Justus Schouten）在1641年提出的臨時報告書中，建議：「華人店主、工匠及農夫三、四百人，准於在彼等認為方便之時刻，定居在城內。惟對居留區內之園地，須負墾殖之責。城中空屋，亦可任華人租用或住用，以免有坍毀之虞。不過其時戍軍薄弱，若准外人群居城中，易生危險，是以對本地居民及外人有意入城居留者，應予嚴詞拒絕」。他又說：「介於三寶山河及南郊間之已毀園地，應當租予荷人、葡人、馬六甲人及華人從事耕植。如是數年之後，悉成荷蘭東印度公司之珍貴土地，可供租出。城內將因而有各種果實供應，一切優良農產品亦可避免進一步腐爛。欲達此目的，則居留於斯邦之八百至一千名華人至為有用」。〔註33〕與此同時，荷人亦從巴達維亞（Batavia，今稱雅加達）遣送華工前往馬六甲，重新

〔註29〕許雲樵譯註：《馬來紀年》，頁174。

〔註30〕李業霖：〈青雲亭和三保山的歷史〉、沈墨義：〈甲政府有意劇平聲中：三寶山過去與將來〉，收錄於華社資料研究中心：《歷史的迴音：三保山資料選輯》（馬六甲：中華總商會、中華大會堂，1989年），頁152、176。

〔註31〕饒宗頤：〈星馬華文碑刻繫年（紀略）〉，《書目季刊》第5卷第2期（臺北：書目季刊社，1970年），頁11。

〔註32〕饒宗頤：〈星馬華文碑刻繫年（紀略）〉，《書目季刊》第5卷第2期，頁12。

〔註33〕葉華芬撰，張清江譯：〈馬六甲華人史〉，收錄於黃存燊等著，張清江編譯：《新馬華人甲必丹》，頁12；華僑志編纂委員會編印：《馬來亞華僑志》，頁76～77。

開墾因 1641 年戰爭而被摧毀的園圃。〔註 34〕由此可見，華人移民者在荷人重建及復興馬六甲時期備受青睞和歡迎，「尤其是勤勉的華人，以便能繼續維持墾殖工作和其他的交通貿易」〔註 35〕。後來，因「鄭成功略據臺灣，驅逐荷人」〔註 36〕之事件，導致遠航而來的華商船舶遭到荷蘭人的限制，故，在 1641 年至 1678 年間，移居馬六甲的華人人口數量僅增加 400 餘名，即從 300 餘名增加至 756 名，華人人口成長率並未出現大幅度升漲的現象。

荷蘭駐馬六甲總督巴特砂·蒲脫（Governor Balthasar Bort）在 1678 年的《馬六甲報告書》（Report of Gavernor Balthasar Bort on Malacca, 1678）中，詳細地記載當時華人人口的統計數據及其分佈區：

表 2.1.1　1678 年的馬六甲華人人口數量

居住地區	男性	女性	孩童	男奴	女奴	童奴	後備軍	合計
北郊外	94	113	117	48	96	51	-	519
北郊沿海	11	6	7	10	7	9	-	50
往三寶山沿途〔註 37〕	22	21	35	35	34	-	-	147
荷人城堡內	-	-	-	-	-	-	40	40
合計	127	140	159	93	137	60	40	756

資料來源："Report of Governor Balthasar Borton Malacca, 1678", translated by M. J. Bremmer, *Journal of the Malayan Branch of Royal Asiatic Society*,（Singapore: Methodist Publishing House, 1927）, pp.40, 42～43, 73.

根據表 2.1.1 顯示，1678 年的馬六甲華人多數居住在北郊外，其中男性

〔註 34〕 Hoyt, Sarnia Hayes, *Old Malacca*,（Kuala Lumpur: Oxford University Press, 1996）, p.24.

〔註 35〕 "Report of Governor Balthasar Borton Malacca, 1678", translated by M. J. Bremmer, *Journal of the Malayan Branch of Royal Asiatic Society*,（Singapore: Methodist Publishing House, 1927）, p.74；維多·巴素（Victor Purcell）撰，劉前度譯：《馬來亞華僑史》（檳榔嶼：光華日報有限公司，1950 年），頁 22；莊國土、劉文正合著：《東亞華人社會的形成和發展：華商網絡、移民與一體化趨勢》（廈門：廈門大學出版社，2009 年），頁 76。

〔註 36〕 華僑志編纂委員會編：《馬來亞華僑志》，頁 77。

〔註 37〕 鄭良樹在〈試探馬六甲青雲亭領導層對辛亥革命的態度〉中，將"on the way to Bouquet China"翻譯為「南郊外」。該篇論文收錄在辛亥革命與南洋華人研討會論文集編輯委員會編：《辛亥革命與南洋華人研討會論文集》（臺北市：國立政治大學國際關係研究中心，1986 年），頁 179。

有 94 名，女性有 113 名，兒童有 117 名，奴隸則有 195 名；居住在往三寶山沿途的華人，男性有 22 名，女性有 21 名，兒童有 35 名，奴隸則有 69 名；另有少數的華人居住在北郊沿海，男性有 11 名，女性有 6 名，兒童有 7 名，奴隸則有 26 名。此外，亦有 40 名華人居住在荷人的城堡內擔任荷蘭殖民者的後備軍。其時，華人女性人數多於華人男性人數，但這些華人女性多屬「峇達（Batak）與峇里（Bali）女奴，中有若干為馬來婦女」〔註 38〕，或是華人男性與當地婦女通婚後所生育的「娘惹」（Nyonya），而真正具有純華人血統的女性移民者遲至 19 世紀中葉方遷居至馬來亞。根據統計，當時馬六甲共有磚屋 137 所，亞答屋 583 所；華人則分別佔有其中的 81 所磚屋和 51 所亞答屋。〔註 39〕據此推測，馬六甲華人在當時的經濟狀況似乎較當地其他土著來得優裕，以致有能力以磚屋為住所，享受富庶的生活。

表 2.1.2　1641 年至 1817 年間馬六甲華人人口數量

年　代	各族總人口（人）	華人總人口（人）	華人佔總人口比率（%）
1641	2,150	300～400	13.95～18.60
1678	4,884	716（756）	14.67（15.48）
1750	9,635	2,161	22.43
1766	7,216	1,390	19.26
1817	19,647	1,006	5.12

注：本表根據以下各書資料另行彙編。
資料來源：
　　①李恩涵：《東南亞華人史》，頁 180。
　　②李寶鑽：《馬來西亞華人涵化之研究——以馬六甲為中心》，頁 25。
　　③麥留芳：《方言群認同：早期星馬華人的分類法則》，頁 45。
　　④"Report of Governor Balthasar Bort on Malacca, 1678", *Journal of the Malayan Branch of Royal Asiatic Society*, pp.39～41.

　　上表 2.1.2 顯示，直到 1750 年，華人人口大幅度地增加至 2,161 名，佔總人口比率 22.43%。有些學者推斷，從 1678 年至 1750 年間華人人口激增的因素，可能源自三種原因：一、華人與當地人通婚繁衍後代的自然增長現象；二、中國明朝滅亡，不願屈服於滿清王朝的福建漳、泉兩系遺民，漂洋

〔註38〕維多・巴素著，劉前度譯：《馬來亞華僑史》，頁 21。
〔註39〕 "Report of Governor Balthasar Borton Malacca, 1678", pp. 40～41.

過海南至馬六甲避難；三、鄭成功在台灣的政權於 1683 年結束，不願降清的鄭氏殘部流寓於東南亞，其中便有二艘船抵達馬六甲。〔註 40〕有關明朝遺民逃難至馬六甲的解釋不無道理，其中青雲亭內《甲必丹李公濟博懋勳頌德碑》（1685）之碑文記載：「公諱為經，別號君常，銀同之鷺江人也。因明季國祚滄桑，遂行海而南行，懸車此國，領袖澄清，保障慈著勛……」〔註 41〕；又，李為經（1614～1688）之次女婿曾其祿（1643～1718）的神主牌上刻著：「故明顯考避難義士伯中曾公神主」，背面記載「避難麻六甲，卒於戊戌年二月」〔註 42〕，即可作為佐證。

　　這一批落籍在馬六甲的明朝義士雖然依附在荷蘭殖民者的管治之下，實際上卻具有強烈的遺民意識。其中表現在：一、墓碑和神主牌：刻有「故明」印記，用來表明自己是明朝人的身分（見圖 2.1.3）；二、服裝打扮：身穿明朝服裝，以供奉在青雲亭功德堂內的甲必丹李為經的畫像（見圖 2.1.4）、甲必丹曾其祿夫婦木雕像為例（見圖 2.1.5）；三、紀年：以「龍飛」為年號，而不使用清朝或是居住地的年號。擺放在青雲亭內的「甲必丹李公濟博懋勳頌德碑」與「重興青雲亭碑記」可為佐證。（見圖 2.1.6）

圖 2.1.3　青雲亭功德堂內的神主牌

圖為供奉在青雲亭功德堂內的神主牌，上刻有「故明」兩字。（照片攝於 2013 年 1 月 24 日）

〔註40〕李業霖：〈青雲亭和三保山的歷史〉，收錄於《歷史的悲音：三保山資料選輯》，頁 150；林遠輝、張應龍合著：《新加坡馬來西亞華僑史》（廣州：廣東高等教育出版社，2008 年），頁 76。

〔註41〕饒宗頤：〈星馬華文碑刻繫年（紀略）〉，頁 13。

〔註42〕饒宗頤：〈星馬華文碑刻繫年（紀略）〉，頁 15。

圖 2.1.4 馬六甲青雲亭甲必丹李為經畫像

照片攝於 2013 年 1 月 24 日

圖 2.1.5 馬六甲青雲亭甲必丹曾其祿夫婦木雕像

甲必丹曾其祿夫婦木雕像，供奉於馬六甲青雲亭。（照片攝於
2013 年 1 月 24 日）

圖 2.1.6 《甲必丹李公濟博懋勳頌德碑》圖、《重興青雲亭碑記》圖

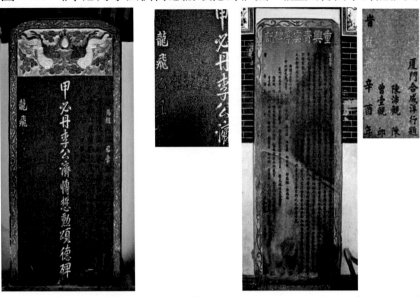

《甲必丹李公濟博懋勳頌德碑》（左）、《重興青雲亭碑記》（右），以「龍飛」為年號。
（照片攝於 2013 年 1 月 24 日）

　　自 1750 年到 1766 年間，華人人口數量急劇下降，從 2,161 名減少至
1,390 名，僅佔總人口比率 19.26%。雖然在這段時期有不少遷移者透過親友
相繼招引而前往馬六甲開墾，其中包括福建永春縣陳臣留所形成的移民高
潮：

> 乾隆二十二年（1757 年），福建永春豐山陳臣留到馬六甲謀生。他善
> 於用中草藥治病，並醫治好當地蘇丹妻子的多年沉疴，分得大片山
> 芭的開墾權。陳臣留遂先後招引宗親戚友數百人前往墾殖，成果頗
> 巨。〔註43〕

這種「親屬遷移」的模式，並沒有刺激到馬六甲華人人口的增長。直到 1817
年，華人人口數量又減少至 1,006 名，佔總人口比率大幅減少到 5.12%。這
種華人人口減少的現象，除了與荷蘭殖民者實施的壟斷貿易殖民政策息息相
關外，其中還包括英國在 1795 年奪取馬六甲後，進行「拆城堡、毀砲台、
遷居民」〔註44〕的大破壞有直接關係。儘管如此，馬六甲華人人數的減少並
未影響到他們的社區發展，因為華人的居住區域在荷蘭殖民時期已逐漸發展

〔註43〕錢平桃、程顯泗合著：《東南亞歷史舞台上的華人與華僑》（太原：山西教育出
　　　　版社，2001 年），頁 132。
〔註44〕林遠輝、張應龍合著：《新加坡馬來西亞華僑史》，頁 91。

成熟，其中在葡萄牙時期所聚居的烏八區（Upe）一帶，甚至被拓展成華人的穩固定居區和商業區。

圖 2.1.7 馬六甲市鎮圖（Jacques Nicolas Bellin 繪，1764 年）

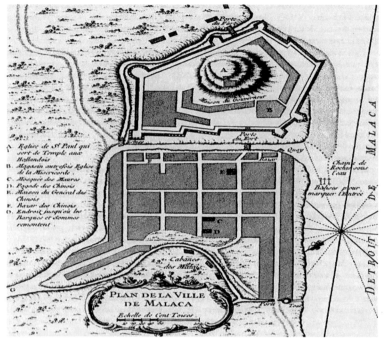

貝林筆下的馬六甲市鎮圖。根據繪者記載，A 區為聖保羅教堂；B 區為火藥庫；C 區為清真寺；D 區華人廟宇；E 區為華人甲必丹的住所；F 區為華人市集；G 區為馬六甲河流淺處。（圖片擷取自 Hoyt, Sarnia Hayes, *Old Malacca*, p.61）

　　根據法國製圖師雅克‧尼古拉‧貝林（Jacques Nicolas Bellin, 1703～1772）在 1764 年所繪的馬六甲市鎮圖得知，荷蘭統治時期的華人社會已達到穩定發展，位於馬六甲河岸的「華人市集」（Chinese Bazaar），乃是華人經濟活動發展的一個縮影，而這種發展又可反映出華人的商業勢力在當時的馬六甲社會逐漸膨脹，形成華人獨特的經濟區域。至於市鎮圖中所標誌「華人甲必丹的住所」（Kapitan China's house），依據時間推斷，乃是曾憲魁（1725～1765）擔任甲必丹時期的住所。與「清真寺」（Mosque）為鄰的「華人廟宇」（Chinese Pagoda），則是當時領導馬六甲華人社會的最高機構——青雲亭。

　　值得一提的是，法國使節團團員弗羅吉（Francois Froger）在《第一個法國使節團出使中國的航行日記（1698～1700）》中，記載著一段青雲亭創建初期的情景：

1698 年 9 月，有關馬六甲華人廟宇的描述如下：因為鮮有人描述過
這些華族難民的廟宇及其宗教概況，所以我對這間華人廟堂感到新
奇，茲願記下我所看到的一切。這間廟堂很小，結構簡單，外觀一
點也不富麗堂皇……。一進入大廳，見到兩邊各放置了五張用上好
木料製造的大桌子，桌上放滿水果及糖果等甜品，再進入是一處高
出大廳約二尺的地方，有幾個華人正在以冥紙摺成金銀財寶以供祭
祀之用……。就在這內殿，三個和尚在各神壇間穿來插去，走動了
約兩小時。他們站立在每個神壇前唸經兩次，且不時跪拜。帶頭的
一個以一根用皮包裹著的木棒輕敲手上的小鼓（應當是木魚），可是
聲量還是很大。第二個不時搖動右手拿著的鈴。第三個用一個大銅
盤捧著華文經書。他們以緩慢的步伐走動，並且以悲傷的聲調唸經，
同時（另外二人）以大鼓及笛伴奏。……靠近內殿的左方，設有一
個婦女專用的神殿，男人一概不准進入。〔註 45〕

以上的記載雖然簡短，但卻體現出荷蘭殖民時期馬六甲華人社會的一部份現
象，其中：一、作者稱此廟為「華族難民的廟宇」，佐證了明朝遺民避難於
馬六甲；二、華人宗教禮儀隨著明朝遺民落籍馬六甲而深植在當地華人社會；
三、該廟特別設置婦女專有的神殿，突顯出儒家主張的「男女有別」觀念。
不過，當時的華人婦女大多是與華人通婚的土著婦女或是娘惹，正如李恩涵
在《東南亞華人史》一書中所言：「一直到 19 世紀 50 年代之初，沒有真正
純華人血統的婦女移民到馬來亞」〔註 46〕。換言之，青雲亭的婦女專有神殿
是為已經接受華人宗教信仰影響的土著婦女或是娘惹而設。種種跡象皆能顯
示，華人的宗教、民俗、文化在荷蘭統治時期已隨著明朝避難義士自中國移
植至異鄉馬六甲，並在當地建立起廟宇來安定群體的身、心、靈。可惜的是，
荷蘭殖民時期的華人社會面貌到了英國殖民時期，因種種時代環境的考驗而
開始起了另一番的變化。

（三）英治時期的華人社會

英屬東印度公司在 1824 年正式殖民馬六甲以前，曾有二度非正式的侵
佔馬六甲領土：第一次是在 1795 年，以荷蘭與法國結成同盟為藉口，乘機奪

〔註 45〕林孝勝：〈草創時期的青雲亭〉，收錄於柯木林，林孝勝合著：《新華歷史與人
物研究》（新加坡：南洋學會，1986 年），頁 41～42。
〔註 46〕李恩涵：《東南亞華人史》，頁 215。

取及大破壞馬六甲，後在 1802 年《亞明和約》（Peace of Amiens）的訂立，才將馬六甲歸還於荷蘭殖民政府；第二次則發生在 1807 年，統治權在 1818 年根據 1815 年《維也納條約》（Treaty of Vienna）的訂立歸還給荷蘭殖民政府。〔註47〕在這同時，不少馬六甲華人因當地社會治安的混亂和經濟利益的因素，而遷往至 1798 年開埠的檳榔嶼和 1819 年開埠的新加坡，其中有出生在馬六甲的薛佛記（又名文舟，1793～1847）和陳金聲（又名巨川，1805～1964），這兩人先後前往新加坡發展商業活動，不久成為當地華人社會和經濟活動發展的主導者，直至晚年才歸返馬六甲擔任青雲亭亭主。〔註48〕

　　1824 年，英國與荷蘭在倫敦簽訂《英荷條約》（Anglo-Dutch Treaty），英屬東印度公司再次從荷蘭殖民政府手中接獲馬六甲的統治權後，廢除葡、荷時期的華人甲必丹制度，這種制度層面的轉變基本上可說是「從間接統治的時期轉到直接統治的時期」〔註49〕；1826 年，又將馬六甲與檳城、新加坡合併為海峽殖民地（The Straits Settlements），從此開展了逾 100 多年的英國殖民時期。在這段英治殖民期間，發生了一個小插曲，即英國殖民政府在 1867 年從英屬東印度公司的手中正式接管海峽殖民地，並對其進行直接統治。值得說明的是，英國殖民政府的統治模式與英屬東印度公司一樣，始終是以商業、經濟掛帥，這種情況對當地華人社會在往後的發展造成諸多影響。

　　為了推動工商業的發展及確保充分地獲得經濟的利益，英人採取比葡、荷殖民者更為開明的殖民政策，〔註50〕除了廢除荷蘭統治時期的酷刑、毀滅刑具、填平土牢、解放奴隸等政策外，〔註51〕又將馬六甲作為經營沿海的商業據點，並伸展其勢力至內陸，發展商務，開發資源。〔註52〕爾後，馬六甲及其附

〔註47〕 T. J. Newbold, *Political and Statistical Account of the British Settlement in the Straits of Malacca, viz. Penang and Singapore; with a history of the Malay States on the Peninsula of Malacca*, Vol.1,（Singapore: Oxford University Press, 1971），p.136. Originally printed in 1839，轉載自李寶鑽：《馬來西亞華人涵化之研究——以馬六甲為中心》，頁 24；華僑志編纂委員會編：《馬來亞華僑志》，頁 81。
〔註48〕 林孝勝：《新加坡華社與華商》（新加坡：新加坡亞洲研究學會，1995 年 3 月），頁 36。
〔註49〕 維多・巴素著，劉前度譯：《馬來亞華僑史》，頁 97。
〔註50〕 宋哲美：《馬來西亞華人史》，頁 61。
〔註51〕 今堀誠二著，劉果因譯：《馬來亞華人社會》（檳城：加應會館擴建委員會，1974 年），頁 18。
〔註52〕 陳烈甫：《華僑學與華人學總論》（臺北市：臺灣商務印書館股份有限公司，1987 年），頁 99。

近地區的採礦業和種植業迅速發展，亟需大量的人力開採及墾殖，為了解決勞動力短缺的問題，大批的華人移民因此被引進而彌補勞動市場的需求。下表2.1.3 為 1825 年至 1941 年馬六甲華人人口統計表。

表 2.1.3　1825 年至 1941 年間馬六甲華人的人口數量

年　代	各族總人口（人）	華人總人口（人）	華人佔總人口比率（%）
1825	-	3,828	-
1827	33,162	5,006	15.09
1829	30,184	4,797	15.89
1834	29,260	4,143	14.16
1842	46,096	6,882	14.93
1852	62,514	10,608	16.97
1860	67,267	10,039	14.92
1871	77,756	13,482	17.34
1881	93,579	19,741	21.09
1891	92,170	18,161	19.70
1901	95,487	19,468	20.39
1911	124,952	36,094	28.89
1921	153,691	45,853	29.83
1931	186,877	65,302	34.94
1941	236,087	92,125	39.02

注：本表根據以下各書資料另行彙編。

資料來源：

①V. Purcell, *The Chinese in Southeast Asia*, p.232，轉載自李恩涵：《東南亞華人史》，頁 204。

②巴素著，劉前度譯：《馬來亞華僑史》，頁 26。

③麥留芳：《方言羣認同：早期星馬華人的分類法則》，頁 47。

　　從表 2.1.3 顯示，介於 1825 年至 1941 年間，馬六甲華人人口數量大致是呈持續增加之現象。這種現象除了受中國境內政治、社會、民生經濟的影響外，英國殖民政府以開發經濟為目標而對勞動力的需求，亦是導致人口數量增長的因素之一。麥留芳曾將 19 世紀馬六甲華人人口數量遽增的現象，歸為因馬六甲附近陸續發現新的錫礦礦苗、葛樹粉工業發展等而產生的移民潮。〔註53〕

〔註53〕麥留芳：《方言羣認同：早期星馬華人的分類法則》（臺北市：中央研究院民族學研究所，1985 年），頁 46～48。

儘管如此，被引入的華人移民之流動性極大。根據英國人渥爾德博士（T. W. Ward）在 1827 年前後對馬六甲華人移民的狀況作出分析：「當時華人的工匠與墾殖者，不斷湧入馬六甲，但他們不是長久的居留者」〔註54〕。換句話說，無論是以「自由移民」或「契約勞工」方式前來的華人，他們在抵達馬六甲港口後，往往會為了經濟謀生的因素而再次流移到馬來亞其他地區。吉隆坡開拓者葉亞來的移民經歷即是最好的實例：

> 到馬六甲後不久，國駟介紹亞來到榴槤洞蒿（Durian Tunggal）一家錫礦去工作。由於當時該礦場生意欠佳，所以，他住了四個月就離開那裡到吉山（Kesang）去。到吉山後，他在一個叫葉五（Yap Ng）的族叔店裡當夥計。……他就在賭館裡輸光了身上所有的錢，這迫使他不得不重回馬六甲。他感到羞恥，決心避開他的親戚，遂偕同一位叫葉福（Yap Fook）的同伴（即葉五的堂兄弟），從馬六甲步行至附近的蘆骨（Lukut）。蘆骨當時屬於雪蘭莪，是州內的一個小市鎮。其時，多位雪蘭莪拉惹（Raja）在當地開發了許多礦場，有很多亞來的同鄉受雇在那裡工作。〔註55〕

至於透過「契約勞工」制度被輸送到馬六甲的華人，若遇親友相助，付清賒欠款項，則可重獲自由，自尋工作；否則將被販賣到種植園或礦場當苦工，甚至被疏散到馬六甲以外的區域進行闢壤墾殖活動，誠如李業霖在《吉隆坡開拓者的足跡——甲必丹葉亞來的一生》中所云：

> 十九世紀初期，華裔礦家是以馬六甲為據點，並從那裡帶領苦力四出蘆骨、雙溪烏絨、和雪蘭莪河河口等處尋找錫藏，每一趟時間不定，可長達幾個月。〔註56〕

這種人口流動的現象，同時解釋了 1829 年、1834 年、1860 年、1891 年這四個時期，馬六甲華人總人口下降的原因。整體來看，19 世紀至 20 世紀中葉的馬六甲華人社會人口流動率甚高，這可能與馬六甲港口是華人集散的重要中心之一有關。

　　隨著華人移民大量的湧入，原有的華人社會逐漸分化成兩種不同的型態：

〔註54〕華僑志編纂委員會編：《馬來亞華僑史》（臺北市：華僑志編纂委員會，1959年），頁 26。

〔註55〕李業霖：《吉隆坡開拓者的足跡——甲必丹葉亞來的一生》（吉隆坡：華社研究中心，1997 年），頁 31。

〔註56〕李業霖：《吉隆坡開拓者的足跡——甲必丹葉亞來的一生》，頁 37。

一為生長在當地的華人；另一則是剛從中國到來的華人移民。為了方便區分，前者稱為土生華人；後者則稱為新客華人，兩者的生長背景、學習經歷相差極大。而致使這些分歧無法彌合的原因之一，即是英文教育的興起。此時，英國殖民政府的勢力正逐漸在新、馬各地區擴張，英語成為了當地上流社會的主要溝通語言，許多上流社會的華人子弟紛紛進入 1818 年創立的英華書院攻讀，有些成為（筆者按：基督）教徒。〔註57〕這種趨勢使得部份的土生華人在英文教育的薰陶下逐漸西化，同時亦憑藉著他們良好的英語溝通能力而獲得當地英國人的重用，甚至在殖民政府部門擔任要職。這種情況大大提升了土生華人在整個馬六甲社會的地位，甚至成為當地華人社會的上、中層階級人士。至於新客華人的內部結構則較為複雜，是由不同方言群體的華人移民組成，如：客家、廣東、福建、潮州、海南等。這個族群的原鄉背景並不如土生華人般來得簡單純粹，都是來自福建漳、泉、永春群體。

表 2.1.4　馬六甲華人各方言群的百分比（1881～1931）〔註58〕

方言群	1881	1891	1901	1911	1921	1931
廣東人	7%	7%	7%	9%	13%	11%
福建人	22%	26%	29%	32%	40%	40%
海南人	26%	24%	23%	34%	22%	16%
客家人	15%	12%	10%	16%	19%	23%
潮州人	4%	5%	3%	7%	5%	6%
土生華人	27%	28%	26%	-	-	-

資料整理自麥留芳：《方言群認同：早期星馬華人的分類法則》，頁 71。

　　從表 2.1.4 得知，新客華人在 1881 至 1931 年間，佔據華人總數中的高比率。在新客華人當中，福建人的數量一直保持著增長的趨勢，直到 1931 年已佔華人總數的 40%；海南人數量則呈現下滑的趨勢，從 1881 年總數的 26%，到 1931 年只剩下 16%；客家人人數呈小幅上揚之狀態，到了 1931 已超越海南籍華人人數，僅次於福建籍華人而高居第二；而廣東與潮州人的數量雖有持續提升，但卻屬少數的方言群體。至於土生華人的數量，介於 1881 年至

〔註57〕林孝勝：〈十九世紀新華社會的分合問題〉，收錄於柯木林，林孝勝合著：《新華歷史與人物研究》，頁 72。

〔註58〕此項統計資料之百分比數值總和有超過或未達100%，但不至影響整體的分析結果。

1901 年間，仍是佔總數相當高的比率，不過到了 1911 年後就不再有相關的
統計數字，疑似併入福建人的項目或是抽離出這個新客移民居多的華人社
會，形成一個獨特的群體。儘管如此，福建人仍是馬六甲華人社會最大的方
言群體，在當地具有極大的社會影響力。

　　至於經濟能力方面，從事商業貿易的土生華人，一直是凌駕於新客華人之
上。1879 年，英國旅行作家伊莎貝拉・柏德（Isabella Bird）曾針對馬六甲華
人的富裕程度作出一番描述：

> 每個下午，他們的車子都會將他們帶到城裡的豪華別墅去吸食鴉片
> 和賭博。他們擁有大量的鑽石、珍珠、藍寶石、紅寶石，以及翡翠。
> 他們熱愛馬六甲，並盡所能去美化它。他們建造了像廣東那樣的豪
> 華住宅，不同的是，他們還是遵照大英帝國政府的法律。更富有的
> 華商則住在豪華的大房子，並擁有圍起城牆的大花園。華商的妻子
> 們深居簡出，居住在房子後面的區域，無法像男人們般過著「美好
> 的時光」。〔註59〕

有關柏德對馬六甲華人的敘述，與新客華人的生活模式不符，其所指的應該是
財富充裕、生活悠閒之土生華人。而在新客華人社群當中，目不識丁者佔大多
數，他們幾乎只懂得自己的方言，但也有少部分通曉數種語言（含方言）。當
時的馬六甲新客華人當中，除了少部份為小商人外，多數還是以體力勞動來維
生，生活條件艱苦。在這種情況之下，自然催生了許多血緣性、地緣性、業緣
性等組織，以加強各個方言群體內部的守望相助功能。有關馬六甲華人社團的
部份將在下一節提到，故在此不作進一步討論。但需要說明的是，以上的種種
現象卻將馬六甲華人社會推向分化的局面。

　　總而言之，早期馬六甲華人社會形成、蛻變、定型的過程，無非是伴隨
著異域文化、殖民政府政策的衝擊與消融，進一步發展為與中國不同生活型
態之群體。不過，大量華人移民長時期源源不斷地湧入馬六甲後，讓原本呈
現在地化特徵的華人社會重新整頓與界定，進而構成兩極化的現象。儘管如
此，在整個馬六甲華人社會的發展脈絡中，依然還能清楚發現中國、西方、
南洋三地的文化烙印，既在保存中國傳統文化之餘，又融入了南洋和西方殖
民者之文化，形成獨特的在地化風采；在政治與經濟方面，則受殖民政府政

〔註59〕Isabella Bird, *The Golden Chersonese and the Way Thither*,（New York: Cambridge
University Press, 2010），p.133.

策的影響。直到民國以後,革命思想在孫中山等人的鼓吹與推動之下,中國革命黨的勢力就在這樣的華人社會中蔓延開來,進而改寫了整個馬六甲華人社會的面貌。

第二節　華人社會組織的整合和分化

　　馬六甲同盟會分會於 1907 年成立,在此之前就已有許多華人社團組織應運而生,其最初的形式主要有廟宇、公司、會館、義塚、宗祠等。這些社團組織多是以血緣、地緣或業緣之臍帶關係作為凝聚群體的內在基礎,不過社團與社團彼此之間卻因語言的分歧而有所隔閡,鮮少互動,這種現象可謂是馬六甲早期華人移民社會的寫照。值得一提的是,早期的地緣性組織大多帶有血緣性與業緣性的成份。不過,就社會功能而言,地緣性組織整體的表現比血緣性、業緣性組織來得重要,其不僅在凝聚各方言群體內部方面發揮著積極作用,亦對早期華人社會的運作有著深刻影響。因此,在談論中國革命黨勢力進入馬六甲華人社會以前,有必要先從當地華人地緣性組織入手,特別是代表著馬六甲土生華人的青雲亭,以及代表新客華人的各方言群體會館。透過探討這些組織的型態、特質及其在早期馬六甲華人社會的基本發展狀況等,期能釐清往後革命黨勢力在當地華人社會所產生的若干影響。

一、早期華人社會的最高領導機構——青雲亭

　　英國殖民時期,新客華人從中國不斷地被引入馬六甲從事勞動工作,導致原有的華人社會結構出現二元化的局面,即:土生華人與新客華人。至於向來整合馬六甲華人社會的最高領導機構——青雲亭,在這段時期受到英國殖民政策、新客華人移民浪潮、領導層價值觀等因素的影響,其在當地華人社會的權力、地位已不如以往。在中國革命黨的勢力尚未延伸至馬六甲以前,青雲亭表面上仍是當地華人社會的核心組織,不過因領導層及成員多是當地的土生華人,因此與新客華人的關係漸行漸遠。以下為青雲亭形成、發展之簡扼說明。

(一)青雲亭的成立及發展

　　關於青雲亭創建的年代,雖然論者各持己見,眾說紛紜,但至少可追溯到17 世紀。根據史料記載,青雲亭是華人甲必丹鄭啟基、李為經二人共同創建。倘若依據鄭、李兩位創建者的生卒年代(參閱表 2.2.1),以及置放在青雲亭內

的《敬修青雲亭序碑》（1845 年）記載：「於龍飛〔註60〕癸丑歲，始建此亭」
〔註61〕作推測，其創立的年份大約在 1673 年。而這個時期，正值明朝遺民大
量湧入馬六甲的時刻。關於這段時期的社會背景已在上文略作說明，此處不再
贅述。

　　青雲亭最初是以廟宇的形式出現，作為當地華人供奉及請求神明庇佑之
用。關於這一點，《重興青雲亭記》（1801 年）碑文上有清楚地記載：

> 青雲亭何為而作也？蓋自吾儕行貨為商，不憚踰河踏，來遊此邦，
> 爭希陶狤，其志可謂高矣。而所賴清晏呈祥，得佔大川利涉者，莫
> 非神佛有默佑焉，此亭之興，所由來矣……吾想夫通貨積財，應自
> 始有，而臻富有莫大之崇高，有淩霄直上之勢，如青雲之得路焉，
> 獲利固無慊於得名也。故額斯亭曰青雲亭……。〔註62〕

《重興青雲亭記》的內容正說明了當時以海上經商貿易為主體的馬六甲華人
社會對青雲亭建設的集體信仰和精神寄託，其中當然免不了對財富追求的想
望。而隨著祭祀等活動的開展，青雲亭也逐漸凝聚成為一個代表當地華人的組
織，具有整合馬六甲華人社會的功能。

　　荷蘭統治馬六甲時期，青雲亭除祈福庇佑之功能外，更是治理華人社會的
重要機構。根據《呷國青雲亭條規簿》〔註63〕（以下簡稱：《條規簿》）記載：
「原夫蘭城之有青雲亭，凡事掌之，皆由甲必丹。蓋甲必丹之名，是由和蘭錫
爵所以立也」〔註64〕，清楚地透露出華人甲必丹與青雲亭的關係密切，而華人
甲必丹更是擁有領導青雲亭的一切權力。又據曾衍盛的調查研究指出，「甲必
丹的官署，就設於青雲亭內」〔註65〕；而黃文斌則表示，青雲亭「每逢朔望日

〔註60〕據張禮千的考察，「龍飛」有二種說法：一、明代冬烘先生慣用，常加於年號
之下，為稱頌帝德；二、避難他處的明代義士，不願使用清代年號，於是取折
衷辦法，去明朝之年號，留「龍飛」二字。張禮千：《馬六甲史》（新加坡：鄭
成快先生紀念委員會，1941 年），頁 331～332。

〔註61〕饒宗頤：〈星馬華文碑刻繫年（紀略）〉，《書目季刊》第 5 卷第 2 期（臺北市：
書目季刊社，1970 年），頁 27。

〔註62〕饒宗頤：〈星馬華文碑刻繫年（紀略）〉，頁 18。

〔註63〕據鄭良樹描述《青雲亭條規簿》：線裝，毛筆抄寫本。全書約七十餘頁，扉頁
原題《呷國青雲亭條規簿》，紙黃字秀，首頁有「陳敏政亭主印」鈐記一方，
其為青雲亭官方文獻。參閱鄭良樹：〈大馬華族史早期文獻——青雲亭條規
簿〉，收錄於《歷史的定音：三保山資料選輯》，頁 163。

〔註64〕鄭良樹：〈大馬華族史早期文獻——青雲亭條規簿〉，頁 168。

〔註65〕曾衍盛：《馬來西亞最古老的廟宇——青雲亭個案研究》（馬六甲：青雲亭機

便在廟裡審判案件」〔註66〕。綜觀而言，青雲亭是藉著與華人甲必丹的連帶關係，間接享有荷蘭殖民政府賦予的合法性權力和地位，從一座奉祀神明的廟宇轉化成兼具政治、司法功能的總機構，並在平衡華人社會和殖民政府之間的權益過程中扮演著舉足輕重的角色，進而躍升為維繫當時馬六甲華人社會的重要支柱。不過，這種情況只維持到英國殖民政府統治初期，甲必丹時代即宣告結束。

值得說明的是，青雲亭雖然標榜著代表馬六甲華人社會的總機構，但透過表 2.2.1 顯示，在歷任華人甲必丹當中，除了四名的籍貫未詳外，其餘的原籍均係福建漳、泉兩系，即：兩名漳州、六名泉州。漳、泉州兩系雖有「小異」，但還是同屬於福建幫群。由此可知，青雲亭的領導權直至 19 世紀末期仍在福建幫的控制之下，尚未有其他方言群體的勢力參與其中，而這種組織體制一直持續到亭主制度時期（參閱表 2.2.2）。換言之，青雲亭一直是福建幫的天下，這一族群的勢力長時期主導著青雲亭的運作與發展，同時支配著整個馬六甲華人社會，就算往後有其他籍貫的新客華人移入馬六甲，如：廣東、客家、潮州、海南等，青雲亭的領導層仍是以單一方言群體為基礎。這種情況有二種解釋：一、青雲亭的領導層始終是以地緣關係作為共同體特徵的基本紐帶；二、各方言群體仍具有獨立性與封閉性，顯少與外幫或其他方言群體往來。下表 2.2.1 為青雲亭歷任華人甲必丹之簡表：

表 2.2.1　馬六甲青雲亭歷任華人甲必丹系年表

姓　名	別　號	籍　貫	生卒年份	備　註
鄭啟基	字芳揚；別名明弘	福建漳州	1632～1677	明朝避難義士
李為經	號君常；字宏綸；別名濟博、懋勛	福建泉州	1612～1688	明朝避難義士
李正壥	字仲堅	福建泉州	1662～1708	李為經之子
曾其祿	號耀及；別名六官	福建泉州	1643～1718	明朝避難義士；李為經之女婿

構，2011 年），頁 48。

〔註66〕黃文斌：〈馬六甲三寶山與青雲亭原始資料編纂芻議〉，發表於「海外華人之文化變遷與文物維護」國際學術研討會（中央研究院人文社會科學研究中心：中華民國僑務委員會、中央研究院人文社會科學研究中心海華文教基金會、中華民國海外華人研究學會，2008 年 12 月 13 日～2008 年 12 月 14 日），頁 185。

Chan Jam	未詳		福建泉州	未詳	曾其祿之子
未詳	未詳		未詳	未詳	疑是姓曾人士
曾憲魁	謚光輝；乳名照官		未詳	1725～1765	
陳承陽			福建泉州	1703～1784	
陳起厚	謚淳廉；又名德馨、英毅		未詳	1748～1794	
蔡士章	謚篤平；字端甫；又名喬		福建漳州	1750～1802	
曾有亮	謚敬信；別名專一；英文資料稱 Tsang Yew Leang		未詳	1771～1822	
曾世芳	謚振耀、達尊；號佛霖；英文資料稱 Chan Olim 或 Chan Hoot Lim 或 Chan Hood Lim		福建泉州	1793～1874	曾其祿第四代子孫；蔡士章姻親關係；陳金聲的姑丈

注：本表根據以下各書資料另行彙編。

資料來源：

①〔日〕日比野丈夫著、潘明智譯：〈馬六甲華人甲必丹——關於近年新發現的資料〉，收錄於《新馬華人甲必丹》，頁 222～231。

②莊欽永：〈「甲政曾振耀考」補遺〉、〈甲必丹曾有亮墓之發現〉，《亞洲文化》第 11 期（新加坡：新加坡亞洲研究學會，1988 年），頁 115～119。

③饒宗頤：〈星馬華文碑刻繫年（紀略）〉，頁 12～33。

④莊欽永：《新呷華人史新考》（新加坡：南洋學會，1990 年），頁 7～27。

⑤石滄金：《馬來西亞華人社團研究》（北京市：中國華僑出版社，2005 年），頁 319。

英國殖民初期，甲必丹制度被廢除，當時擔任甲必丹的曾世芳未被推選為第一任亭主，反而由梁美吉於 1824 年接任領導青雲亭的職務。這是否是因為青雲亭內部出現權力轉移的結果？因史料缺乏，本文暫無法針對此議題作出討論。與此同時，青雲亭的權力結構從「甲必丹制度」主導轉化成「亭主制度」，內部結構由「亭主、副亭主、四大理、大理公項、總巡、總管和里長」〔註67〕共同組成。這種模式雖然打破以往甲必丹「一人獨大」的局面，但幫權中心仍集中在福建幫內，而且決定權只為紳商身分人士所擁有。誠如《條規簿》所記載的亭主選舉見證儀式顯示，在陳若淮受任為青雲亭亭主儀式中的四十五名見證人，全係「呷中紳商」名流人士。這四十五名馬六甲華商分別為：陳溫源、許石泉、陳金元、陳桂林、許山泉、姚元樟、蔡為傑、蔡寶瑞、張長才、梁鴻籌、邱允吉、陳仁安、勤祥春、黃安然、姚利鑾、曾

〔註67〕曾衍盛：《馬來西亞最古老的廟宇——青雲亭個案研究》，頁 53。

西聘、楊水作、黃文慶、楊金讓、薛祈安、薛福安、梁龍福、王仁清、黃石芝、余瑞泉、薛同興、陳雲松、王合祥、曾長慶、胡記元、王金輝、李文由、薛長泉、楊壽安、蔡開太、周允雯、曾豐美、吳清水、何伍合、曾志興、王欽吉、林登烘、龍貴、顏清賢、周冥舞等。〔註 68〕

　　從表面上來看，這個時期的青雲亭似乎遞嬗為「紳商階層」所屬的商人組織，在以商業活動為主體的馬六甲華人社會中，勢力顯赫的紳商作為青雲亭領導階層，乃屬正常且無可避免的現象。儘管如此，青雲亭在實際的運作上正如林孝勝在〈青雲亭與十九世紀新華社會〉一文中提到：「並無行規以保護商界利益，以及提高商業水準，其服務對象是全呷華人，尤其是福建幫」〔註 69〕。值得一提的是，這裡所指的「福建幫」，到了福建籍的新客華人大量進入馬六甲後，在某個層面上更是指福建籍的「土生華人」，而非所有來自中國福建地區的當地華人。

　　就社會功能方面而論，青雲亭雖然失去了英國殖民政府賦予的司法權力，但仍然居於領導華人社會的重要位置，肩負著殖民政府與華人社會之間「上情下達，下情上達」的角色。與以往不同的是，青雲亭對於不合乎華人社會權益的事件開始採取極力捍衛的態度，例如：第一任亭主梁美吉與第四任亭主陳明水對英國殖民政府因築路而破壞三寶山墓地的計畫提出反對（參閱表 2.2.2）。這種情況意味著青雲亭在「亭主制度」的治理過程中，顯現相當程度的自主性，而非臣服於殖民政府的壓力之下，但並不表示雙方因此產生矛盾或衝突。究其原因，還是青雲亭領導者「甲必丹」與「亭主」在華人社會之職責與角色扮演有別。日本學者今堀誠二曾針對此議題，作出簡單地論析：「甲必丹是植（殖）民地政府所任命的，而亭主卻不同；亭主是以抵抗植（殖）民地政府為出發點，為著華僑，而主張所應主張的」〔註 70〕。換句話說，青雲亭亭主在時勢所趨之下，不再像過去聽命於殖民政府，而是以華人社會代言人的身分維持和協調既定的社會秩序；青雲亭本身的自治功能亦隨之逐漸強化，對當時馬六甲華人社會的整合和運作起了重要的作用。

〔註 68〕鄭良樹：〈大馬華族史早期文獻──青雲亭條規簿〉，頁 168。

〔註 69〕林孝勝：〈青雲亭與十九世紀新華社會〉，收錄於柯木林、林孝勝合著：《新華歷史與人物研究，1986 年》，頁 56。

〔註 70〕〔日〕今堀誠二著，劉果因譯：《馬來亞華人社會》（檳城：檳城加應會館，1974年），頁 20。

表 2.2.2　馬六甲歷屆青雲亭亭主系譜表

任序	名字	別號	籍貫	在任時期	事　　跡	備　　注
第一任	梁美吉		泉州南安	1824～1839	反對英國殖民政府為闢路而破壞三寶山；修葺三寶山	薛佛記的三妹婿
第二任	薛佛記	文舟	漳州漳浦	1839～1847	重修青雲亭；設置甲必丹鄭啟基、李為經之祿位於青雲亭	梁美吉的妻舅；陳金聲的姻親
第三任	陳金聲	巨川	泉州永春	1847～1864	重修青雲亭；開闢武吉日落洞華人墓地	薛佛記的姻親
第四任	陳明水	憲章	泉州永春	1864～1884	反對英殖民政府為建設道路而破壞三寶山墓地，提供武吉峇汝（Bukit Baru）為代替地；購置大鐘，讓遠近的人得暮鼓晨鐘之便；開始創辦豐順義學	陳金聲的長子；薛佛記的女婿
第五任	陳明岩	篤恭	泉州永春	1884～1893	重修青雲亭和寶山亭	陳金聲的二兒子；陳明水的弟弟
第六任	陳若淮	敏政	泉州永春	1893～1915		陳明水的兒子

注：本表根據以下各書資料另行彙編。

資料來源：

① 〔日〕日比野丈夫著，劉果因譯：〈馬六甲華人甲必丹系譜〉，收錄於《新馬華人甲必丹》，頁 199～200。

② 鄭良樹：〈大馬華族史的第一章——青雲亭及三保山史略〉，收錄於《歷史的怒音：三保山資料選輯》，頁 146～148。

③ 饒宗頤：〈星馬華文碑刻繫年（紀略）〉，頁 30。

④ 石滄金：《馬來西亞華人社團研究》，頁 317。

（二）親英意識的滋生

19 世紀中葉，由於英國殖民政府實施的「重商主義」政策，加上英文教育的興起，造成不少土生華人基於商業利益的需求而開始接受英語教育，甚至將其作為社會身分與地位的象徵。這種「傾英」的社會現象，在當時不斷腐蝕著青雲亭凝聚與整合整體華人社會之功能。直到陳若淮擔任亭主的時期（1893～1915），「傾英」的效應在青雲亭越來越明顯，尤其是領導層開始出

現若干受英文教育背景出身的上層知識分子，「親英」的跡象和意識透過領導取向慢慢呈現開來。這種現象可透過青雲亭《同堂會議記錄簿》〔註71〕（以下簡稱：「《記錄簿》」）的記錄，得知一二。

　　從 1914 年至 1916 年《記錄簿》的內容記載來看，當時的青雲亭在某個程度上已逐漸脫離了以新客華人佔居多的華人社會，演變成「親英」土生華人的組織。根據《記錄簿》1914 年 6 月 15 日，載：「陳禎祿君起言，今咱英國已與俄、法兩國，助沙人與德、奧開仗，我儕實希望天佑英皇，咱英國必得大勝」〔註72〕。陳禎祿是一位接受英文教育長大的土生華人，其在「英國」稱呼的前面加上「咱」字，正反映出其以英國子民自居的態度，而這種態度正是當時整個青雲亭內層組織的集體意識。另外，青雲亭在歐戰時期對英國支持的表態，據《記錄簿》1914 年 6 月 29 日，載：「一議……從今日為始，凡不論何人，不准在本亭戲台內演戲，限至英國打平敵國，息戰之時為期」〔註73〕；而土生華人陳齊賢則建議在青雲亭「設香案（闕文，約 6～7 字）三晝夜，敬奉上帝著（闕 4～5 字）及讀疏文，禱祝天佑英皇，英國得戰勝敵國」〔註74〕，藉以停止公共娛樂活動、進行中國傳統祈福儀式等，表達對英國的支持。此外，《記錄簿》1916 年 1 月 6 日又有一段記載：「主席宣布……咱華商人等，合應認購四州府公債，補助英國戰費」諸語，仍是出自對英國的擁護與認同。以上種種跡象，一方面可說是青雲亭對英國表示強烈支持的直接反應；另一方面則是具體地呈現出青雲亭傾向英國的政治態度。

　　相反地，青雲亭領導層對中國政治局面的關注，並不比對英國來得熱烈。如《記錄簿》1915 年 3 月 30 日，載：「……沈鴻柏君宣讀中國駐叻領事胡公致函與呷商會，勸我呷中華僑購買民國四年公債票之一切情形云云。旋經眾職員同堂向其道謝，並說及若是要買，自當直向銀行購買可也」〔註75〕。這種冷漠且敷衍的回應，與呼籲捐助英國戰費時的熱烈反應相較，簡直是兩極化的表現。又有《記錄簿》1909 年 12 月 1 日，對青雲亭領導層商討援助福

〔註71〕《同堂會記錄簿》共有數冊，厚 610 多頁，備載青雲亭自光緒 32 年（1905 年）8 月至中華民國 19 年（1930 年）2 月亭內會議所討論事項、議決案及執行情形。參閱鄭良樹：〈亭主時代的青雲亭及華族社會〉（上），《亞洲文化》第 4 期（新加坡：新加坡亞洲研究學會，1984 年），頁 24。

〔註72〕鄭良樹：〈亭主時代的青雲亭及華族社會〉（上），《亞洲文化》第 4 期，頁 28。

〔註73〕鄭良樹：〈亭主時代的青雲亭及華族社會〉（上），《亞洲文化》第 4 期，頁 28。

〔註74〕鄭良樹：〈亭主時代的青雲亭及華族社會〉（上），《亞洲文化》第 4 期，頁 28。

〔註75〕鄭良樹：〈亭主時代的青雲亭及華族社會〉（上），《亞洲文化》第 4 期，頁 28。

州風災災民籌款事宜之記載：「……據副亭主言，今福建會館已立，福州乃福建人之省，理宜由會館主料理勸捐之事……」〔註76〕，將為中國福州災民募款的責任推向地緣性的會館組織，並未表露出積極關懷的態度。

以上的記錄清楚地反映出，這一群生長在馬六甲的青雲亭領導者，隨著「峇峇」意識的滋長而逐漸地脫離華人的社群，對中國所發生的事務不再像往常般關注，反而著力於大英帝國子民身分認同的建構。這種現象間接導致青雲亭的組織性質起了變化，在不同方言群體組織崛起的衝擊下，其在整合華人社會的功能逐漸被削弱，所能管理的範圍愈來愈縮小，甚至轉向於偏重單一階層或特定群體的趨勢。

二、方言群體的凝聚核心——地緣性會館

除了青雲亭以外，地緣性組織在 18 世紀末以後，隨著華人移民人口的增加而相繼出現在馬六甲華人社會。這種類型的組織，是使用同一種方言作為溝通媒介語的群體所組成，正如陳育崧所言，「由於移民群中說不同方言而造成隔閡的格局下所形成的」〔註77〕，具備鮮明的幫群屬性。就組織功能而論，對內具有整合性，有助於同一方言群體的凝聚與團結；對外則是具有破壞性，與不同方言群體之間存有隔閡。

（一）地緣性會館的崛起及其特徵

英國殖民馬六甲時期，馬六甲新客華人移民主要來自中國福建、客家、廣東、海南、潮州。這些來到馬六甲的新客華人，由於人地生疏，加上語言、生活習俗的隔閡，來自同一地域或是使用著同一種方言的群體自然聚集在一起，發揮著團結與互助的精神。這種現象促成地緣性會館的湧現，同時亦反映出作為領導華人社會最高領導機構的青雲亭，在服務與照顧「呷中我（諸）華人」〔註78〕的事務上有其侷限性。

根據史料記載，地緣性組織在早期是以「公司」〔註79〕命名，後才統一

〔註76〕鄭良樹：〈亭主時代的青雲亭及華族社會〉（上），《亞洲文化》第 4 期，頁 26。
〔註77〕陳育崧：〈新加坡華文碑銘集錄緒言〉，收錄於《南洋學報》第 26 卷第 2 期（新加坡：南洋學會，1991 年），頁 21。
〔註78〕參閱〈呷國青雲亭條規簿〉第一、第二則條規。鄭良樹：〈大馬華族史早期文獻——青雲亭條規簿〉，頁 169。
〔註79〕據石滄金的說法，有關「公司」稱呼可分成兩種：一、模仿西方殖民者所建立的公司之名而得來；二、似是一時風尚，也與業緣有相當的關係。針對第二種

稱為「會館」。如：潮州會館初稱「潮州公司」；惠州會館初稱「海山公司」；南安會館初稱「南邑公司」；應和會館初稱「梅州眾記公司」等。這些「公司」在早期多具私會黨的性質，與私會黨的活動更是有著密切關係。以「海山公司」為例，曾屢次為了利益而與三合會、和平等會黨起衝突，甚至互相屠殺。〔註80〕這種情況在某個程度上是維護與實現同一群體利益的表現，是當時華人社會存在的普遍現象。直到1890年，英國殖民政府實行《1889年社團法令》（Societies Ordinance, 1889）控制私會黨的非法活動，地緣性組織因此受到管制而紛紛註冊成為合法團體，並遵守殖民政府對社團組織所立下的條例。

　　撇開青雲亭不論，馬六甲最早的地緣性組織是客家體系的增龍會館，創立時間在1792年以前，這正說明了在馬六甲新客華人當中，客家籍華人的群體意識形成較其他方言群體來得早。爾後，類似的地緣性組織如雨後春筍般紛紛在19世紀初至20世紀初成立，其中福建幫有：永春會館（1800年）、福建會館（1801年）、德化會館（1908年）、南安會館（1910年）；客家幫則有：惠州會館（1805年）、茶陽會館（1807年）、應和會館（1821年）；潮州幫則有：潮州會館（1822年）；廣東幫則有：寧陽會館（1828年）、岡州會館（1891年）、五邑會館（1898年）、雷州會館（1899年）；海南幫則有瓊州會館（1869年）。直到19世紀末，福建、客家、潮州、廣東和海南五大方言群體的地緣性組織已設立在馬六甲華人地區。不同方言群體會館在馬六甲的出現，一方面是當地華人幫群意識日漸被強化的顯現；另一方面則是新客華人社會分化的反映，這對往後整個馬六甲華人社會的發展有著重要的意義和影響。

　　就會館職能而論，其最主要是在照顧同鄉的福利，聯絡鄉誼，協助同鄉適應人地生疏、語言不通的熱帶新環境，當中包括：安頓同鄉新客、推薦就業、救濟鄉梓災民、排解糾紛、舉辦慈善事業、祭拜共同神祇、購置義山、安葬鄉親、開辦私塾、義學等，而對全體華人社會的內部事務較少直接干預。〔註81〕

　　　　說法，石氏沒有直接說明，但相信是與某一方言群體壟斷特定的職業有關。參
　　　　閱石滄金：《馬來西亞華人社團研究》，頁2。
〔註80〕〔日〕今堀誠二著，劉果因譯：《馬來亞華人社會》，頁31；黃建淳：《晚清新
　　　　馬華僑對國家認同之研究——以賑捐投資、封爵為例》（臺北市：中華民國海
　　　　外華人研究學會，1993年），頁482～483。
〔註81〕陳亞才：〈馬來西亞宗鄉社團發展動向的觀察與探討〉，《華僑華人資料：報刊
　　　　剪輯》1994年第3期（總第47期），頁3～4。

綜觀上述列舉，可見方言群會館的基本功能是以「滿足與解決同鄉需求」作為軸心，但前提是出自於同鄉之間的「共同情感」。從某種意義上來說，這種運作機制的確立，大大推動了各方言群體內部的整合與凝聚，並有效的提升同鄉人的群體意識與歸屬感。

正如《馬六甲海南會館千禧年紀念特刊》載：「……，其時海禁開放，我鄉親南來謀生，與日俱增。浪跡海外，離鄉背井，佳節思鄉，是人的常情。越國千里，交通阻隔，最親近的人是鄉親。本館的設立，是時勢所趨，也是鄉誼所需」〔註82〕，說明了同鄉人的情誼乃是方言群會館成立之主因，對身處在異國他鄉的華人而言，會館有其存在的必要性及重要性。又，〈馬六甲永春會館史略〉記載著一段永春會館創設的來龍去脈：「……，因鑒於邑人梯航南渡拓疆，繼而殖蕃者眾，散居而少聯繫，乃竭力糾之使合，喚之使從，舉凡有事訴之會館，難題無不迎刃而解」〔註83〕，當中毫不含糊地強調著會館凝聚與整合鄉邑的社會功能。另在《馬六甲雷州會館慶祝成立九十一週年紀念特刊》則記載著一段關於雷州會館的發展情形：「惟當時，同鄉十居八九皆為獨身漢（未成家室），業務操作，所入式微，少有積蓄，如逢病厄孤老，或環境窘迫者，需求助於鄉眾。同人等因鑒及此，咸具疴瘝在抱之心，民胞物與之忱，乃於一九零四年間集資九百元，購置本館斜對面樓宇一座，命名『雷陽社』，俾為容納一些貧病老邁同鄉休養之所，使其獲得溫暖與照顧。」〔註84〕此乃反映了方言群體內部的互助性及連結性，同時亦突顯出會館在作為謀求同一方言群體福利慈善事業的色彩。

從上述諸項得知，方言群會館內部是以和衷共濟的精神為核心，承載著協助與支援同鄉群體在社會、生活福利方面的職能，同時亦具有鞏固群體的強烈凝聚力，將散落在異國他鄉的同鄉人整合起來。儘管如此，會館的服務對象只是侷限於同鄉人；對外實際上存有明顯的排他性和封建性的消極意識。關於不同籍貫者或方言群之間的互動關係，可將透過 19 世紀末至 20 世紀初的馬六甲市區華人方言群的聚落情形與地緣性會館的分佈狀況作一說明。

〔註82〕李福祥、許萬忠編：《馬六甲海南會館千禧年紀念特刊》（馬六甲：海南會館，
　　　　2001 年），頁 42。
〔註83〕馬六甲福建會館編：《馬六甲福建會館創館一百八十一週年紀念刊（1801～
　　　　1981）》（馬六甲：福建會館，1981 年），無頁數。
〔註84〕馬六甲雷州會館編：《馬六甲雷州會館慶祝成立九十一週年紀念特刊》（馬六
　　　　甲：雷州會館，1990 年），頁 20。

（二）地緣性組織的聚落分佈模式

　　方言群會館的聚落分佈模式是依據各方言群體在某一特定地區落居與演化的呈現，從中可以看出各方言群體「對內凝聚，對外分化」的情形。下列將針對馬六甲各方言群會館所在的位置與方言群體的聚落型態，作出簡要說明。

圖 2.2.1　19 世紀末至 20 世紀初馬六甲市區華人方言群的聚落形態

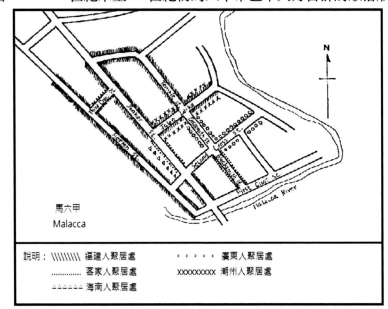

資料來源：

　　①麥留芳：《方言羣認同：早期星馬華人的分類法則》，頁 102～103。

　　②麥留芳著，張清江譯：《星馬華人私會黨的研究》（臺北市：正中書局，1985 年），頁 104～105。

　　從上圖 2.2.1 顯示，19 世紀末至 20 世紀初期的馬六甲華人市區街道，擁有顯著的方言群屬特徵，各方言群體皆有其各自所屬之聚落地區。根據當時馬六甲市區華人方言群的聚落分佈來說明，廣東人分別聚居在豆腐街（Second Cross Street/ Jalan Hang Kasturi）與打金街（Goldsmith Street/ Jalan Tukang Emas），居住型態相對集中；客家人居住地區較為分散，分別坐落在海山街（Third Cross Street/ Jalan Hang Lekir）與打鐵街（Blacksmith Street/ Jalan Tukang Besi）兩個區域，但該幫群仍是集聚在一起；而福建人的聚居處則是集中在荷蘭街（Heeren Street/ Jalan Tun Tan Cheng Lock）與觀音亭街（Temple Street/ Jalan Tokong）。值得說明的是，荷蘭街雖然被標明為福建人的聚居地，但圖中所指的「福建人」應該是最早移居於此地區的「土生華人」

群體。據稱，荷蘭街在荷蘭時期原是荷蘭社會名流聚居之地，不過當荷蘭殖民政權從馬六甲撤出之後，該地區多數的住宅被英國殖民政府拍賣給經商的華人。〔註85〕後來，隨著時光推移，荷蘭街儼然成為了土生華人的世居地。另外，雞場街（Jonker Street/ Jalan Gelangang）與馬車街（Jalan Leiku）這兩條街道則分別出現不同籍貫者雜居在一處的現象。前者聚居了福建人、海南人與客家人；後者則聚居了福建人與潮州人。這種「雜居」格局的形成，與移民時間的先後、方言群體數量的多寡、各幫勢力的大小有直接關聯。

　　以上的方言群聚落分佈模式，大致上可分成「聚居」與「雜居」兩種居住型態。透過圖 2.2.1 推測，當時的華人移民初到異地，人生地不熟，大多是選擇與籍貫或語言相似者比鄰而居，彼此相互依存，因此同鄉「聚居」的現象出現，是可想而知的事情。不過，亦有少數方言群體的聚落範圍較為廣泛，與不同方言群體同時「雜居」在同一街道，形成「大雜居，小聚居」的相互交錯形式。這種現象無形中突破了同一方言群體聚集一堂的聚落模式，但並不表示各方言群體之間的隔閡得以消除或化解。

　　無論是「聚居」或是「雜居」的聚落型態，互助性的地緣會館往往在同鄉的實際需求之下應運而生，因此館址位置幾乎都是設立在各自方言群體的聚落地區。下表 2.2.3 為馬六甲華人方言群會館分佈表：

表 2.2.3　18 世紀末至 20 世紀初馬六甲市區華人方言群會館分佈概況

方言幫	會館名稱	創辦年份	所在地
福建幫	永春會館	1800	荷蘭街
	福建會館	1801	雞場街
	德化會館	1908	現址為回教堂街（Jalan Masjid）
	南安會館	1910	舊址為三寶井街（Jalan Bukit Cina），1995 年遷至武吉峇汝（Bukit Baru）
客家幫	增龍會館	1792	舊址為東圭納街（Jalan Tengkera），1873 年遷至打金街
	惠州會館	1805	舊址為海山街，1844 年遷至豆腐街
	茶陽會館	1807	雞場街
	應和會館	1821	雞場街，1958 年後遷至甘光於汝（Kampung Hulu）

〔註85〕劉政寬：《馬六甲華人歷史街區的空間構成》（臺南市：國立成功大學，2010年），頁 56。

潮州幫	潮州會館	1822	雞場街
廣東幫	寧陽會館	1828	東圭納街
	岡州會館	1891	觀音亭街
	五邑會館	1898	打金街
	雷州會館	1899	雞場街
海南幫	瓊州會館	1869	雞場街

注：本表根據以下各書資料另行彙編。

資料來源：

①石滄金：《馬來西亞華人社團研究》，頁327～340。

②潘醒農編著：《馬來亞潮僑概況》（新加坡：南島，1950年），頁298。

③林遠輝、張應龍著：《新加坡馬來西亞華僑史》（廣州：廣東高等教育出版社，2008年），頁258～263。

④馬六甲福建會館編：《馬六甲福建會館創館一百八十一週年紀念刊（1801～1981）》，無頁數。

⑤馬六甲雷州會館編：《馬六甲雷州會館慶祝成立九十一週年紀念特刊》，頁20。

⑥黃月光主編：《馬六甲潮州會館慶祝成立一百七十週年紀念》（馬六甲：潮州會館，1993年），頁17。

　　針對方言群會館設立在各自方言群體聚落地之探討，表2.2.3所提供的會館所在處，除了德化會館（回教堂街）、南安會館（三寶井街）和寧陽會館（東圭納街）尚無確切史料予以證實之外，其餘的皆可與圖2.2.1對照。至於廣東幫的岡州會館（觀音亭街）和雷州會館（雞場街）；客家幫的增龍會館（打金街）和惠州會館（豆腐街）；潮州幫的潮州會館（雞場街）的所在地，卻與圖2.2.1的方言群分區不相應。這種差異的發生主要有兩種原因：一、街道規劃修改。觀音亭街、打金街、打鐵街實屬同一條街道，在荷蘭統治時期統稱為打金街，但到了英國統治時期，則依據街廓特性分為三段街道。〔註86〕二、地區發展。各方言群會館原本創立在方言群體聚落的地區，後來因地區發展用地飽和而導致街道空間的伸縮變形。儘管如此，會館位置與各自方言群聚落地區非常相近，仍是保有同鄉集結的特徵。以豆腐街、馬車街為例，這兩條街道路口與雞場街道是貫通相連的；而打鐵街與豆腐街則是相互交叉。

　　整體而言，方言群的聚落現象與會館的分佈狀況是當時馬六甲華人社會環境的特殊產物，從中皆可窺知：方言群內部孕育著一股強烈的凝聚力與認

〔註86〕劉政寬：《馬六甲華人歷史街區的空間構成》，頁54～60。

同感；而不同方言群之間則因語言的限制和聚落地區的差異，鮮少往來，甚至不時引起彼此間的誤解、猜忌、敵視與衝突。依據這種現象可斷定，就算是不同方言群雜居在同一處，亦難以達至互助的效果。在幫際關係上，麥留芳曾對馬六甲的華人方言群認同提出研究結果：馬六甲福建人較其他方言群更熱衷於合群活動，與客家人、海南人及潮州人亦在個人層次上呈現有互動之事件。〔註87〕不過，麥氏提出的越幫互動關係多是出現在廟宇捐獻活動上，〔註88〕而在廟宇以外的其他的事務上並沒有明顯體現出來，因此這種在某個固定活動中的「越幫互助」行為無法有效地發揮整合馬六甲華人社會的作用。

綜觀而言，在19世紀末20世紀初的馬六甲華人社會，隨著不同方言群體的大量湧入、各個方言群會館積極開辦，導致原有的華人社會結構開始出現變動跡象。青雲亭在面臨多方的衝擊下，其勢力已然呈現萎縮的狀況，表面上雖然仍是掌控整個馬六甲華人社會的最高領導組織，但實際上卻退居為華人上層社會或是土生華人之組織。而此時的方言群會館，只注意群體內部的利益，不重視對外的交流與互動。大體而言，青雲亭與方言群會館在當時主導著整個馬六甲華人社會的發展，但僅侷限於同屬群體的範圍，並未能達到整合華人社會的目標，也未真正突破因語言、地域、文化差異所產生的隔閡，這種情況誠如石滄金所言：「不利於消除華人社會和華人組織的分散性和幫派之別」〔註89〕。後來，當中國革命黨的勢力與影響力滲入馬六甲華人社會，青雲亭的地位與勢力即漸被取代，而以地緣為紐帶的當地華人社會，在經過革命黨的民族主義宣傳以後，他們不再完全受限於己身的原鄉身分認同，而逐漸轉向於對「中華民族」的國族認同，並以中華民族之利益為優先考量，紛紛為孫中山的革命運動盡一份綿薄之力，甚至是對往後在中國的抗日救國運動上給予熱烈回應。

第三節　認同的轉向：商業資本與民族革命

一般而言，在中國傳統文化中，大眾對從商者都抱持著負面的刻板印象，認為從商者大多數都是「為富不仁、重利輕義」的市儈者。他們多數重視自身利益，多半不願意支持或參與風險較高或是無法獲得利益的慈善事業或活動，

〔註87〕麥留芳：《方言群認同：早期星馬華人的分類法則》，頁135～138。
〔註88〕麥留芳：《方言群認同：早期星馬華人的分類法則》，頁128～131。
〔註89〕石滄金：《馬來西亞華人社團研究》，頁290。

更別說是隨時都會面臨傾家蕩產、性命危險的革命活動，除非這些事業與活動
與己身的利益有莫大關聯或是被時勢所逼而別無選擇。因此，「商人」與「革
命」可說是兩個不同的領域，在本質上存有一定的矛盾，很難讓人將它們聯想
在一起。有些歷史評論者更是直接將商人排除在革命框架之外，認為「做東家
的往往不知革命為何物，惟有店裡管賬的和做夥計才肯努力革命」〔註90〕，這
種帶有偏見的負面評語直接否定了商人會對革命活動作出貢獻的想象。無疑
地，商人唯利是圖、以「在商言商」價值取向的形象，早已深植人心。

　　在以商埠聞名的馬六甲，從事經商貿易的華人人數極多，不過，他們對辛
亥革命運動的支持程度卻有所不同。據現有的史料得知，當地華人大多數對革
命運動抱持觀望和冷淡的態度，尤其是處在上層階層的富商。在這些富商當
中，以土生華人居多。有些評論甚至將之形容成「數典忘祖，不知有國」、「只
顧目前物質的享樂而不及祖國盛衰興亡」的一群。〔註91〕其中，有一段史料記
載著鄧澤如、譚德棟、曾德水等人到馬六甲向富商譚佑初宣傳革命的情境：譚
氏對革命運動表示贊成，但卻以近況窘迫的理由婉拒捐款。其他的富商大多抱
持相同態度；〔註92〕又有史料記載，馬六甲地區在「廣州黃花崗之役」僅籌獲
革命經費 333 元，〔註93〕佔馬來亞地區總捐款額 47,661.67 元中的 0.007%，
〔註94〕當地華人的整體捐款情況並不踴躍。不過，這些零零散散的史料並未能
完全顯現馬六甲華人在辛亥革命運動中的全貌，故不能將之以偏概全。而且，
當時馬六甲和麻坡、新加坡、檳城等地區的華人先賢來往頻繁，關係密切，因
此不排除他們有直接將款項捐獻至麻坡或是其他籌餉機關的可能性。

　　為了詳盡地瞭解馬六甲華人對辛亥革命運動支援的實際狀況，包括這些
人物的生平事蹟、投入革命的原因等，本節特從林博愛主編的《南洋名人集
傳》第一集至第五集，篩選出具有同盟會會員身分或是在民國以前投入革命
事業的馬六甲華人，作初步的分析統計（參閱表 2.3.1）。在進行統計分析之
前，有必要針對史料的選擇方面與抽樣人數進行一番說明：一、囿於原始史

〔註90〕蔣永敬：《華僑開國革命史料》（臺北市：正中書局，1977 年），頁 289。
〔註91〕張禮千、李也止：〈馬六甲空前之盛舉〉，《南洋研究》第 2 卷第 4 期（1928 年），
　　　　頁 118。
〔註92〕中國國民黨中央委員會黨史委員會：《革命文獻》第 65 輯（臺北市：中國國
　　　　民黨中央委員會黨史委員會，1974 年），頁 384。
〔註93〕中國國民黨中央委員會黨史委員會：《革命文獻》第 65 輯，頁 390。
〔註94〕馬來亞地區的總捐款額是根據收錄在《革命文獻》第 65 輯（頁 389～390）之
　　　　「英屬各機關籌款表」，自行作統計。

料的缺乏，惟有選擇目前資料最齊全的《南洋名人集傳》作為主要的研究材料。此書全套有七冊，即第一集（上）、（下），第二集（上）、（下），第三集至第五集，但筆者只蒐獲第一集（上），第二集（上）、（下），第四集及第五集等五冊，缺少第一集（下）與第四集兩冊。在所蒐得的五冊《南洋名人集傳》中，內容收錄了 3,000 餘位南洋地區著名華人的生平經歷，是南洋各地區的諮訪員實地調查所得的史料。因此，內容的精確度和可信度極高，具有一定的參考價值；二、採用各種書籍、刊物、人物志等若干史料，相互補充，形成一種綜合性的研究；三、根據國民黨〈駐馬六甲直屬支部黨務沿革概要〉的記載，馬六甲同盟會「至民國元年前，已有同志兩百餘人」〔註95〕，但在這「兩百餘人」當中，真正主動或是積極參與革命活動者不多；而收錄在《南洋名人集傳》裡的馬六甲革命志士人數雖不多，但這些人物卻在革命時期或是革命組織運作當中扮演了一個舉足輕重的角色，足以作為本文研究的依據。下表 2.3.1 為馬六甲同盟會會員及辛亥革命運動之支持者之統計表：

表 2.3.1　42 名馬六甲同盟會會員及辛亥革命運動之參與者

同盟會會員				
序	姓　名	別　號	籍　貫	行業／職業	備　註
---	---	---	---	---	---
1	陳齊賢		福建海澄	種植業；橡膠業	
2	陳公甫		廣東大埔	商業；典當業	在新加坡加入同盟會
3	陳金成	名炳坤、世英	福建金門	商業	獲滇督唐萱賡贈二等徽章
4	陳子和		廣東大埔	藥材京果	
5	符文章		廣東瓊州	種植業	
6	郭巨川	原名郭書淮；又名郭盛淮、成	廣東文昌	種植業	為廣州黃花崗起義慷慨捐獻鉅款
7	郭新	名堅(同盟會之別名)；字鏡川	廣東文昌	種植業	
8	黃仕元	字新興、創邑、廷和	廣東潮陽	商業	
9	黃振慊		廣東瓊東	汽油兼匯兌	

〔註95〕〈馬六甲直屬支部沿革史〉，《海外黨務通訊》第 1 卷第 5 期（臺北市：中國國民黨中央委員會第三組，1951 年），頁 7。

10	李嘉瑤	字月池	廣東茶陽	商業	組織中華書報社
11	李俊萬	名貫	福建永春	種植業	在麻坡加入同盟會
12	林萬敏	字雲捷	福建永春	司理	
13	劉開鼎	名漢屏	廣東大埔	商業	
14	劉開展	名翼鵬；號漢香	廣東大埔	商業	
15	柳其傑	字澍	福建晉江	商業	
16	龍道舜	字哲華、芝舜；名道俊	廣東瓊山	商業	獲晉贈徽章；設立中華書報社
17	龍祥光		廣東瓊山	商業	
18	羅璵瑞	名伯琳	廣東大埔	商業（藥局）	
19	丘成文	名仰峰；字樹林	福建南安	種植業	組織中華書報社
20	饒少欽		廣東大埔	醫療業	組織同盟會
21	沈鴻柏	名德周；字鴻佰、鴻相；化名林海秋	福建思明	碩莪業	組織「救國十八友」；組織同盟會
22	褚善庭		瓊州文昌	商業	
23	王業珍		廣東樂會	裁衣業	在檳城加入同盟會
24	吳禮庭	字伯雄、詢史	廣東大埔	什貨業；橡膠業	
25	吳慶連	字慶豐	福建德化	種植業	
26	謝丕勇	字冠三	福建海澄	記室（秘書）	組織中華書報社；與革命同志刺殺張鳴岐、李準計畫失敗，逃亡福建海澄
27	許文煨		福建惠安	水果什貨業	
28	禤樹勛		廣東文昌	與友人合股經商兼任書記	
29	尤振標	名奪錦	福建永春	商業	
30	楊焜郡		福建晉江	商業	
31	曾國頂	字慶國	福建思明	種植業	
32	張順吉	成功	福建思明	油米橡皮業兼輪船事務	
33	張星垣	招漢	廣東文昌	書記；通事員	組織同盟會
34	鄭成快	又名捷登；字奕良；號宏業	福建永春	種植業	組織同盟會
35	鄭荊召	名炳南；字亦周	福建德化	種植業	同盟會黨務科主任

36	鄭美撕	字智提	福建永春	什貨業	
37	鄭奕略	字文韜	福建永春	種植業	民國前三年在檳城加入同盟會
38	周卿昌	名文熾；號炳焜	福建永春	種植業	組織同盟會
政治身分不詳					
序	姓　名	別　　號	籍　貫	行業職業	備　　註
39	許滿水 （水滿）	字哲盈	福建南安	種植業	
40	顏材祜	名樑	福建永春	什貨業	慷慨捐助革命經費
41	曾江水	字右甘	福建思明	種植業	對麻坡同盟會外圍組織的貢獻不小，與馬六甲同盟會成員交往甚密
42	鄭譽金		福建永春	布疋業	

注：本表根據以下各書資料另行彙編。

資料來源：

①林博愛編：《南洋名人集傳》第 1 集（檳城：點石齋印刷承印，1922 年），頁
25、86、132～133、135～136、140、147～148、175、207～209；《南洋名人
集傳》第 2 集上冊（檳城：點石齋印刷承印，1924 年），頁 157～158；《南洋
名人集傳》第 2 集下冊（檳城：點石齋印刷承印，1928 年），頁 88～89、209、
236、412～413；《南洋名人集傳》第 4 集（檳城：南洋民史纂修館，1939 年），
頁 203～204、208～209、214、218、220～224；《南洋名人集傳》第 5 集（檳
城：南洋民史纂修館，1941 年），頁 1～3、10～11、62～63、216、224、232
～236、251～252、256、376、380、382、385。

②宋蘊璞：《南洋英屬海峽殖民地志略》第 1 部（中國北平：蘊興商行，1930 年），
頁 46～56。

　　上表 2.3.1 記載著四十二名響應辛亥革命活動的馬六甲華人，當中有三
十八名具有同盟會會員的身分，另外四名的政治身分不詳。馬六甲同盟會會
員當中的三名：陳公甫（新加坡）、李俊萬（麻坡）和王業珍（檳城）是在馬
六甲以外的其他地區宣誓加入同盟會。在這四十二名馬六甲華人當中，除了
陳齊賢和曾江水二人為馬六甲土生華人外，其餘的幾乎都是從中國福建省、
廣東省，或馬來亞其他地區遷入的華人移民。根據資料顯示，這四十二名人
物中便有三十八名（佔總人數 90.5%）是從事與商業有關的活動，他們所涉
及的領域包括種植業（橡膠，碩莪）、京果藥材、汽車買賣、金融業、製衣業、
油米橡皮業、輪船業、零售雜貨等；另有四名（9.5%）從事與商業無關的行

業，其中有兩名是從事翻譯、秘書事務的工作，另外兩名則分別從事司理、醫療之相關工作。由此得知，在辛亥革命期間積極參與救國運動和提供鉅額經費援助的馬六甲華人當中，極大多數側身於商界，尤其是種植業。這種趨勢很大程度乃是由於當地華人社會環境因素所使然，誠如上文所提到的，馬六甲華人社會自始以來都是商人佔據主導地位。

顏清湟在《星、馬華人與辛亥革命》第七章第二節〈華僑社會內不同集團對革命的反應〉中有一段頗為精闢的描述：「華僑對中國革命的反應，彼此差異極大：有些熱烈地支持革命；有些則全心全力地抗拒革命；有些則漠不關心；有些則時時改變立場。所有這些對革命的不同態度，或為支持、或為反對、或為模稜兩可，時時改變，均反映着他們不同的集體與個人的利益。」顏氏在文中亦將華僑對革命的態度區分為兩種，即「上層社會階層的反應」與「中層和下層社會階層的反應」，且認為上層社會為維護既有利益，不願與英政府、清政府對立，故支持革命的意願較低，傾向於保守的態度。除了政治、經濟的考量外，顏氏也主張年齡與所受教育的形式，亦影響華商的革命意願。〔註96〕要之，諸多因素左右了華商對中國革命的反應，導致他們常處在搖擺不定的狀況。

為了更能釐清馬六甲華人，尤其是企業家與商人，對中國革命事業的支持與貢獻，下文將針對七名甚具代表性之馬六甲革命人物，依據他們的個人背景、事蹟分成三組進行說明。第一組是馬六甲土生華人代表：陳齊賢與曾江水。他們兩人是青雲亭的領導層，身處在當地華人社會的上層階級地位，自認為是大英帝國子民的同時，又熱心捐助金錢援助中國革命事業；第二、第三組是南渡到馬六甲謀生活的華人，他們離開中國的時間不算太長，對家鄉及國家社會事務深感關注。前者代表人物是沈鴻柏、鄭成快、李嘉瑤，為僑居地的革命組織領導人；後者代表人物是郭巨川和郭鏡川兄弟兩人，他們除了在僑居地參加與支持同盟會活動外，還直接返回中國參與政權的建立。

一、土生華人：陳齊賢、曾江水

當中國革命浪潮在馬六甲華人社會掀起前所未有的反響時，大多數親英土生華人是抱持著觀望的態度，並未提供任何相關的實質性援助。或許，對他

〔註96〕顏清湟著，李恩涵譯：《星馬華人與辛亥革命》（臺北：聯經出版，1982年），頁291～307。

們而言，英國才是真正的祖國，而中國只不過是一個擁有五千年歷史與文化的古老國家，他們與這個國家並沒有任何情感上的交集。不過，當中亦有少數是中國革命運動的支持者，陳齊賢、曾江水二人即是最為典型的代表。究竟是甚麼因素影響了陳齊賢與曾江水投入中國的革命事業？

圖 2.3.1 陳齊賢

圖片來源：《英屬馬六甲華僑公立培風學校二十週年紀念刊》

陳齊賢（1870～1915〔註 97〕），又名齊軒，出生於馬六甲，祖籍福建漳州，乃是慈善家陳篤生之孫，馬六甲土生華人領袖中的佼佼者。幼年時，他曾接受三年的私塾教育，〔註 98〕年紀稍長後即進入馬六甲高等中學接受英文教育；1891 年擔任馬六甲市政局委員；1894 年被委任為太平局紳，協助英國殖民政府參議政事。1900 年，他被選為新加坡海峽英籍華人公會委員；同年10 月，又被推舉為僑生公會馬六甲分會的第一任主席。〔註 99〕值得一提的是，陳氏在當時是以英國子民的身分自居，可見西方教育與文化的熏陶對其成長背景造成巨大的影響。由於陳氏的卓越辦事能力與才華，因此一直深受

〔註97〕有些學者認為陳齊賢逝世於 1916 年，不過依據《英屬馬六甲華僑公立培風學校二十週年紀念刊》中的資料顯示，陳氏實際卒於 1915 年。參閱匡光照主編：《英屬馬六甲華僑公立培風學校二十週年紀念刊》（馬六甲：馬六甲華僑公立培風學校，1935 年），頁 9。

〔註98〕林博愛編：《南洋名人集傳》第 1 集，頁 25。

〔註99〕柯木林主編：《新華歷史人物列傳》（新加坡：教育出版私營有限公司，1995年），頁 75。

英國殖民政府與當地土生華人社會的青睞，聲望顯赫一時，尤其是在栽種橡膠樹方面的貢獻。

　　陳齊賢在馬來亞橡膠種植史上享有崇高地位，後人譽其為「馬來亞橡膠之父」。自 1896 年起，陳齊賢在新加坡僑生林文慶的鼓勵下，開始在馬六甲郊區武吉林當（Bukit Lintang）開發 42 英畝的橡膠樹園。旋又發起組織一華人聯營企業──馬六甲樹膠木薯公司。〔註 100〕1898 年，陳氏與林文慶、邱雁賓、英國商人埃格敦等人聯合在武吉亞沙漢（Bukit Asahan）開闢橡膠園 3,000 英畝，開創大規模的橡膠種植業。後來，他又與林文慶、李俊源、邱雁賓、陳若錦、曾江水等合作，將橡膠樹移植至新加坡楊厝港，〔註 101〕致使新、馬各地區一度掀起種植橡膠的熱潮。

　　身分與地位如此顯赫的陳齊賢，又如何與中國革命事業扯上關係？據瞭解，陳齊賢因橡膠種植業而接觸的親朋好友中，具有同盟會會員身分或是投身於革命活動的熱血分子，不勝枚舉。除了上述提到的林文慶、李俊源、邱雁賓、陳若錦、陳嘉庚外，還包括陳楚楠、張永福、林義順等人，他們當中有些係保皇黨的擁護者，不過後來則漸傾向於支持革命活動。因此，有理由相信，陳齊賢在商場上累積的這些人脈關係，是間接促使其成為孫中山革命事業的追隨者。儘管如此，有關陳齊賢在晚清時期對中國政治局勢的態度鮮少被提起，僅有一段小記載：「君為革命黨員，投資於倒滿清建民國二事，不下數千元」〔註 102〕，概括其對革命事業的付出。直到 1913 年 7 月，陳齊賢與張永福、吳晉升同時在新加坡國民黨黨部選舉中，被推舉為名譽主席。〔註 103〕據此，足以說明陳齊賢在革命組織中享有崇高的地位，而這種榮譽或許與其在當地的社會地位及捐助巨額革命款項有關。

　　另外，陳齊賢亦對革命事業基礎之一的教育工作予以全力支持，並參與新式學堂的建立，如：在 1913 年，與志同道合者曾江水，馬六甲革命黨人沈鴻柏、吳萬里、丘仰峰、龍道舜、劉翼鵬、黃仕元、張順吉、曾國辦、鄭成快、

〔註 100〕楊進發著，李發沉譯：《陳嘉庚──華僑傳奇人物》（美國：八方文化企業公司，1990 年），頁 49。

〔註 101〕關志昌：〈陳齊賢（1871～1916）〉，《傳記文學》第 73 卷第 1 期（臺北市：傳記文學雜誌社，1998 年），頁 136。

〔註 102〕林博愛編：《南洋名人集傳》第 1 集，頁 25；宋蘊璞：《南洋英屬海峽殖民地志略》第 1 部，頁 54～55。

〔註 103〕楊進發著，李發沉譯：《陳嘉庚──華僑傳奇人物》，頁 175～176。

鄭荊昭等人，聯合創辦培風學校，〔註104〕同時又與曾江水二人各自捐款一萬元作為創校所需的經費。〔註105〕爾後，陳氏又與曾江水各捐獻五千元購置於東街納街五間店鋪作為培風學校的永久校產，〔註106〕讓該所學校能用「以租養校」的方式來維持日常開支，其熱心之舉，可見一斑。

圖 2.3.2　曾江水

圖片來源：《英屬馬六甲華僑公立培風學校二十週年紀念刊》

　　另一位值得討論的對象是土生華人實業家——曾江水（1870～1941），字右甘，祖籍福建思明。曾氏與陳齊賢一樣，出生在馬六甲。早年在馬六甲開設「承龍發」號，〔註107〕後與陳齊賢、林文慶等人聯合開墾橡膠園數千英畝。有關曾江水是否為同盟會會員，目前暫無資料可考證；而曾江水是否涉及辛亥革命運動的史料文獻亦幾近空白狀態，惟有根據其個人簡略及一些零碎的資料來進行推斷。

〔註104〕沈鴻柏：〈本校二十年來之回憶〉，收錄於匡光照主編：《英屬馬六甲華僑公立培風學校二十週年紀念刊》（記述之部）（馬六甲：馬六甲華僑公立培風學校，1935 年），頁 4。

〔註105〕〈馬六甲培風學校成立〉，《振南日報》第 7 版，1913 年 7 月 1 日。

〔註106〕沈鴻柏：〈本校二十年來之回憶〉，《英屬馬六甲華僑公立培風學校二十週年紀念刊》（記述之部），頁 4。

〔註107〕《廈門華僑志》編委員編：《廈門華僑志》（廈門：鷺江出版社，1991 年），頁 368。

　　首先，以曾江水早期所涉及的公益活動或教育事業之範圍來看，無不與革命組織息息相關，如：在民國成立以後，即與一群馬六甲革命活躍分子攜手創立培風學校，並在經費上給予全力的支援。1920年初，曾氏又與麻坡同盟會外圍組織——啟智書報社，各自捐贈一段地皮來擴建麻坡中華學校新校舍（「四維堂」）等，對振興民族事業的表現極為熱心。其次，從曾氏的交際圈子來看，當時與其關係密切者多是新加坡、馬六甲同盟會的中堅人物，如：與林文慶、陳齊賢、沈鴻柏、陳嘉庚等人，因橡膠種植業結下不解之緣，關係匪淺。其三，國民政府在1937年6月26日予以明令褒揚曾江水：「曾江水早年僑居南洋，效忠革命；抗戰以來，領導僑群，厥功尤著，特明令褒揚」〔註108〕。其四，在盧溝橋事件爆發後，曾氏擔任馬六甲華僑籌賑祖國難民委員會主席，〔註109〕與中國國民黨黨員共同肩負起籌款救中國的重任。在1940年，又慷慨地捐獻叻幣三千元予新中國劇團在馬六甲的抗日籌賑義演。〔註110〕雖然上述的幾點並沒能證實曾江水是否為革命黨黨員，但其傾向於支持革命一事，是經國民政府「明令褒揚」所證實的，故將其列為親革命黨人士，實不為過。

　　綜觀而言，陳齊賢與曾江水二人雖是土生華人的身分，亦是當地具有崇高聲望與地位的商人，但他們在中國革命運動上所提供的經濟力量並不小。這種現象似乎破除了「商人」或「土生華人」不熱衷於革命之說。要之，陳齊賢與曾江水是透過商業的網絡以及商人間的交流，得以接觸到中國的革命活動。然，由於世代的隔閡與共同記憶的遺忘，土生華人對中國革命事業的熱忱自然不及處在社會中、下階層的新客華人，他們所支援的革命活動範圍也僅限於馬六甲華人社會，但最難得的是，他們願意在能力範圍內提供大量的金錢援助，並且予以革命黨人興辦的華文學校在經濟上的支援。為此，兩人可說是馬六甲從事商業活動的土生華人之中，直接或間接參與革命事業的典型代表。

二、愛國僑領：沈鴻柏、鄭成快、李嘉瑤

　　除了土生華人以外，參與革命運動的新客華人代表者有：鄭成快、沈鴻

〔註108〕韓信夫、姜克夫主編：《中華民國大事記》第4冊（北京：中國文史，1997年），頁894。

〔註109〕〈馬六甲華僑昨開僑民大會　組織華僑籌賑祖國難民委員會　公舉曾江水何葆仁為正副主席〉，《總匯新報》第2張第4版，1937年8月13日。

〔註110〕葉奇思：《赤子丹心》（北京：中國華僑出版社，1998年），頁340。

柏、李嘉瑤。這三人都是早年離鄉背井，獨自飄洋過海到馬六甲謀求生活的
華人，後因感慨中國處在內憂外患的困頓時局，紛紛響應孫中山號召而積極
投身於辛亥革命運動。需要說明的是，沈鴻柏與鄭成快是福建籍人士；而李
嘉瑤則是廣東籍人士，這三人在當地華人社會中有一定的號召力和影響力。

　　從滿清末年至 1940 年代期間，對中國革命事業付出極大貢獻的馬六甲華
僑，不外乎是沈慕羽之父沈鴻柏。沈鴻柏（1873～1950），字德周，又名榮殊，
曾化名林海（漢）秋〔註 111〕，祖籍福建晉江。清末時期，年僅 21 歲的沈氏便
跟隨兄長沈鴻恩南渡到馬六甲謀生。最初，他在柔佛東甲協助兄長打理木薯事
業；數年以後，又在東甲與馬六甲烏水港自行創業，開始種植碩莪與橡膠樹。
嗣後，他與友人吳萬里、黃先尊、邱仰峰、曾國辦、王金環等人合營「志發成」
土產公司，主要售出的貨品是橡膠與碩莪粉。除了種植業外，沈氏還與友人一
起創立明新印務公司，〔註 112〕其事業在當時可謂是如日中天。

　　清廷在甲午戰爭失敗以後，與日本簽訂辱國的《馬關條約》，身在馬六
甲的沈鴻柏深感清廷腐敗，憤懣難忍，內心深處時時刻刻擔憂著中國的前途
與命運，遂與一群志同道合的愛國志士組織成「救國十八友」，在馬六甲和
柔佛東甲一帶宣講「推翻滿清，拯救國家」的理念。1906 年，孫中山抵達新
加坡，「救國十八友」推舉沈鴻柏、鄭召荊、江鎮卿等前往謁見。〔註 113〕1907
年，馬六甲同盟會分會成立，「救國十八友」全體成員一致加入，沈鴻柏被
推舉為主盟人（後改為支部長）之一。沈氏除了在籌款方面資助孫中山的革
命活動外，還在當地成立中華書報社，積極地推動演講活動，冀望向群眾宣傳
革命救國的思想。此外，沈氏還長期在經濟上資助當地革命志士完成志業，其

〔註 111〕　根據〈沈鴻柏一生〉記載，由於沈鴻柏在反袁運動上的反應甚為激烈，因此
　　　　　遭到英國殖民政府的調查，於是化名為林海秋。不過，沈鴻柏於 1921 年 7
　　　　　月 10 日致中國國民黨總部信函（【環：環龍】04957）中提到：「如寄與栢
　　　　　者，可直寄戈里街明新公司林漢秋轉交便妥，敝埠因英政府註冊未妥是以
　　　　　不得已⋯⋯」。雖然沈鴻柏在該信函中沒有清楚說明「林漢秋」是他的另一
　　　　　化名，但「林海秋」與「林漢秋」這兩個姓名只差一字，而且「林漢秋」這
　　　　　號人物身分不詳，沒有任何資料記載，因此可以推斷「林漢秋」亦是沈鴻柏
　　　　　化名之一。
〔註 112〕　金馬士沈慕羽紀念館彙整：《沈慕羽資料集（1）：古城第一世家》（馬來西亞
　　　　　金馬士：沈慕羽紀念館，年份：不詳）；卓正明編：《泉州市華僑志》（北京：
　　　　　中國社會出版社，2002 年），頁 403。
〔註 113〕　邱格屏著：《世外無桃源：東南亞華人秘密會黨》（北京：生活・讀書・新知
　　　　　三聯書店，2003 年），頁 320。

中在 1911 年資助霹靂溫生財等人返回中國廣州參加黃興攻打兩廣總督署的活動。〔註 114〕這次的起義活動即是中國近代革命史上著名的「三‧二九黃花崗之役」，為同年 10 月 10 日發生的武昌起義奠下了重要的基礎。

圖 2.3.3　沈鴻柏

圖片來源：《英屬馬六甲華僑公立培風學校二十週年紀念刊》

　　辛亥革命以後，由於沈鴻柏對黨國的貢獻甚大而被孫中山委任為馬六甲國民黨支部部長。當時馬六甲華人社會的幫派觀念深重，時常因利益而起衝突，自相殘殺，而身為當地洪門會之長的沈鴻柏怒然憂之，於是精心安排過境馬六甲的中國革命黨人進行公開性演講，冀望灌輸與喚起民眾精誠團結之道與愛國之心，以期改善民風。當時被邀請到馬六甲演講的革命志士為數不少，其中包括汪精衛與褚民誼等人，亦曾被安排在新街怡勝園舉辦群眾演講。其時，中華民國臨時政府實行強制剪辮法令，沈鴻柏亦積極響應移風易俗，邀約志同道合的同志沿戶苦口婆心地勸說，讓眾多的留辮者斷然地剪掉自己的辮子。〔註 115〕

　　沈鴻柏對革命運動的支持，不限於金錢方面的資助，而是實際參與其中。

〔註 114〕佚名：〈「培風之母」：沈鴻柏辦「貧民」學校〉，收錄於《馬來西亞福建人興學辦教史料集》工委會：《馬來西亞福建人興學辦教史料集》（馬來西亞：福建社團聯合會，1993 年），頁 181。

〔註 115〕佚名：〈「培風之母」：沈鴻柏辦「貧民」學校〉，頁 181～182；〈沈鴻柏一生〉手稿，原稿由沈慕羽書法文物館收藏。

1913 年，革命黨人宋教仁被殺害；1915 年，袁世凱復辟帝制，沈氏電文呼籲
討伐袁世凱。而在 1913 年的二次革命失敗後，沈氏又設法安排一批逃亡到馬
六甲的革命志士避居在「志發成」土產公司。〔註 116〕馬六甲國民黨改組成中
華革命黨後，沈氏繼任馬六甲支部長；1918 年則任中國國民黨駐馬六甲支部
部長；1928 年，擔任國民黨駐南洋英屬總支部指導員兼僑民科主任，並與同
志一起合資印發《僑民週報》，透過報章報導有關中國與僑居地的消息，以及
宣揚三民主義。濟南慘案發生的時候，沈氏倡組籌賑會並擔任副主席，躬自沿
門勸募，積極地呼籲民眾捐輸。同年，他被推選為馬六甲代表，與新加坡張永
福、霹靂鄭螺生等人赴南京參加孫中山的奉安大典。〔註 117〕1931 年，沈鴻柏
被國民政府委任為僑務委員會委員，並代表出席在南京召開的國民黨第四次
全國代表大會。〔註 118〕1934 年，沈氏從南京返回馬六甲後，又被選為中國國
民黨馬六甲直屬支部第一屆監察委員。

　　綜觀而言，沈氏的一生可說是為黨國服務、為革命事業勞碌。根據沈鴻
柏之孫沈墨義的回憶指出，沈鴻柏因長時期奔波勞累，在 40 歲時就已滿頭
白髮；〔註 119〕而培風學校教員沈職民亦在〈忠告本坡資本家〉一文中提到
沈鴻柏曾對他說過：「……自改組閱書報社，為置身公益事宜之第一幕，後
遂一人而不復出，口有語，語公益，心有思，思公益，置家事而不問，捨妻
子而不顧。日不足，繼以夜，夜不足，繼以達旦。於是數年間，頭髮驟白，
齒牙盡落，皆食公益之賜也。」〔註 120〕沈鴻柏所指的「公益」活動，實際
上仍是在革命組織領導下所開展的活動，這種為民族大義犧牲小我的精神，
值得後人效尤。

〔註 116〕佚名：〈「培風之母」：沈鴻柏辦「貧民」學校〉，頁 182。
〔註 117〕廖文輝：《沈慕羽事蹟繫年》（馬來西亞吉隆坡：華校教師會總會，1997 年），
　　　　　頁 20。
〔註 118〕〈各地選出第四次全國代表大會代表報告書〉，收錄於中國第二歷史檔案館
　　　　　編：《中國國民黨中央執行委員會常務委員會會議錄（16）》（桂林：廣西師範
　　　　　大學出版社，2000 年），頁 382；林博愛編：《南洋名人集傳》第 1 集，頁 207；
　　　　　宋蘊璞：《南洋英屬海峽殖民地志略》第 1 部，頁 47～48；陳國華：《先驅者
　　　　　的腳印——海外華人教育三百年（1690～1990）》（Toronto: Royal Kingsway
　　　　　Inc., 1992 年），頁 116～117；卓正明編：《泉州市華僑志》，頁 404。
〔註 119〕沈墨義口述，於 2011 年 9 月 22 日在馬六甲沈慕羽書法文物館進行訪問。
〔註 120〕沈職民：〈忠告本坡資本家〉，《培風校刊》第 10 期（馬六甲：培風中小學校，
　　　　　年份不可考），頁 4～5。

第二章　馬六甲早期的華人社會

圖 2.3.4　鄭成快

圖片來源：《英屬馬六甲華僑公立培風學校二十週年紀念刊》

　　另一名與沈鴻柏志同道合的革命黨人，即是鄭成快。鄭成快（1873～1929），又名捷登，字奕良，號宏業，福建永春縣桃城鎮人。〔註 121〕由於出身貧寒，年輕時即離鄉背井，獨自一人南渡到馬六甲謀生。在抵達馬六甲初期，鄭氏在譚問（Dato Alang）以種菜、養豬為生；後則在古麗望（Krubong）靠砍柴、燒炭度日。其時，正值世界橡膠業蓬勃發展時期，鄭成快意識到種植橡膠業的商機與經濟發展的趨勢，遂向英國殖民政府申請十英畝土地作為種植橡膠樹與碩莪樹之使用。爾後，鄭氏又與友人在柔佛納美士（Labis）開墾面積約數千英畝的土地來種植橡膠樹與碩莪；在納美士之北丁郎（Tenang）開闢泉興山與泉成山為橡膠園。除了種植業以外，鄭成快亦在柔佛東部海岸（豐盛港之北）開闢「沉香港」（Tanjung Penyabong）。〔註 122〕後又創辦商店崇豐號、和隆樹膠廠。〔註 123〕

　　在晚清時期，鄭成快響應沈鴻柏的號召而加入「救國十八友」，極力宣傳救國思想；後又響應辛亥革命風潮，遂與沈鴻柏等人組織馬六甲同盟會分會。在成立大會上，鄭成快雖然被大眾一致推舉為會長，但他卻以「目不識丁」為由婉拒，僅願意接受副會長一職。〔註 124〕辛亥革命期間，鄭氏以個人名義

〔註 121〕卓正明編：《泉州市華僑志》，頁 388。
〔註 122〕張禮千：〈鄭成快傳〉，《南洋學報》第 2 卷第 2 輯（1941 年 6 月），頁 179。
〔註 123〕宋蘊璞：《南洋英屬海峽殖民地志略》第 1 部，頁 46。
〔註 124〕張禮千：〈鄭成快傳〉，頁 180。

—65—

所捐助的革命經費高達叻幣五、六萬元。1913 年，二次革命失敗後，黃興、
許崇智、唐繼堯等數十人南來馬六甲避難，鄭成快義不容辭地提供了諸多援
助，安排他們暫時避居於泉興山橡膠園一個多月，並為他們取得轉赴日本的
護照。爾後，鄭氏又為反袁鬥爭和革命活動進行多次地募款接濟。由於鄭氏
慷慨資助革命，先後獲得雲南都督頒發「擁護共和紀念章」和國民政府授予
「熱心愛國」三等獎章，以志其功。〔註 125〕

圖 2.3.5 李月池

圖片來源：《英屬馬六甲華僑公立培風學校二十週年紀念刊》

在馬六甲廣東籍人士當中，有一名革命志士的事蹟雖然鮮少被提起，但
卻屬同盟會時期的中堅人物。他，即是李嘉瑤。李嘉瑤（1879～1936），字月
池，廣東茶陽三河壩人。年輕的時候南渡到馬六甲謀生，初時在西穀粉廠擔
任書記，年 26 歲即開設「裕興隆」商店。在他 28 歲那年，中國革命聲浪四
起，新、馬華僑紛紛響應，李嘉瑤為時勢所驅而加入同盟會，並投身於革命
救國運動。1908 年，李氏與鄧澤如、古哲明、劉翼鵬、汪精衛、沈鴻柏等人
在馬六甲成立中華書報社。中華書報社成立後，馬六甲同盟會遷入其中，李
嘉瑤則擔任了同盟會分會部長長達五年之久，並連任了四年的書報社社長，
藉此暗中宣傳革命的思想。〔註 126〕

〔註 125〕林博愛編：《南洋名人集傳》第 1 集，頁 86；宋蘊璞：《南洋英屬海峽殖民地
　　　　志略》第 1 部，頁 46；卓正明編：《泉州市華僑志》，頁 388～389；張禮千：
　　　　〈鄭成快傳〉，頁 179～180。

〔註 126〕宋蘊璞：《南洋英屬海峽殖民地志略》第 1 部，頁 55；林博愛編：《南洋名人
　　　　集傳》第 1 集，頁 175；〈馬六甲僑界聞人李月池　日前在叻逝世　靈柩運回

在辛亥革命期間，革命黨人四處奔走鼓吹革命、竭力募集革命經費，向來對待同志猶如骨肉的李嘉瑤特在馬六甲租賃一間雅舍，作為接待革命黨人往來馬六甲的居停之所。此外，李氏亦重金資助後來成為黃花崗七十二烈士之一的陳文褒〔註127〕返回廣州參加起義，並將其過往所欠下的款項900餘元一筆勾銷。〔註128〕這種仗義疏財之行，亦正反映出李嘉瑤對革命事業的態度，及其以國家興亡為己任、置個人利益於度外的高尚情操。此外，他還在組織上海華僑聯合會甲坡分會、柔佛六條石中華書報社及中華學校等方面，胥盡財以助，並擔任會長、職員多年，無私奉獻。〔註129〕

與陳齊賢和曾江水二位土生華人不同的是，沈鴻柏、鄭成快、李嘉瑤這三人會毅然選擇投身於孫中山領導的革命事業，主要是受到當時民族主義情感的影響。換句話說，他們的革命思想是建立在民族主義的基礎之上，所以對革命事業的付出更為堅定與徹底。當然，除沈、鄭、李三人外，亦有不少從商的馬六甲新客華人同樣是為革命事業而犧牲時間、金錢及精力，甚至是生命，他們的熱心程度絲毫不減。

三、革命兄弟：郭巨川、郭鏡川

郭巨川及郭鏡川兩兄弟是商業背景出身的革命黨人，因經商因素，二人時常奔波於新、馬各埠與中國之間，他們在革命事業上的活動範圍，不侷限於馬六甲地區。與上文提到的多位參與革命者一樣，他們不是戰場上「拋頭顱、灑熱血」的革命黨人，而是在己身經濟條件允許的情況之下，對革命活動展開金錢上的援助。以下將就郭巨川、郭鏡川的背景進行簡述：

郭巨川（1876～1953），原名郭書淮，又名郭盛淮、盛匯、成，出生在海南省文昌縣南陽鎮美丹村，為愛國志士郭鏡川之胞兄。幼年時，他曾在家鄉接受私塾教育。1893年，17歲的郭巨川離開家鄉，南渡到馬六甲協助父親郭

　　　　甲安葬〉，《南洋商報》第7版，1936年6月1日。
〔註127〕與收錄在《革命文獻》第66輯中的「辛亥前南洋烈士殉義表」作比對，在《南洋名人集傳》中所指的「陳文波」應是「陳文褒」。參閱中國國民黨中央委員會黨史委員會：《革命文獻》第66輯（臺北市：中國國民黨中央委員會黨史委員會，1974年），頁442～445。
〔註128〕林博愛編：《南洋名人集傳》第1集，頁175；宋蘊璞：《南洋英屬海峽殖民地志略》第1部，頁55。
〔註129〕〈馬六甲僑界聞人李月池　日前在叻逝世　靈柩運回甲安葬〉，《南洋商報》第7版，1936年6月1日。

雲龍襄理業務。郭雲龍為了培養郭巨川的刻苦耐勞精神，因此特意將他安排
在當地一位福建人開辦的種植園裡打工，從基層做起。在那段勞動的過程中，
郭巨川累積了許多與種植業相關的知識和經驗，並在三年內賺取人生中的
「第一桶金」。〔註130〕在郭雲龍去世以後，郭巨川繼承父親的遺業，並將其
拓展經營，當中遇到不少的波折，幸得弟弟郭鏡川鼎力相助，方能順利地推
展父親一手建立的木薯種植業。爾後，郭氏又在霹靂怡保、森美蘭新港與柔
佛昔加末等地區開闢橡膠種植園，〔註131〕獲利甚豐。

在辛亥革命期間，郭巨川與其他的馬六甲愛國志士一樣，以滿腔的熱情投
入革命事業，他除了參加同盟會外，〔註132〕亦慷慨地捐輸鉅資襄助中國革命
事業，其中包括以其經濟力量支持「三・二九」廣州起義，〔註133〕協助革命
軍推翻滿清政權。其時，郭氏又特別捐銀 1,000 元，吩咐弟弟鏡川返回家鄉與
眾父老商議購買槍械，以保衛村莊在那段時期的安全。〔註134〕郭巨川為革命、
為民族、為家鄉所捐獻的金額數目不小，但礙於年代久遠，至今已不可考。倘
若以郭巨川在辛亥革命期間的表現來看，「捐款助餉，保家衛國」對他而言，
肯定是一項義不容辭的責任。

民國成立以後，郭巨川除擔任中華革命黨馬六甲支部籌餉局監督外，亦
曾直接或間接地參與中華民國政府的建設工作，如：在 1915 年底，袁世凱復
辟帝制，龍濟光禍粵，郭巨川與郭鏡川二兄弟共赴香港會見朱執信等人，共
謀「討袁驅龍」大計，以維護黨國的利益。〔註135〕1920 年，援閩粵軍奉孫
中山之命返回廣東，郭巨川遂與鏡川親自前往東莞石龍〔註136〕勞軍，〔註137〕

〔註130〕許春媚：〈文昌郭氏兄弟：籌鉅款鼎力助革命〉，《海南週刊》（2011 年 9 月 26
日，特稿 B5）。
〔註131〕哥岡：〈「樹膠大王」郭巨川〉，收錄於中國人民政治協商會議海南省海口市委
員會文史資料委員會編：《海口文史資料》第 8 輯（海口市：中國人民政治協
商會議海南省海口市委員會文史資料委員會，1992 年 10 月），頁 150～151。
〔註132〕符和積：《海南文史資料》第 4 輯（海南：三環出版社，1991 年），頁 83。
〔註133〕陳新政：《華僑革命史》（出版處及出版日期不詳），頁 13。
〔註134〕朱逸輝主編：《海南名人傳略》（上）（廣州市：中山大學出版社，1992 年），
頁 455。
〔註135〕參閱程昭星、王新芒著：《瓊籍華僑與海南革命》（海口：海南出版社、南方
出版社，2008 年），頁 323～324。
〔註136〕在《南洋名人集傳》第 5 集中所記載的是「漳州石龍」，但石龍現屬東莞縣管
轄，故本文採用「東莞石龍」。
〔註137〕林博愛編：《南洋名人集傳》第 5 集，頁 233。

以提升軍隊士氣。有鑒於此，郭氏於 1921 年榮獲孫中山授予五等嘉禾章，〔註138〕特予表彰。1925 年，他當選為在北京召開的「善後會議」華僑代表。〔註139〕盧溝橋事變發生以後，郭巨川與胞弟郭鏡川在 1938 年赴香港瓊崖華僑代表大會，並被推舉為瓊崖華僑聯合總會執行委員，積極呼籲瓊崖華人支援抗日戰爭和救濟難民事宜。〔註140〕此外，他還特別以其個人的名義捐輸 12 枝 20 響卜殼槍給海南文昌縣「南陽抗日游擊隊李良中隊」，〔註141〕支持游擊隊在那段抗日時期對家園的保衛。

圖 2.3.6　郭巨川

圖片來源：《英屬馬六甲華僑公立培風學校二十週年紀念刊》

　　至於郭巨川的弟弟──郭鏡川，亦是追隨著其兄長的革命步伐前進，對孫中山的革命活動，不遺餘力，予以資助。郭鏡川（1886～1955），字書河、鏡澄，又名盛河、新，同盟會時期的別名為堅，祖籍海南省文昌縣南陽鎮美丹村。他少時在鄉校就讀，後轉赴廣州兩廣方言學校升學，畢業後即赴馬六甲協助胞兄郭巨川經營木薯種植、木薯粉廠等，其後兄弟二人齊心合力開墾

〔註138〕廣東省社會科學院歷史研究院、中國社會科學院近代史研究所中華民國史研究室、中山大學歷史系孫中山研究室合編：《孫中山全集》第 6 卷（北京：中華書局，1985 年），頁 48。

〔註139〕朱逸輝主編：《海南名人傳略》（上），頁 456。

〔註140〕盛永華主編：《宋慶齡年譜（1893～1981）》（廣州：廣東人民出版社，2006 年），頁 641～642。

〔註141〕哥岡：〈「樹膠大王」郭巨川〉，頁 152。

種植膠樹事業。

清末時期，具有革命思想的郭鏡川在朱執信、鄧澤如的影響下加入同盟會，與胞兄郭巨川共同攜手支持辛亥革命，並為起義籌款奔走於兩廣和南洋等各埠。〔註142〕由於郭鏡川為革命軍南洋籌款員，在奔走於革命事業期間，與諸位重要革命黨人，如：吳鐵城、黃公俠、陳策、朱執信、蘇慎初、姚雨平、黃克強、鄧澤如等數十人結為密友。〔註143〕

圖2.3.7　郭鏡川

圖片來源：《英屬馬六甲華僑公立培風學校二十週年紀念刊》

民國初年，中國國內政局未穩定，尚有許多滿清餘黨趁勢作亂，故郭鏡川返回海南島倡議組織民團，後他又與陳策、陳得中等人組織民軍〔註144〕，擔任民軍財政員，負責軍火購辦事宜，並一度奔走廣西、欽、廉、雷、瓊等處。二次革命爆發，其時橡膠價格正下跌，對從事橡膠業的郭鏡川影響甚大，當時他雖然處在經濟拮据時期，但仍義不容辭地捐出一萬元作為軍隊餉糈，〔註145〕

〔註142〕程昭星、王新芒著：《瓊籍華僑與海南革命》，頁324。
〔註143〕林博愛編：《南洋名人集傳》第5集，頁1。
〔註144〕根據《南洋名人集傳》第5集（頁1）記載：「民元回瓊，倡辦民團，以保閭閻，更組國民革命軍，以待時需。當日同志如陳策、陳得中等，皆一時俊傑，亦同在一起運動……」。國民革命軍成立於1924年，文中所指的「國民革命軍」應該是指革命黨軍團之一。因此，本文參考《南洋商報》於1937年7月7日刊登〈國大馬來亞華僑代表選候人　國府經圈定八人〉之「郭新君」簡介：「……民元民軍渡瓊，為民軍財政員……」，將「國民革命軍」改成「民軍」。
〔註145〕根據《南洋名人集傳》第5集（頁1）所載：「民二之年，先生在馬來一帶，

可見其對革命的支持堅定不移。1921 年，郭鏡川擔任瓊崖全屬公路會辦，後又當選援閩粵軍總司令部參議，並獲得廣東省長褒獎二等嘉祥章。〔註146〕翌年，廣州發生陳炯明叛變，這件事件使到郭鏡川大受打擊，一度感到心灰意冷，於是他再次離開中國重返馬來亞協助胞兄巨川經營商業，以發展實業作為救國救民族的途徑。〔註147〕

在國民政府北伐戰爭期間，郭鏡川再次從繁忙的商務活動中抽身出來，在新加坡、馬來亞各地區奔走勸募，呼籲當地廣大華僑踴躍捐款捐物，為國民革命軍北伐籌集軍餉。〔註148〕1937 年，郭鏡川與陳嘉庚、侯西友、符致逢等眾人聯合發起成立新加坡華僑籌賑祖國傷兵難民大會委員會（簡稱：「新加坡籌賑會」），他被推舉為該籌賑會的公債勸募委員，積極投身於抗日救國工作，為中國籌措抗戰經費，同時又與兄長郭巨川聯合捐獻鉅款十萬元作為抗戰救國經費。同年，郭鏡川榮任國民大會馬來亞華僑代表之一。1938 年 11 月，郭鏡川與胞兄郭巨川出席在香港召開的「瓊崖華僑團結抗日會議」，被推舉為瓊崖華僑聯合總會財政部主任。〔註149〕

需要說明的是，郭氏兩兄弟參與革命事業的主動性多於被動性，其目的與沈鴻柏、鄭成快、李嘉瑤是一致的，均是因中華民族主義所使然，並非為了謀求自身的權利或是地位之保障。他兄弟二人除了在經濟上給予革命黨支持外，更是曾經在國民政府體制內擔任職位，這種類型的革命支持者在當時的馬六甲華人社會極為鮮見。

綜觀而言，馬六甲商人之所以大力支持和參與革命活動，究其原因：一方面是革命運動對經費需求之考量，致使富裕的從商者成為被重視、吸納的對象；而商人願意資助革命活動，最大的原因則是中華民族主義的號召，其中最

最奔馳於北伐軍餉糈……。」依據文內「民二之年」之訊息，判定為民國二年的「二次革命」；而「北伐軍」指的是討袁北伐軍，不同於孫中山在 1924 年組建的北伐軍。因此，本文將「北伐軍餉糈」改為「軍隊餉糈」。

〔註146〕程昭星、王新芒著：《瓊籍華僑與海南革命》，頁 324。

〔註147〕朱逸輝主編：《海南名人傳略》（中）（廣州市：廣東旅遊出版社，1993 年），頁 403；陳俊：《海南近代人物誌》（臺北市：傳記文學出版社，1991 年），頁 250。

〔註148〕許春媚：〈文昌郭氏兄弟：籌鉅款鼎力助革命〉，《海南週刊》（2011 年 9 月 26 日，特稿 B5）。

〔註149〕吳華編著：《馬新海南族群史料匯編》（馬來西亞：海南會館聯合會，1999 年），頁 196；朱逸輝主編：《海南名人傳略》（中）（廣州市：廣東旅遊出版社，1993 年），頁 404。

明顯的例子，即滿清在甲午中日戰爭失敗後所簽訂的辱國條約事件，激起當地華人義憤填膺的情緒，同時亦為日後埋下反清革命的種子。縱然，當中不乏有些參與革命活動的人士是為了圖謀個人之名利與地位，但不排除他們亦有為民族國家著想的目的，尤其是在祖國遭受列強欺凌，面臨危厄局面時，他們更期望國家能擺脫受人欺辱的地位。雖然支持革命的目的不純粹，但皮之不存，毛將焉附。為了拯救國家與民族尊嚴，他們往往會不惜一切代價來參與推翻滿清之革命，就算是賠上巨大的金錢損失。

值得一提的是，商業網絡的交往，讓革命思想與訊息快速流通，促使馬六甲華人燃起救國的熱情，願意將所得投入革命事業，無論是中國的革命運動，或是往後的抗日經費，甚至是培育人才的學校經費。總而言之，這群從商之華人是馬六甲華人投入中國革命運動的重要推手，因他們在當地華人社會的影響力，使致當地大部分的華人對革命紛紛響應，讓「青天白日」旗一度在這個傳統又古老的城市中飄揚。

第三章 中國國民黨在馬六甲的
崛起和發展

第一節 早期的發展（1907～1927）

在中日甲午戰爭慘敗後，清廷與日本簽訂喪權辱國的《馬關條約》，18 名在馬六甲等地區謀求生活的有志青年，其中有鄭聘廷、莊漢民、盛九昌、鄭成快、鄭玉指、沈鴻柏、楊鵠堂等人，〔註1〕目擊清廷昏庸腐敗，民族積弱不振，憤慨萬分，特於 1897 年在馬六甲與柔佛邊界的東甲（Tangkak），立誓結盟為「救國十八友」，並一致推舉馬六甲青年商人沈鴻柏為盟主。隨後，「救國十八友」結交當地的三點會首領，〔註2〕並在馬六甲及東甲一帶宣傳反清救國的思想。這個自發性組成的反清救國組織一直維持到同盟會馬六甲分會成立之時，遂由沈鴻柏率領全體成員加入，從此與孫中山革命事業結下不解之緣。往後，革命黨更是歷經多次的改組、整合，從同盟會、國民黨、中華革命黨到中國國民黨，每一階段除了與中國政治形勢緊密相扣外，同時又深受英國殖民政府政策之管制，對馬六甲華人社會政治思想傾向之發展有著莫大影響。因此，本章節將就 1907～1927 年間，即南京國民政府成立以

〔註1〕卓正明編：《泉州市華僑志》（北京：中國社會出版社，2002 年），頁 145。

〔註2〕巴素在《馬來亞華僑史》提到，馬六甲的一個三合會在 1909 年至 1911 年間，發動層出無窮的竊案事件，搶得的款項是用於援助中國革命。維多‧巴素（Victor Purcell）著、劉前度譯：《馬來亞華僑史》（檳榔嶼：光華日報有限公司，1950 年），頁 148。

前之馬六甲國民黨發展情況作一探討。

一、革命初展，鋒芒微露

　　1906 年，孫中山在新加坡晚晴園成立中國同盟會新加坡分會，作為同盟會南洋總機關部，隨後馬來亞各地區：芙蓉、吉隆坡、怡保、瓜拉庇勝、麻坡、馬六甲、關丹、林明等地的分會，如雨後春筍般相繼成立。〔註3〕1907年，鄭荊召偕同李竹癡、劉靜山等同盟會同志前往馬六甲，協助當地志同道合者籌組同盟會，〔註4〕入會者包括福建籍、廣東籍僑領，如：李月池、沈鴻柏、饒少欽、鄭成快、張星垣〔註5〕、周卿昌等人。值得一提的是，鄭荊召與李竹癡在推展宣傳活動時，由於過於積極熱心而常露鋒芒，最終慘遭當地警察捉拏，幸得出任華民政務司（署）書記之黨人張星垣疏解，卒得以五元罰鍰了事。〔註6〕這一次應該是馬六甲革命組織在從事籌款活動時第一次遭到當地英國殖民政府的干涉。

　　同盟會馬六甲分會成立後，李月池與沈鴻柏被推舉為主要的負責人，二人帶領著第一批會員極力推動「同心協力，驅除韃虜，恢復中華，創立民國，平均地權」〔註7〕的革命綱領。創設初期，為慘淡經營時期，會員人數並不多，力量比較薄弱，故暫稱為「同盟會通信處」。〔註8〕1908 年，李月池、古

〔註3〕李恩涵：《東南亞華人史》（臺北市：五南，2003 年），頁 436～437；馮自由：《華僑革命組織史話》（臺北市：正中書局，1954 年），頁 46～47。

〔註4〕參閱林博愛編：《南洋名人集傳》第 5 集（檳城：南洋民史纂修館，1941 年），頁 376；張禮千：〈鄭成快傳〉，《南洋學報》第 2 卷第 2 輯（1941 年 6 月），頁 180。

〔註5〕張星垣，又名張振洞，黨名張招漢，廣東文昌縣人。少年時，曾在中國就經學，南來後攻讀新加坡英文學校。青年時期，剪辮加入同盟會，支持孫中山倡導的革命活動。民國成立後，加入中華革命黨，擔任馬六甲支部宣傳主任。曾獲得雲南都督府製之撫字第一百零二號「擁護共和」獎章。除了參與革命活動外，張氏在 1908 年至 1913 年間，曾擔任代理華民政務司（官），為第一位擔任此職位的華人。在抗戰時期，張氏熱心奔走於籌賑會、救鄉會等，領導華僑出錢出力，不遺餘力。資料參考自〈修築晚晴園事　甲僑領張星垣將予資助〉，《南洋商報》第 10 版，1937 年 3 月 4 日；〈馬六甲僑領張星垣逝世〉，《南洋商報》第 10 版，1957 年 6 月 20 日；文懷朗：〈追悼張星垣先生〉，《南洋商報》第 16 版，1957 年 6 月 29 日。

〔註6〕林博愛編：《南洋名人集傳》第 5 集，頁 375～376。

〔註7〕中國國民黨中央委員會黨史委員會：《革命文獻》第 65 輯（臺北市：中國國民黨中央委員會黨史委員會，1974 年），頁 83。

〔註8〕〈中國同盟會中部總會分會章程〉第一條：一地方有二十人以上之會員者，得

哲明、劉翼鵬、沈鴻柏、邱仰峰、龍道舜、陳子和、謝丕勇等人，與奉孫中山之命在馬來亞各埠籌設同盟會的汪精衛，於馬六甲吉寧街（即聯合馬六甲膠園辦事處舊址）聯合組織中華書報社。〔註9〕該書報社成立以後，在社內設有半夜學校、演講團等，名義上是作為啟迪民智、團結當地華人之用，不過實質上則是在社內暗地裡進行著與革命相關的宣傳工作，如：策動華僑籌款支持革命，而同盟會亦寓於其中。這種情況在當時是一種普遍的現象，正如黃珍吾在《華僑與中國革命》中提到的，「以書報社為掩護而建立分會者亦不少。凡有書報社設立之地方，即有革命組織之分佈」。〔註10〕換言之，中華書報社在當時係同盟會的重要機關，「書報社」的名義僅是一種掩護，以避免英國殖民政府予以干涉。

自中華書報社創辦以後，社長一職最初是由廣東籍李月池擔任，後則由福建籍沈鴻柏繼任，而當地許多僑領皆相繼加入成為該書報社社員，如：曾江水、陳齊賢、龍道舜、曾國辦、周詩經、沈理存、吳萬里、曾焜清、林長隆、劉翼鵬等，並在社內擔任要職，因此中華書報社的勢力逐漸擴大，成為當地華人社會的最高領導機關。〔註11〕後來，同盟會組織逐漸擴大，直到民國元年前，會員人數已由最初的十餘人增加至二百餘人。〔註12〕

在同盟會時期，馬來亞各地區的革命組織除了進行新思想宣傳、啟發民心的活動外，黨員首要的任務即是為組織籌措革命經費，馬六甲亦不例外。根據沈墨義透露，孫中山曾經在同盟會時期親自到訪馬六甲宣傳和籌募革命經費，並在新路（當年西湖戲院對面的房子）與鄭和路一帶落腳。〔註13〕針對孫中山曾到訪馬六甲一說，雖然至今仍無任何史料可資佐證，不過憑藉著

　　　　由會員發起，或由總務會命令，設立分會。有鑒於此，當時被稱為「同盟會通信處」的會員人數應該未超過20人。參閱中國國民黨中央委員會黨史委員會：《革命文獻》第65輯，頁95、459；馮自由：《中國革命運動二十六年組織史》（上海：商務印書館，1948年），頁154～155。

〔註9〕　佚名：〈「培風之母」：沈鴻柏辦「貧民」學校〉，頁182；林博愛編：《南洋名人集傳》第1集（檳城：點石齋印刷承印，1922年），頁175。

〔註10〕黃珍吾：《華僑與中國革命》（臺北市：國防研究院，1963年），頁34。

〔註11〕沈慕卿口述，沈墨義記錄：〈甲華僑一條心支援中國〉，收錄在金馬士沈慕羽紀念館整理：《沈慕羽資料集（10）：日侵時期亞洲受害國（二）》（馬來西亞金馬士：沈慕羽紀念館，年份不可考），頁數不可考。

〔註12〕〈馬六甲直屬支部沿革史〉，《海外黨務通訊》第1卷第5期（臺北市：中國國民黨中央委員會第三組，1951年），頁7。

〔註13〕沈墨義口述，於2011年9月22日在馬六甲沈慕羽書法文物館進行訪問。

沈氏之祖父沈鴻柏、其父沈慕羽與國民黨的淵源，其所揭示的訊息應有一定的可信度。

　　1910 年 11 月 13 日的「庇能會議」後，各埠革命志士為籌備發動「廣州革命」的資源而四處奔走呼號，竭力勸捐，頓時掀起籌募軍餉風潮。其中，鄧澤如和崔文燦曾到訪馬六甲，與李月池、劉翼鵬等同志會面，商討籌募革命軍費事宜，並在楊振海山園與當地同盟會會員開會，出席人數約五十餘人，但募款的成績不佳；〔註14〕後經由李月池負責籌得的款項亦甚少，只有 333 元。〔註15〕不過，誠如上一章所述，捐獻鉅款者大有人在，如：陳齊賢、鄭成快等富裕的熱心人士，但由於當時馬六甲華人與鄰近地區之間的互動性極高，不排除所捐獻的款項有流向他埠（如瓜拉庇勝、芙蓉、麻坡等）的可能。值得一提的是，向來對中國政治抱持冷漠態度的馬六甲華人，此時已開始在金錢上為孫中山的革命活動提供支援，甚至在能力範圍內直接或間接地配合革命事業的推展。

　　辛亥革命成功以後，南京臨時政府於 1912 年 1 月 1 日宣告成立，孫中山被推舉為第一任臨時大總統，後因政治形勢所使然而推薦袁世凱為臨時大總統。3 月 10 日，袁世凱在北京宣誓就職第二任臨時大總統，臨時政府即從南京遷往北京，開始了長達十六年的北京政府統治時期。同年 8 月 25 日，同盟會、統一共和黨、國民共進會、共和實進會、國民公黨等五個革命團體合併改組為國民黨，〔註16〕從秘密性的革命黨組織轉變為公開性的政黨；9 月，孫中山與黃興二人委任呂天民與邱繼智南來辦理同盟會改組事宜。〔註17〕隨後，同盟會新加坡支部率先改組為北京國民黨駐新加坡交通部，並於 12 月 23 日獲得英國殖民政府核准註冊，〔註18〕成為新、馬各地國民黨總匯之區。

〔註14〕鄧澤如：《中國國民黨二十年史蹟》（上海：正中書局，1948 年），頁 41～42；黃珍吾：《華僑與中國革命》，頁 161。

〔註15〕中國國民黨中央委員會黨史委員會：《革命文獻》第 65 輯，頁 380～383。

〔註16〕中國國民黨中央委員會黨史史料編纂委員會：《革命文獻》第 41 輯（臺北市：中國國民黨中央委員會黨史史料編纂委員會，1967 年），頁 3。

〔註17〕楊進發：〈辛亥革命與星馬華族的國民黨運動（1912～1925）〉，收錄於《辛亥革命與南洋華人研討會論文集》（臺北市：國立政治大學國際關係研究中心，1986），頁 113。

〔註18〕方寶成與李恩涵將 1912 年 12 月 18 日視為國民黨新加坡交通部的註冊日期，但卻沒標明資料來源。因此，本文選擇楊進發從《南僑報》和 *Monthly Review of Chinese Affair*（MRCA）整理得出的日期，即「1912 年 12 月 23 日」作為依據。參閱李恩涵：《東南亞華人史》，頁 444；Png Poh Seng, "The Kuomintang

圖 3.1.1　馬六甲中華書報社歡迎南洋勸業交際員沈縵雲、閩都督特派
　　　　　南洋視學官陳鄭雨

馬六甲中華書報社歡迎大總統特派南洋勸業交際員沈縵雲、閩都督特派
南洋視學官陳鄭雨等人合影紀念。（照片來源：馬六甲沈慕羽書法文物館）

　　繼新加坡同盟會改組後，新、馬各地的同盟會亦紛紛依命令相繼進行改
組，馬六甲支部亦不例外。根據當時殖民政府頒布的社團條列，凡社團組織
沒有依法註冊登記，則被視為違法。因此，改組後的國民黨馬六甲支部於 1913
年 7 月 25 日，正式向有關當局申請註冊成為當地合法性組織，［註19］即有
殖民地法律上所認可的地位。其時，沈鴻柏與龍道舜被委任為國民黨馬六甲
支部正、副部長，黨員人數除了原有的同盟會會員外，新加入者又增加百餘
人，［註20］黨部依然設立在中華書報社內，當時主要的工作即是每星期定時
作公開演講及革命宣傳，灌輸民眾精誠團結之道，以後民氣漸開，擁護國民
黨者，與日俱增。［註21］在同一時期，孫中山因袁世凱的專權獨裁、違法向

　　　　in Malaya, 1912～1941", *Journal of Southeast Asian History*, Vol. 2（Singapore:
　　　　National University of Singapore, 1961），p.9；C. F. Yong and R. B. McKENNA,
　　　　The Kuomintang Movement in British Malaya, 1912～1949,（Singapore: Singapore
　　　　University Press, 1990），p.26.
〔註19〕C. F. Yong and R. B. McKENNA, *The Kuomintang Movement in British Malaya,
　　　　1912～1949*, p.26.
〔註20〕參考自〈馬六甲直屬支部沿革史〉，《海外黨務通訊》第 1 卷第 5 期，頁 7。
〔註21〕〈中國國民黨第四次全國代表大會中國國民黨駐南洋英屬馬六甲直屬支部報
　　　　告書〉，1931 年 11 月 19 日，【黨：會議】4.1/18.11。

英、法、俄、德、日等五國銀行團大借款，款項高達二千五百萬英磅之國債，以及派人暗殺國民黨代理理事長宋教仁事件而發動討袁的「二次革命」（又稱「討袁之役」）。

「二次革命」進行不到兩個月就遭到手握北洋兵權的袁世凱鎮壓，最後只能以失敗告終，孫中山被迫逃亡至日本，而許多參加此次革命活動的黨人亦紛紛往外逃難，其中有不少逃亡到新加坡及馬來亞，部份獲得馬六甲國民黨黨員的接濟，並被安排到沈鴻柏、邱仰峰等人創辦的志發成土產公司、鄭成快的泉興山橡膠園等地區暫居，當中有些則隱身在當地國民黨黨員創辦的華文學校，充當教職人員。以培風學校第一任校長吳問秋、教師葉幼榮為例，二人即是在1913年反袁運動失敗後，逃難來到馬六甲之革命黨人。〔註22〕後在1914年，又有一批避難志士被安排任職於當地新創立的華文學校——培風學校，正如沈慕羽在〈片片回憶〉中提到：

> 從閩廣來的，有些是革命志士。他們是倒袁運動失敗而來的。如廣西恭城人何大愚老師便是其中之一位，他避難到馬六甲，攜著證件找到先父沈鴻柏翁。當時他衣服襤褸，由先兄慕亮帶他去縫製，然後安插在培風教書。〔註23〕

圖 3.1.2　何大愚

圖片來源：《英屬馬六甲華僑公立培風學校二十週年紀念刊》

〔註22〕沈慕羽：〈沈鴻柏與培風學校〉，收錄於《培風中學雙慶特刊》（馬六甲：培風中學，1995年），頁38。

〔註23〕沈慕羽：〈片片回憶〉，收錄於《培風中學七十週年紀念特刊》（馬六甲：培風中學，1983年），頁117。

何大愚曾為前清秀才，被安排在學校教書，最適合不過了，後來他也續留在培風學校任教，負責教導小學初年級新生。除何大愚外，還有林師肇〔註24〕、陳毓輝等人亦於同時期逃往至馬來亞，他們同樣被馬六甲革命黨人安插在培風學校充任教員。〔註25〕與何大愚不同的是，林、陳二人在馬六甲逗留的時間短暫，很快又奔走於下一步的革命行動。在陳毓輝寫給沈慕羽的信函中曾提及：

> 回憶民三，愚以宣傳革命奔走英、荷、法各屬島，辱蒙尊翁鴻柏先
> 生邀聘，執教鞭於培風學校，於以歐戰發生，受本黨命令催促返國，
> 又荷，尊翁傾力協助，方獲如願。〔註26〕

當時逃亡至海外的革命志士身分並非一般，他們大多數都是在革命活動中身負重任。以林師肇與陳毓輝為例，前者在逃亡到馬來亞前曾出任僑南公益社炸彈隊隊長、莆田縣同盟會會長、福建省臨時會議員；〔註27〕後者曾就讀於武昌南湖陸軍軍官第二預備學校，後升入保定陸軍軍官學校，即加入國民黨。在就學期間，曾秘密參與反袁活動，一度佔領南平。當反袁活動失敗後，則奔走南洋英、荷、法各屬，從事討袁宣傳。〔註28〕從這些南下逃亡的革命志士身分可以推斷，他們的到來在當時的馬六甲國民黨黨部內或多或少會扮演某種程度上的角色，一方面可加強與凝聚黨內部的革命意識，甚至有可能發揮起壯

〔註24〕林師肇（1882～1924），俗名邦尾鱗，字香宇，莆田縣城東門外邦尾村（今荔城區鎮海街道豐美社區）人。少年時，每逢農曆初一、十五常隨母親到秘密宗教組織「關門教」（俗稱「菜教」）朝觀，因而萌發反清思想。1906年春，入學莆田興郡中學堂；1908年11月，光緒皇帝去世，莆田知縣郭蔭桂乘機驕橫放縱，林氏發動數十名同學加以聲討。1910年春，莆田豪紳惡霸朱訓彝包攬訴訟，欺壓鄉民，林氏挺身而出，在文廟明倫堂發表演說，痛斥朱訓彝蠻橫惡霸行徑，結果遭到朱訓彝雇傭痛打，並被校方開除出校。同年8、9月間，獲得黃紀星引薦，乘船遠赴上海投身革命，開展往後的革命工作。林祖泉：〈辛亥革命志士林師肇〉，《炎黃縱橫》2019年6期（福建：福建省炎黃文化研究會，2019年），頁36。

〔註25〕〈歷年職教員任期久暫表〉，參閱匡光照主編：《英屬馬六甲華僑公立培風學校二十週年紀念刊》，頁數不可考；〈陳毓輝致沈慕羽函〉（毛筆原件），馬六甲沈慕羽書法文物館收藏。

〔註26〕〈陳毓輝致沈慕羽函〉（毛筆原件），馬六甲沈慕羽書法文物館收藏。

〔註27〕林祖泉：〈辛亥革命志士林師肇〉，《炎黃縱橫》2019年6期，頁36～37。

〔註28〕〈陳毓輝自述〉，《福建文獻》第11期（臺北市：福建文獻雜誌社，1970年9月），頁25；〈陳毓輝〉，【國：軍事委員會委員長侍從室】，典藏號：129-070000-1115。

大組織規模之成效；另一方面因教師的身分，難免會在教學期間向學生傳遞一些新思想、新理念，並間接促使革命思想在學校內傳播與滋長。

圖 3.1.3 〈陳毓輝致沈慕羽函〉

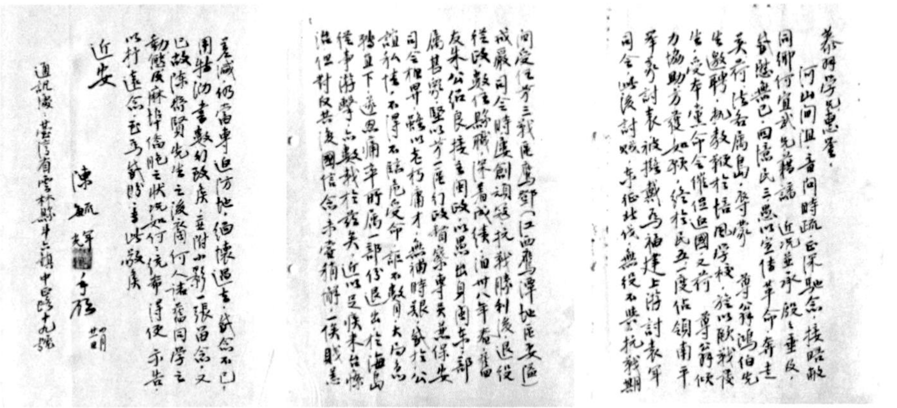

陳毓輝在戰後曾致函給沈慕羽，信函內容提到他受沈鴻柏邀聘擔任培風學校教員。
（圖片來源：馬六甲沈慕羽書法文物館）

二、內擾外困，峰迴路轉

1913 年 11 月 4 日，袁世凱下令解散國民黨，撤銷國民黨議員資格，後又解散國會、改內閣制為總統制，不斷擴展和穩固其統治勢力。在此時期，亡命海外者，亦多墮志他圖，投降自首，或倡「十年後始行革命」之說。〔註29〕孫中山堅持以「革命主義」為核心，力排眾議，並於 1914 年 6 月 23 日在日本東京召開籌建中華革命黨大會；7 月 8 日，中華革命黨在東京遂告成立，進而取代國民黨作為討伐袁世凱的主力組織。

孫中山將國民黨改組為中華革命黨之舉，雖然一度引起檳城支部的反彈，〔註30〕但在馬六甲地區卻未有任何反對的聲音。那麼，馬六甲國民黨究竟是在什麼時候改組成中華革命黨馬六甲支部（以下簡稱：「馬六甲中華革命黨」）？有關改組的詳細日期至今尚未在相關文獻中找到記錄，但根據〈中華革命黨馬六甲支部會員一覽表（1914～1916）〉（見附件二）顯示，中華革命黨黨員最早入會的日期是在「三年十月」（1914 年 10 月），入會地點為「麻

〔註29〕華僑革命史編纂委員會編纂：《華僑革命史》下冊（臺北市：正中書局，1981 年），頁 331、513。

〔註30〕C. F. Yong and R. B. McKENNA, *The Kuomintang Movement in British Malaya, 1912～1949*, p.35; Png Poh Seng, "The Kuomintang in Malaya, 1912～1941", *Journal of Southeast Asian History*, Vol. 2, pp.12～13.

六甲書報社」；而在 1915 年 2 月 28 日，沈鴻柏致函孫中山，內容中提到：

　　……尊函一件並委任狀二張，尋又轉來第四號、第五號通告均得收
　　領……。敝處支部不日成立，成立日期俟後再行報告，黨員幾達百
　　人，惟誓約未蒙擲下，現由麻坡暫借五十張仍未敷用……。〔註31〕

這封信函是沈鴻柏向總理孫中山報告黨務，沈氏在信函末端以「馬六甲支部
長沈鴻柏」署名。根據中華革命黨麻坡支部長鄭漢武在 1914 年 11 月 29 日
致總務部信函中提到：「麻六甲中華閱報社諸同志，現經舉定沈鴻柏任正支部
長，龍道舜任副支部長，着之進行，請給賜委任狀及誓約，與彼倖好早日辦
理正式成立」〔註32〕，而沈鴻柏在 1915 年 2 月 28 日致孫中山信函中提到已
收到委任狀，因此其署名前註上的「馬六甲支部長」職稱，是指馬六甲中華
革命黨支部長。因此，透過上述資料可推斷，馬六甲中華革命黨第一批黨員
是在 1914 年 10 月，假中華書報社宣誓入黨，當時僅進行黨員入會宣誓儀式
並推選出正、副支部長，而該支部正式成立是在翌年（1915 年），黨部仍設
在中華書報社，對外仍藉用書報社名義繼續維持黨務的運作。

　　在中華革命黨時期，除了中華書報社作為馬六甲宣傳革命機構外，當地
黨領袖還藉用競真相店、華羣公司、裕豐棧、新興棧等商店作為秘密聯絡基
地，並在內進行新黨員入黨宣誓儀式。〔註33〕根據史料顯示，改組後的中華
革命黨對黨員招納條件較國民黨時期來得嚴厲，無論是原國民黨黨員或是新
加入中華革命黨者，皆須在入會時立約宣誓永久遵守：「為救中國危亡，拯生
民困苦，願犧牲一己之身命自由權利，附從孫先生再舉革命」〔註34〕及遵行
新黨章。此外，黨員還須繳納入黨費十元，每年年捐一元於黨部。若先前曾
致力於革命及正在為革命奔走者，則免繳付入黨費十元等條件。〔註35〕就當
時馬六甲華人社會的普遍情況而言，從事革命活動者多是商人、實業家，或
是中產階層人士，他們多是附從孫中山的擁護者，不贊成誓詞中「附從孫先
生再舉革命」的機率極小；而高額的入黨費對這些社會中上階層人士而言自

〔註31〕〈沈鴻柏上總理函〉，1915 年 2 月 28 日，【黨：環龍】04857。
〔註32〕〈鄭漢武致總務部等函〉，1914 年 11 月 29 日，【黨：環龍】05057。
〔註33〕資料整理自〈中華革命黨麻六甲支部會員壹覽表〉，【黨：環龍】07488。
〔註34〕〈中華革命黨誓約〉，收錄於黃警頑、羅次啟、黃宗漢、蔡穎芳、王熙卿、劉
　　　　湘英編：《南洋霹靂華僑革命史蹟》（上海：文華美術圖書公司，1933 年 2 月），
　　　　頁數不可考。
〔註35〕中國國民黨中央委員會黨史委員會編訂：《國父全集》第 2 冊（臺北市：中國
　　　　國民黨中央委員會黨史委員會，1973 年），頁 940。

然不成問題，況且還可因先前極為活躍參與革命事業而享有免繳之權，但這些入會條例對經濟能力不足的中、下階層人士或是先前不曾活躍於革命活動的普通黨員而言，恐是一種龐大的負擔。因此，中華革命黨改組初期的黨員人數僅有 400 餘人，[註36] 較國民黨時期為少。這種現象似乎說明了當地華人社會對中華革命黨的支持，不僅沒有增加，反而相對地減少。

由於中華革命黨在當時係屬「秘密團體，與政黨性質不同」[註37]，因此行事甚為低調，加上馬六甲國民黨是經由正式註冊獲得合法身分的社團，英國殖民政府沒有直接反對或干涉其存在，故馬六甲原國民黨黨人在 1914 年 10 月立約宣誓加入中華革命黨後，仍繼續保留國民黨馬六甲支部的名稱，即以「國民黨的舊招牌，行中華革命黨的新精神」，不過當時的馬六甲國民黨黨部實際上已經處在名存實亡的狀態。這種情況一直維持到 1914 年 11 月 30 日馬六甲國民黨的註冊准證被英國殖民政府吊銷為止。[註38]

從組織的規模來看，介於 1915 年至 1916 年間，中華革命黨在馬六甲中區設有一支部（以中華書報社作為掩護）；野新（又稱「惹申」）埠、亞沙漢埠則各設有一分部。下表 3.1.1 列明 1915 年至 1916 年中華革命黨馬六甲支、分部職員表：

表 3.1.1　中華革命黨馬六甲支分部職員表（1915～1916）

職　別	馬六甲支部	職　別	野新分部	亞沙漢分部
正部長	沈鴻柏	部長	林澤齋	郭曉村
副部長	龍道舜			
總務科正主任	劉漢香	總務科主任	褚善庭	陳咸亨
總務科副主任	蔡石泉			
黨務科正主任	鄭炳南（程文岳）[註39]	黨務科主任	吳禮庭	陳寬深
黨務科副主任	邱仰峰（吳六奇）[註40]			

[註36]〈馬六甲直屬支部沿革史〉，《海外黨務通訊》第 1 卷第 5 期，頁 7。

[註37] 中國國民黨中央委員會黨史委員會：《革命文獻》第 69 輯（臺北市：中國國民黨中央委員會黨史委員會，1976 年），頁 43。

[註38] 楊進發：《新馬華族領導層的探索》（新加坡：新加坡青年書局，2007 年），頁 160。

[註39] 1915 年 11 月 5 日，被委任為黨務科正主任。

[註40] 1915 年 11 月 5 日，被委任為黨務科副主任。

財務科正主任	張慶	財務科主任	熊炳霖	陳貴和
財務科副主任	楊焜			
調查科正主任	陳炳坤	交際科主任	符受初	羅蘭汀
調查科副主任	程文岳（鄭美金）〔註41〕			
交際科正主任	姚金溪（賴玉生）〔註42〕			
交際科副主任	何綱（姚金溪）〔註43〕			

注：本表根據以下各書資料另行彙編。

資料來源：

①中國國民黨中央委員會黨史史料編纂委員會：《革命文獻》第48輯（臺北市：中國國民黨中央委員會黨史史料編纂委員會，1969年），頁70。

②中國國民黨中央委員會黨史委員會：《國父全集》第4冊（臺北市：中國國民黨中央委員會黨史委員會，1973年），頁151、164、168～169、174～175、207～208。

　　從表3.1.1所示，支部除了設有正、副部長外，下設有五科執行部，即：總務科、黨務科、財務科、調查科、交際科，每科執行部各設有正、副主任來負責協理部務。當時支部主要的職員有：沈鴻柏、龍道舜、劉漢香（又名「劉翼鵬」）、蔡石泉、鄭炳南（又名「鄭荊召」）、邱仰峰、張慶、楊焜（楊焜郡）、陳炳坤、程文岳、姚金溪、何綱等。分部執行部除不設調查科外，其餘的執行部均與支部相同，但每科只有一個正職，均不設副職。當時在野新分部主要的職員有：林澤齋、禤善庭、吳禮庭、熊炳霖、符受初等；亞沙漢分部主要的職員則有：郭曉村、陳咸亨、陳寬深、陳貴和、羅蘭汀等。

　　中華革命黨時期，海外各黨部設立籌餉局，主要負責籌募討袁軍餉。根據〈籌餉局章程〉第八條載，該籌餉局會在革命成功、債券清償後，始行解散。馬六甲中華革命黨籌餉局成立後，曾國辦被公推為局長，其餘職員由支部黨員公舉而出，〔註44〕其中：郭巨川為監督、鄭美金為理財、洪英豪為書記，吳慶豐、曾國頂、沈鴻柏、陳炳坤、劉翼鵬、陳兩儀、龍歷雙、符名卿等八人則為董事。在馬六甲籌餉局之職員中，沈鴻柏、劉翼鵬、陳炳坤、鄭美金等四人兼具支部職員身分。

　　從下表3.1.2得知，籌餉局委員皆係從事種植業、商業，或是與商界領域

〔註41〕1915年11月5日，被委任為調查科副主任。

〔註42〕1916年1月5日，被委任為交際科正主任。

〔註43〕1916年1月5日，被委任為交際科副主任。

〔註44〕華僑革命史編纂委員會編纂：《華僑革命史》下冊，頁403。

相關的職業，他們在當地有較高的社會地位與經濟能力，可憑藉著在商界的影響力推動籌餉工作。換言之，商人階層在中華革命黨時期依然佔有重要的位置，他們是出錢捐獻的主要群體，亦是出力推動馬六甲地區討袁籌款活動的主要力量。下表 3.1.2 為馬六甲中華革命黨籌餉局職員表：

表 3.1.2　中華革命黨馬六甲支部籌餉局職員一覽表

職　務	姓　名	別　號	年　歲	籍　貫	職　業
局長	曾國辦	國信	40	福建思明	種椰業
監督	郭成	巨川	40	廣東文昌	種椰業
理財	鄭兆色	美金	37	福建永春	枋
書記	洪英豪	育才	26	福建金門	商界書記
董事	吳聯	慶豐	39	福建德化	種植
	曾國頂		35	福建思明	商業
	沈鴻佰（柏）	德周	42	福建思明	種植
	陳炳坤	世英	46	福建金門	種植
	劉翼鵬	漢香	40	廣東大埔	洋貨商
	陳兩儀	復生	31	福建思明	商業
	龍歷雙	衛青	27	廣東瓊州	酒商
	符名卿	書雲	39	廣東瓊州	商業

資料來源：《革命文獻》第 45 輯，頁 637～638。

　　籌餉討袁期間，馬六甲中華革命黨因歐戰造成嚴重經濟損失，以及英國殖民政府的嚴厲管制，因此所籌得的款項並不如預期理想。根據現存的資料顯示，南洋各埠籌款局委員鄧澤如、許崇智、鄧鏗等人，在 1915 年 11 月 15 日前往馬六甲進行勸募時，鄭成快、曾國辦、沈鴻柏等人對認購公債票之事，表現甚為踴躍，〔註 45〕但在「中華實業公司」第三次招股名義下進行的勸銷公債券中，馬六甲中華革命黨總認購的股票僅有 7,671 元，〔註 46〕佔總股票銀數 458,200 元的 0.0167%。下表 3.1.3 為馬六甲中華革命黨的債券認購名單：

〔註 45〕中國國民黨中央委員會黨史史料編纂委員會：《革命文獻》第 45 輯（臺北市：中國國民黨中央委員會黨史史料編纂委員會，1969 年），頁 537。
〔註 46〕中國國民黨中央委員會黨史史料編纂委員會：《革命文獻》第 45 輯，頁 540。

表 3.1.3　馬六甲中華革命黨債券徵信錄

款項（元）	捐款人／單位
1,571	各種股票
1,200	支店各同人
1,100	龍道舜
1,000	鄭成快
300	曾國辦
200	鄭美金、張文朝、楊焜郡
100	陳治興、熊崧生、邱鴻務、龍道乾、陳永德、沈鴻柏、賴玉生、薛文銘、王錦乾、龍唐塔、張招漢、邱仰峰、鄭荊召、周美、王金環、曾國頂、郭鏡澄、符文章、明新公司

資料來源：《革命文獻》第 45 輯，頁 571～572。

　　另外，馬六甲中華革命黨在 1915～1916 年間為討袁護國的革命軍餉籌得款項：海峽銀元計 4,046.88 元；日圓計 2,090.88 元，〔註47〕與新加坡、檳城、芙蓉、怡保、吉隆坡等地區相較之下，馬六甲地區獲得的款項相對較少。另外，從表 3.1.3 可得知，當時馬六甲地區的籌款活動主要還是依靠極少數較為幹勁十足且經濟能力佳的黨人在背後支撐，並沒有擴大範圍進一步向群眾籌資，這可能與組織的非公開性有直接的關係。

　　雖然馬六甲中華革命黨在籌款方面的成績不盡如人意，但其在中華書報社旗幟下展開的活動反而比國民黨時期更具有生命力。此時期正逢第一次世界大戰期間，歐亞海運斷絕，橡膠價格一度狂跌，以商業為主的馬六甲華人社會受到波及，大批工人面臨失業的窘境。為了阻止華人因失業而鬧事的事件延續，英國殖民政府即邀請中華書報社出面協助維持當地的治安，勸導華人工人遵守當地法令，靜候政府妥善處理，情勢乃告平靜。〔註 48〕從這件事情可得知，中華書報社在當地幾乎已經取代青雲亭在華人社會的地位與功能，而領導著書報社的中華革命黨領袖自然成為當地僑民擁戴的新生代僑領。

　　1915 年，中華書報社在得知日本提出「二十一條要求」的消息後，即致電北京政府表示反對，並在演講會上將亡國條件劃切指出，聞者莫不義憤，紛紛發起抵制日貨行動。英國與日本在當時係同盟的關係，英國殖民政府自然是

〔註47〕楊進發：《新馬華族領導層的探索》，頁 168；中國國民黨中央委員會黨史史料編纂委員會：《革命文獻》第 45 輯，頁 72。

〔註48〕佚名：〈「培風之母」：沈鴻柏辦「貧民」學校〉，頁 183。

禁止一切與抗日有關的宣傳和活動發生，因此中華書報社惟有採取暗地行動，如：在家裡用「石花菜」製造墨汁來寫印宣傳品，並於夜間分發；若發現有不合作的商店繼續在賣日貨，則以臭蛋擲其招牌以作為警告。此外，還以「金腿」和「鴨掌」〔註49〕對付流連於日本街的華人嫖客等。〔註50〕

後來，中華書報社在得知袁世凱簽訂「二十一條」不平等條約後，除加緊宣傳抵制日貨外，又發起人人臂纏黑紗七天，家門外懸掛「勿忘國恥」之黑布條；家內則張貼「勿忘國恥」四字，以誌哀傷。〔註51〕這是馬六甲中華革命黨第一次如此熱切的表現，但所有的活動並非在中華革命黨總部的指令下執行，而是由當地自發性發起。由於中華書報社的表現過於積極與激烈，最終因進行了一些威脅到英國殖民政府政治勢力的活動而慘遭封閉。此後，馬六甲中華革命黨惟借用沈鴻柏的辦事處「志發成」土產公司、競真相店、華羣公司、裕豐棧、新興棧等場所，繼續作為革命黨陣地，整體表現低調不張揚，趨於平淡。

三、國共合作，紛亂不休

1919 年 10 月 10 日，孫中山在廣州重組中華革命黨，並將之易名為中國國民黨，以實行三民主義，鞏固共和政體之綱領，而馬六甲支部則遲至 1921 年 2 月 28 日才依據國民黨海外支部章程規定進行改組。馬六甲中國國民黨在改組以後，因未向當地有關當局申請註冊為合法社團，因此行事作風總是小心謹慎，以避免遭到英國殖民政府的取締。正如沈鴻柏在 1921 年 7 月 10 日致中國國民黨總部的信函中提到：

> 敝埠支部經於本年貳月貳拾捌號成立，啟用關防，開會公舉諸職員。此事本應早日報告，以釋遠塵。奈敝處仍未正式註冊，是以郵遞函件，誠恐英關檢查，指謂吾黨秘密集會生出種種風波，不但支部進行有礙，誠恐總部名譽有關。是以不得已，持慎重起見，故此敝處支部遲遲未報告者……。〔註52〕

儘管如此，馬六甲中國國民黨的活動並沒有因此停頓下來，反而比中華革命黨時期更為頻繁與積極，其中表現在對孫中山的支持，如：1921 年 5 月 5

〔註49〕「金腿」和「鴨掌」的含意是指「拳打腳踢」。
〔註50〕〈翰川手稿〉（疑是沈慕羽撰寫），原稿馬六甲沈慕羽書法文物館收藏。
〔註51〕〈翰川手稿〉。
〔註52〕〈沈鴻柏致總部函〉，1921 年 7 月 10 日，【黨：環龍】04957。

日，馬六甲支部黨人在培風學校舉行慶祝孫中山就任非常大總統大會。在慶祝大會當天，大多數的團體、商業者休業一日，出席者頗為踴躍；會場門前掛滿萬國旗，四周配以鮮花裝飾，門口上掛有「一心愛戴」橫額，種種式式，五色國旗飄揚空際，呈現出一片空前未有的熱鬧景象。〔註53〕這項慶祝活動的報導後來被刊登在 5 月 14 日出版的《新國民日報》，新聞內容未提及活動是由中國國民黨黨人發起，只提到：「……。甲埠商會先行分派傳單，俾各界僑胞預備慶祝，以表愛國之熱忱。是日，培風學校舉行慶祝。……」。新聞報導將活動發起者指向「甲埠商會」，想必是顧及到中國國民黨在馬六甲未能公開的處境。爾後，馬六甲國民黨黨人亦以學校的名義慶祝「南北統一紀念日」、「雙十節」、「黃花崗紀念盛誌」等政治性節日，冀以喚醒當地華人民眾對政治的覺醒，同時亦培養他們對中華民國的認同與熱誠。

從 1920～1923 年間，中國國民黨馬六甲支、分部除了繼續為孫中山的北伐討逆計畫進行籌款外，亦將其在華文學校的勢力逐漸擴大。在國民黨黨人所創辦的各個學校裡，上至創建人、贊助人、校長，下至教師，多是具有國民黨黨員身分，因此當地華文學校幾乎與國民黨連成一線，其中以培風、平民、培德、中華、育民等學校的表現最為明顯。至於夜校，亦在這段時期蓬勃地發展起來，如：通俗半夜學校、培羣夜校、華南夜校、覺僑夜校等，以上各夜校多係瓊籍人士資援下創辦，〔註54〕表面上為工商界中年失學者提供教育上的服務，實際上卻是暗地裡為國民黨爭取更多的支持，成效卓著。誠如黃珍吾在《華僑與中國革命》一書中，有如此的回憶：

> 尚憶孫總理當年不獨命令海外各支分部，籌濟討逆義餉，且令各支分部選派忠貞同志回國參加討逆工作。編者本人（筆者按：黃珍吾），當年在南洋馬六甲華南學校任教職，兼吉隆坡益羣報駐馬六甲記者，即痛憤陳（筆者按：陳炯明）逆叛亂，向馬六甲支部自薦，代表馬六甲支部回國參加討逆工作最年青之一人。當時各地華僑回國代表，有吉隆坡陳占梅、彭澤民，怡保鄭螺生，芙蓉朱赤霓，星洲伍勸民，古巴洗燦雲等百餘人。華南學校夜學班學生鄧國鼎、吳東雄兩人，

〔註53〕景昭：〈馬六甲慶祝孫大總統之盛況〉，《新國民日報》第 9 版，1921 年 5 月 14 日。

〔註54〕資料整理自 1920～1923 年的《新國民日報》的新聞報導；吳景煥編撰：〈館史〉，《馬六甲瓊州會館九十一週年紀念特刊》（馬六甲：馬六甲瓊州會館，1960 年），頁 2。

亦激於義憤，偕編者同行歸國，後由編者保舉入大元帥府充當孫總
理衛士。〔註55〕

黃珍吾於 1921 年 11 月加入中國國民黨，他入黨那年正值 20 歲，由沈鴻
柏及許聲鶯擔任介紹人。在響應孫中山號召前往中國參加「討逆」之前，黃珍
吾除了擔任馬六甲華南半夜學校的教員外，還在該校擔任文牘員。這所學校成
立於 1922 年，倡議者是龍道舜及符文章，〔註56〕他們二人是馬六甲中國國民
黨中樞要員。在華南半夜學校成立後，他們分別擔任該校正總理與正財政重要
職位。除了龍、符、黃三位外，當中還有不少職員具有國民黨黨員身分，如：
邢詒照、許聲鶯、何榜杰、陳貴和、林猷輝、褚善庭、林學初、龍家昌〔註57〕
等。下表 3.1.4 為馬六甲華南半夜學校在開辦初期的職員表：

表 3.1.4　馬六甲華南半夜學校第一屆職員表（1922 年）

名譽總理	李盛五、龍家昌、陳懿初、陳治興、陳天位、龍程鳳、林猷輝、林毅甫		
正總理	龍道舜	副總理	梁念禹
正財政	符文章	副財政	王業珍
查賬員	林學初、王君普	文牘員	許壽南、黃珍吾
幹事員	邢詒照、林學初、吳乾謙、符師庭、張漢雄、龍祥光		
庶務員	符師庭、陳序華		
校董部	王以貫、郭美南、李瓊雲、王廷藩、楊鏡波、李君龍、伍大尊、符鴻賡、陳玉波、許賓南、林家鳳、褚善庭、龍君堯、許炳昕、許玉書、許聲鶯、韓連準、張昭漢、陳貴和、符功略、何榜杰、馮若臨、褚意甫、唐紹柳、龍歷椿、龍蔚菁、楊英忠		

資料來源：〈馬六甲華南半夜學校第一屆職員一覽表〉，《新國民日報》第 6 版，1922
年 2 月 3 日。

在學生方面，當時夜校的學生大多是成年失學的勞動者，他們因白天工
作的因素而沒有時間學習，但他們對政治與社會的覺悟性極高，比日間部的
學生更容易接受革命思想的啟蒙。無疑，夜校在當時是馬六甲國民黨推展勢

〔註55〕黃珍吾：《華僑與中國革命》，頁 319。
〔註56〕〈馬六甲將有華南夜學成立〉，《新國民日報》第 9 頁，1922 年 1 月 10 日。
〔註57〕龍家昌，廣東瓊山縣人，庇勝隆記號老闆。曾任庇勝市政廳參事，對革命事業
　　　　亦不遺餘力。孫中山嘉其急公好義，曾頒予一等獎章，以資褒揚。〈生榮死哀〉，
　　　　《新國民日報》第 12 頁，1923 年 6 月 11 日。

力與活動的重要基地，其表現比一般日間學校更為突出。不過，這種現象在
1924 年國共合作以後，夜校似乎受到共產黨勢力的涉入而逐漸有所改變。

圖 3.1.4　黃珍吾「人事調查表」

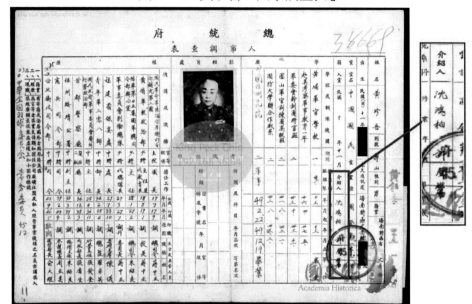

在黃珍吾的「人事調查表」中清楚記載：「入黨　民國十年十一月；介紹人　沈鴻柏
許聲鶯」（圖片來源：〈黃珍吾〉，【國：軍事委員會委員長侍從室】，典藏號：129-200000-
3987）

　　為了進一步對抗北洋政府，孫中山於 1924 年 1 月在廣州舉辦的中國國
民黨第一次全國代表大會上提出「聯俄、容共、扶助農工」等政策，正式啟
動國民黨與共產黨的第一次合作。中國國民黨應時勢的需求而採納蘇聯共產
黨的組織模式再次進行徹底重組，馬六甲黨部亦隨之作改組，並在存懷林俱
樂部舉行成立典禮。這次的改組對馬六甲黨部的運作並沒有很大的影響，因
為黨部的主要負責人無大變動，〔註58〕但卻間接打開了大門，讓國民黨左翼
分子與共產人士的勢力有機會滲入馬六甲黨部，進而引發往後黨內部的紛爭
與分裂。

　　在改組的這段時期，馬六甲中國國民黨的秘密外圍組織——明星慈善社，
恰好在這段時期成立，其創立雖與黨部改組無關，但所推展的社務或多或少會
受到當時馬六甲中國國民黨的影響。

〔註58〕〈馬六甲直屬支部沿革史〉，《海外黨務通訊》第 1 卷第 5 期，頁 7。

　　明星慈善社創辦於 1923 年，原名為「馬六甲明星白話劇社」〔註59〕，後在 1932 年 4 月 9 日會員大會中，修正社名為「馬六甲明星慈善社」。〔註60〕1922 年，王永元、梁桂庭二人鑒於「戲雖小道，但能在在改良，末始非社會教育之一助」，擬藉戲劇致力於移風易俗及啟迪民智，且能為各種慈善事業籌募經費，特召集一群志同道合者發起倡辦組織，並正式向英國殖民政府申請註冊。〔註61〕1923 年 6 月，明星慈善社獲得英國殖民政府批准註冊後，即召開會議選出第一任職員。所舉之各職員包括：正總理為劉漢屏；副總理為林大典〔註62〕；財政為熊恕我；中文書記為梁桂庭、楊劍秋；英文書記為王永元；查數員為王君普、曾錦堂；劇務監督為蕭佩馨；董事為葉銳亭、符紹紡、鍾暉庭、褟樹勳、熊問秋、林萬源、周卿昌、陳祖金、黃育波、唐華勳。〔註63〕同年 10 月 1 日，明星白話劇社從三寶井街十二號臨時社址遷移至祈安律廿四號，並於武昌起義發動日——10 月 10 日舉辦開幕典禮。翌年 10 月 10 日，又遷至馬六甲武牙那也門牌一三七為社址，以「慈善與文化」為名，相繼於 1924 年與 1926 年在社內附設閱報社與醫社，〔註64〕冀以戲劇導人心，以閱報社開民智、以醫社救貧病。

〔註59〕為求行文統一，一律稱「明星慈善社」。

〔註60〕〈馬六甲明星慈善社廿四週年紀念特刊〉，《南洋商報》第 8 版，1947 年 10 月 9 日。

〔註61〕參閱芳心：〈馬六甲將有白話劇社了〉，《新國民日報》第 12 版，1923 年 5 月 25 日。

〔註62〕林大典，廣東潮陽人。19 歲南渡，在新加坡協助長兄經營商業；28 歲，轉入馬六甲自創僑南號。曾任培風、培德、平民三校主席或總務要職；歷任明星慈善社社長及總務十餘年。林氏篤信孫中山三民主義，曾任中國國民黨駐馬六甲直屬支部常務委員、組織科主任。1928 年，濟南慘案發生，擔任山東籌賑會常委要職，四處奔走，不遺餘力。「九·一八」事變，擔任東北救災會總務；「七·七」事變，擔任馬六甲籌賑會常委，兼中國自由公債推銷總會馬六甲分會副主任。每逢籌賑大會，常見其親身說法，激發僑胞愛國情緒。1940 年，廣東省政府特聘其為省府咨議。《馬六甲明星慈善社殉難社員哀思錄》，頁 41。

〔註63〕〈馬六甲明星白話劇社宣言〉，《新國民日報》第 6 版，1923 年 10 月 20 日。

〔註64〕曾唯心：〈本社大事記——戰前之部〉，《南洋商報》第 9 版，1948 年 10 月 8 日。

圖 3.1.5　馬六甲明星慈善社

圖片來源：《馬六甲明星慈善社殉難社員哀思錄》

　　由於明星慈善社是獲得英國殖民政府批准登記註冊的合法社團，因此須遵守當地的《社團條例》規定，但該社職員大多在中國國民黨馬六甲直屬支部擔任要職或具有國民黨黨員身分，他們在推動社團活動或在該社舉辦的各項公開活動進行演講時，難免會直接或間接宣導中國國民黨的政黨主張與理念，甚至植基於過往的經驗連接來推展社團活動。其中如時任社長的林大典於 1933 年 10 月 10 日在馬六甲明星慈善社舉行的十週年紀念會上發表演說時，提到一段：

> 本坡前有一所中華書報社，停辦後全坡竟找不出一所閱書報社，本
> 社同人等感覺到華人文化太沉寂，乃附設一閱書報社，以繼中華社
> 而開後來各書報社的先河。〔註65〕

中華書報社表面上是濬倫民智、培植民眾道德的場所，暗地裡則是鼓吹革命思想及協助革命運動；而明星慈善社附設的書報社，其宗旨與中華書報社不約而同，但礙於《社團法令》的牽制，只能循規蹈矩，陳列國內外報章任人閱覽，扮演開通社會風氣之角色。

〔註65〕〈馬六甲慈善社舉行十週年紀念會〉，《南洋商報》第 8 版，1933 年 10 月 13 日。

圖 3.1.6　明星白話劇社開幕

1923 年 10 月 10 日，明星白話劇社開幕，全體社友攝影留念。會所門口
交叉掛著五色國旗及「明星劇社」旗；中央則掛著巨大的國民黨黨徽。
（圖片來源：《馬六甲明星慈善社鑽禧特刊》）

　　1924 年，海外黨務擴展工作開始備受重視。同年 2 月，國民黨海外部
成立；3 月，新加坡設置南洋總支部，這個總支部需向廣州海外總支部負責，
並專門控制與協調海外黨部的運作。隸屬在南洋總支部之下的馬六甲黨部，
其組織運作或多或少被帶動起來，後來部份黨部又根據黨中央的命令設立工
人科，如：馬六甲第一分部、野新分部等（參閱表 3.1.5），從這一側面反映
出工人階級的社會地位在國共合作之時是極高的。下表 3.1.5 為馬六甲分部、
第一分部、野新分部職員表：

表 3.1.5　1925 年馬六甲分部、第一分部、野新分部之職員表

職　務	馬六甲分部	職　務	馬六甲第一分部	野新分部
執行委員	蕭仲明、羅領俠、蕭慎如	執行委員	林采堯、林川臣、周少岩（巖）、馮國祥	林癡逸、楊炳緒、褚善庭、林光凡
常務委員	嚴永南	候補執行委員	吳照堂、林毅甫	王宗儉、林弼臣
文書科主任	王光	常務委員	林鵬程	吳禮廷（庭）

幹事	雷江水	文書科主任	林鵬程	林癡逸
組織科主任	黃育波、陳心銓	組織科主任	林采堯	吳禮廷（庭）
幹事	鍾振聲、任漢持	宣傳科主任	林川臣	林光凡
宣傳科主任	陳鈺全、梁泉、彭心學	會計科主任	周少巖	禢善庭
會計科主任	陳華憲	工人科主任	馮國祥	楊炳緒
幹事	李展程			
調查科主任	蕭芬、吳海祥			
幹事	蕭能臻			

資料來源：《中國國民黨中央執行委員會海外部報告書》，1926 年 1 月 20 日，頁 85～87。

　　其時，馬六甲華人社會不乏出現受到左翼分子影響、顛覆國民黨政權的宣傳，或是直接威脅到英國殖民政府統治的活動。如：1924 年 9 月 13 日，馬六甲人力車夫為了反對工局部而發動前所未有的罷工風潮，各街道不見一輛人力車。〔註66〕雖然沒有直接的證據指出人力車罷工潮與共產黨有關係，但就一般而言，當時的罷工事件多半是在共產分子的煽動下發生。

　　儘管如此，英國殖民政府對馬六甲國民黨的活動仍是保持著沉默的態度，並未採取任何高度戒備的措施，因此黨務工作的運作狀況較為公開，這可從 1925 年孫中山逝世追悼會的情形作出推斷。1925 年 3 月 12 日，孫中山在北京病逝的消息傳至馬六甲後，當地華文學校即刻停課，以降半旗三日表哀悼。馬六甲全體追悼會臨時籌備處在中國國民黨馬六甲支部的指導下成立，並訂於 4 月 12 日舉辦追悼孫中山大會。

　　在追悼會當日，會場懸掛著「革命之神」、「斯民先覺」等橫額，孫中山遺像置在會場正中，遺像上掛「精神不死」橫條，並張「青天白日滿地紅」和「青天白日」旗各一面，四周佈滿花圈花球，現場氣氛顯得格外肅穆。追悼會開始後，全體出席者肅立行禮、默哀三分鐘，後則由各社團組織代表獻花致祭、讀祭文，各校學生齊唱追悼歌，劉漢屏、王永元、王裕輝各以普通話、廣東話、福建話追述孫中山偉業，以示哀悼。在追悼儀式結束後，多數出席者眼淚盈眶，環繞在孫中山遺像前作瞻仰，會場顯得格外肅穆。〔註67〕

〔註66〕〈麻六甲人力車夫罷工〉，《新國民日報》第 8 版，1924 年 9 月 16 日。
〔註67〕饒一閑：〈空前未有之追悼大會〉，《新國民日報》第 12 版，1925 年 4 月 16 日；老閑：〈孫中山追悼之寫實：空前未有之大會〉，《培風校刊》第 4 期（馬六甲：培風中小學校，年份不可考），頁 41～42。

另，馬六甲國民黨野新分部在接獲孫中山逝世的噩耗後，時任野新分部
文書科兼組織科主任吳禮庭、宣傳科主任兼執行委員褟善庭二人即召集僑眾
大會，磋商追悼孫中山事宜。吳氏與褟氏二人是培新學校的總理，故藉用學
校名義舉辦孫中山追悼大會。原擬野新埠的追悼大會日期與全世界追悼日（4
月 12 日）同一天，但馬六甲亦在是日舉辦追悼會，惟將日期提前，改為 4 月
11 日，即全世界追悼日前一天。在追悼日當天，來賓在演說時均表孫中山的
偉績及其愛國熱誠，並勉勵同僑要循孫中山三民五憲（筆者按：權）政略，
以竟孫中山之志。聽者咸為動容，悲感不已。〔註68〕此次的追悼會顯示出馬
六甲國民黨對孫中山的深切崇敬與愛戴，同時亦加強馬六甲中國國民黨黨人
的凝聚力、團結力與對黨部的效忠。

不過，馬六甲中國國民黨如此高調舉辦盛大且公開的活動局面持續不
久。後來，上海「五·卅慘案」及廣州「六·二三事件」（又稱「沙基慘案」）
的發生，加上霹靂與雪蘭莪等地區屢屢出現暴力事件，〔註69〕英國殖民政府
開始將矛頭指向中國國民黨，並於是年 7 月針對國民黨在新、馬的活動採取
鎮壓措施。9 月，新加坡瓊商黃昌積、中醫陳壽榮、啟明夜校職員蘇烈南、
牙醫朱拔英等人被控為中國國民黨黨員而遭到拘留。〔註70〕10 月，馬來聯邦
的中國國民黨黨部被明令於是月 26 日前解散，涉及的機關包括：中國國民
黨芙蓉支部、雪蘭莪國民黨支部、端洛國民黨支部、拿吃國民黨支部、布先
國民黨支部、埔地國民黨支部、霹靂華僑閱書報社、金寶益智閱書報社等。
〔註71〕英國殖民政府積極對付中國國民黨的政策，再次打擊到馬六甲中國國
民黨黨務的運作與發展，使得馬六甲黨員們更加依賴當地的華文學校及社團
組織作為行動的基地，暗地裡繼續辦理與黨相關的活動。

1926 年至 1928 年間，中國國民黨在蔣中正的領導下發動「北伐」與「清
黨」，冀以穩固國民政府的統治權。在這兩項政策當中，「北伐」事件對新、馬
國民黨並沒有構成任何直接的影響，反倒是蔣中正在 1927 年發動的武力「清
黨」運動，造成了部份黨部呈現一時混亂的狀態，因為國民黨左派在當地的權

〔註68〕克公：〈麻六甲屬也新埠華僑追悼孫公大會紀事〉，《新國民日報》第 12 版，
　　　　1925 年 4 月 20 日。
〔註69〕Png Poh Seng, "The Kuomintang in Malaya, 1912～1941", *Journal of Southeast
　　　　Asian History*, Vol. 2, p.20.
〔註70〕〈非法社團職員被控待究案彙誌〉，《南洋商報》第 3 版，1925 年 9 月 23 日。
〔註71〕〈國民黨機關多已解散之消息〉，《南洋商報》第 4 版，1925 年 10 月 27 日；
　　　　〈四州府國民黨遣散消息續誌〉，《南洋商報》第 4 版，1925 年 10 月 29 日。

力早已日益膨脹，甚至在某些地區的黨部居於主動地位。

根據史料記載，馬六甲中國國民黨黨員人數在 1927 年已達到八百餘人，設有十一個分部，兩個通訊處；〔註 72〕而根據英國殖民政府的調查報告顯示，當時馬六甲國民黨的第一至第三分部、第五分部、亞沙漢分部、野新分部由「溫和派」的國民黨右翼分子控制，〔註 73〕其餘的分部實際上幾乎已操控在「激進派」的國民黨左翼分子之手中。除此之外，新加坡華人報紙《叻報》亦在當年 5 月 24 日刊登的一篇〈國民黨南洋總支部控告彭澤民原文（一）〉中，公開揭露馬六甲出現左翼分子「組織特別支部，自造黨証，甚至藉國民黨之名，行共產之實」〔註 74〕的情形。由於史料的缺乏，中國國民黨左派在馬六甲的實際情況不得而知，但可肯定的是，中國國民黨的「清黨」運動並不容易進行，因為有些摻進中國國民黨的左翼分子，打著「青天白日」這面旗幟掩飾自己的身分，行事十分謹慎，讓人難以分辨，不易鏟除。

1927 年 3 月 12 日，新加坡發生「牛車水事件」，導致英國殖民政府實行一連串更加嚴厲的壓制行動，馬六甲國民黨免不了遭到波及。英國殖民政府的取締政策，使得新、馬中國國民黨元氣大損，各埠黨部幾乎陷入奄奄一息的狀況，不過從側面來看，卻是間接削弱了左翼分子在國民黨內的勢力。同年 8 月 15 日，國民政府在廣州召開中國國民黨南洋英荷兩屬總支部（以下簡稱「南洋總支部」）代表大會，南洋英荷兩埠均派代表出席，並在會上針對南洋總支部改組及肅清共產黨勢力事宜進行商討。

1928 年，國民革命軍北伐成功，南京國民政府成立。為了讓英荷兩埠黨務能更有效的發展，南洋總支部撤除，並分別在英屬及荷屬兩地各設一總支部：南洋英屬總支部設於新加坡，南洋荷屬總支部則設於蘇門答臘。當時，中央黨部委派姚定塵前來新加坡成立南洋英屬總支部，馬六甲黨部代表沈鴻柏連同新加坡張永福、吉隆坡陳占梅、霹靂鄭螺生與李振殿、柔佛黃吉宸、巴生鄭受炳、檳城何如群等八人則被委任為指導員，〔註 75〕開始積極著手重組新、馬各支分部，所有的黨員必須重新進行登記，冀以徹底地肅清國民黨內的左翼分子。1929 年，新、馬各埠黨部的「清黨」工作正式告一段落，中

〔註 72〕〈馬六甲直屬支部沿革史〉，《海外黨務通訊》第 1 卷第 5 期，頁 7。
〔註 73〕楊進發：《新馬華族領導層的探索》，頁 179。
〔註 74〕〈國民黨南洋總支部控告彭澤民原文（一）〉，《叻報》第 6 頁，1927 年 5 月 24 日。
〔註 75〕〈馬六甲直屬支部沿革史〉，《海外黨務通訊》第 1 卷第 5 期，頁 7。

國國民黨駐南洋英屬總支部於 1 月 19 日宣布成立，並在第一次代表大會中
選出：張永福、鄭受炳、姚定塵、崔廣秀、鄭螺生、何如彝、鄧子實、蕭振
堂、羅美東等九人為執行委員，〔註76〕黃吉宸、陳占梅、朱慈祥、沈鴻柏、
符和謙等五人為監察委員。〔註77〕

　　南洋英屬總支部成立後，新、馬地區的黨組織控制權由南京中央轉移到
新加坡，並在多方的努力下取得公開活動之地位。該部在最高峰時期，所屬
的支部共有 15 個、直屬分部有 5 個、分部有 108 個，區分部 287 個，黨員
人數達至 12,469 人，〔註78〕黨務發展可謂蓬勃一時。不過在一年後，即 1930
年，香港總督金文泰前來新加坡上任海峽殖民地總督後，即勒令南洋英屬總
支部解散，國民黨黨務工作頓時陷入停滯狀況，再加上當時總支部之執、監
委員常因私人意氣爭執而引起內部糾紛，〔註79〕故中國國民黨中央執行委員
會於第 117 次常務委員會會議中遂決議，將南洋英屬總支部暫予撤消，並委
派吳士超前來視察，將所有各支、分部重新規劃，分別改組為新加坡、馬六
甲、檳榔嶼、柔佛邦、內基森美蘭邦、雪蘭莪邦、霹靂邦、吉打邦及北婆羅
洲等九個直屬支部。〔註80〕新、馬各埠的中國國民黨黨部再次進入一個新階
段。這個新階段因當地殖民政府的干涉而導致黨務無法使用「正名」公開行
事，均須藉以社團組織、學校、俱樂部等名譽秘密進行。

第二節　南京國民政府時期（1928～1936）

　　1928 年至 1936 年間，中國國民黨（以下簡稱：「國民黨」）推行「以黨治
國」政策，並遵循孫中山的遺教，以三民主義、五權憲法作為訓政之綱領。不

〔註76〕李雲漢：《中國國民黨黨務發展史料：組織工作（上）》（臺北市：中國國民黨
　　　　中央委員會黨史委員會，1993 年），頁 135。

〔註77〕第一屆南洋英屬總支部監察委員共有五位，即：黃吉宸、陳占梅、朱慈祥、沈
　　　　鴻柏、符和謙，但《中國國民黨黨務發展史料：組織工作（上）》（頁 135）一
　　　　書中僅記載四位監察委員，即：黃吉宸、陳占梅、朱慈祥、沈鴻柏。因此，本
　　　　文採用國史館館藏之檔案〈中國國民黨第三次全國代表大會代表案〉內容作
　　　　為參考。參閱〈中國國民黨第三次全國代表大會代表案〉，【國：國民政府】，
　　　　典藏號：001-014151-00001-028。

〔註78〕李雲漢：《中國國民黨黨務發展史料：組織工作（上）》，頁 312。

〔註79〕〈駐南洋英屬總支部撤消分別組織直屬支部若干處〉，《第三屆中央常務委員
　　　　會》，【黨：會議】3.3/141.41。

〔註80〕李雲漢：《中國國民黨黨務發展史料：組織工作（上）》，頁 201。

過，在新、馬兩地的國民黨黨務發展並不如預期順利，尤其是 1930 年金文泰
（Sir Cecil Clementi）上任海峽殖民地總督一職後，推出一系列的鐵腕政策，
致使國民黨在新、馬的發展再度面臨危機。最後，許多黨部迫於無奈之下紛紛
解散而轉為地下組織。在如此艱難的環境下，馬六甲地區的黨部又如何於夾縫
中求生？本章節將就馬六甲國民黨在 1928 年至 1937 年的情況，作一探討。

一、重新整頓，曙光再現

　　南京國民政府成立以後，為了徹底完成「清黨」工作，各級黨部必須重新進行改組，全體黨員亦須重新註冊登記。1928 年，馬六甲黨部依照中央規定的組織法進行改組，對黨員、組織各級黨部等事宜，即積極進行；後又奉南洋英屬總支部〔註81〕之命令，成立馬六甲支部。〔註82〕在組織方面，由於資料匱缺，無法確實得知改組後初期的實際狀況，但據 1931 年〈沈鴻柏駐南洋英屬馬六甲直屬支部報告書〉中的記載，馬六甲在其時設有一個支部和八個分部。相較之下，馬六甲國民黨黨部的數量明顯比改組以前減少，但其勢力範圍卻從馬六甲中區（Melaka Tengah）、野新〔註 83〕（Yasin）、亞沙漢（Asahan）等地區，大大擴展到瓜拉雙溪峇汝（Kuala Sungai Baru）、亞羅牙也（Alor Gajah）、榴槤洞葛（Durian Tunggal）、淡邊（Tampin）、望萬（Bemban）和雙溪南眉（Sungai Rambai）一帶（如圖 3.2.1）。至於黨員人數方面，據英國殖民政府在 1929 年截獲的黨員登記冊得知，重新登記的馬六甲黨員僅有460 餘名，〔註84〕不過黨員人數到了 1930 年卻遽增至 810 餘名。〔註85〕

〔註81〕原文將「南洋英屬總支部」寫成「新加坡總支部」，本文在此內文作修改。參閱〈沈鴻柏駐南洋英屬馬六甲直屬支部報告書〉，1931 年 11 月 19 日，【黨：會議】4.1/18.11。

〔註82〕〈沈鴻柏駐南洋英屬馬六甲直屬支部報告書〉，1931 年 11 月 19 日，【黨：會議】4.1/18.11。

〔註83〕國民黨野新分部早在民國十年前就已成立，那時因環境的關係，沒有掛招牌公開活動，其時黨員人數不過一、二十位，主要負責人有林澤齋、熊炳霖、禢善庭、吳禮庭和符受初等人。到了 1924 年，該黨奉命改組，一切工作改由吉瑞臣、禢樹勳、林秋帆等幾位黨員負責。在抗戰期間，因黨務無法公開活動而沒有多大的表現，但在暗中有為國民政府與黨中央盡一部份力量。參閱〈野新黨團舉行成立典禮〉，《中國報》第 6 版，1947 年 3 月 7 日。

〔註84〕C. F. Yong and R. B. McKENNA, *The Kuomintang Movement in British Malaya, 1912～1949*, （Singapore: Singapore University Press, 1990），pp.93～94.

〔註85〕陳鵬仁主編、劉維開編輯：《中國國民黨黨務發展史料：海外黨務工作》（臺北市：近代中國，1998），頁 66。

從各階層的黨員人數比率來看，商人階層的人數佔有 70%；工、學、農階層者則各佔 10%。〔註86〕換言之，商人階層在「清黨」運動以後，重新佔據馬六甲國民黨的主導地位；而「聯俄容共」時期被重視的工人、農民階級群眾，經過「清黨」予以的不小衝擊後，人數略減是一種必然的趨勢。以下表 3.2.1 為馬六甲革命組織在 1908～1931 年的分佈地區表：

表 3.2.1　1908～1931 年馬六甲革命組織分佈概況

地　區	革命組織			
	同盟會（1908 年）	國民黨（1913 年）	中華革命黨（1914～1916 年）	中國國民黨（1931 年）
亞羅牙也				分部：瓜拉雙溪峇汝（Kuala Sungai Baru）、亞羅牙也、榴槤洞葛（Durian Tunggal）、淡邊（Tampin）〔註87〕
馬六甲	通訊處	支部	支部	直屬支部
野新			分部〔註88〕：野新〔註89〕、亞沙漢（Asahan）	分部：野新、望萬（Bemban）、亞沙漢、雙溪南眉（Sungai Rambai）

注：本表根據以下各書資料另行彙編。

資料來源：

①〈沈鴻柏駐南洋英屬馬六甲直屬支部報告書〉，1931 年 11 月 19 日，【黨：會議】4.1/18.11。

②〈馬六甲直屬支部沿革史〉，《海外黨務通訊》第 1 卷第 5 期（臺北市：中國國民黨中央委員會第三組，1951 年），頁 7。

③李雲漢：《中國國民黨史述》第 1 編（臺北市：中國國民黨中央委員會黨史委員會，1994 年），頁 323。

④中國國民黨中央委員會黨史委員會：《國父全集》第 4 冊（臺北市：中國國民黨中央委員會黨史委員會，1973 年），頁 174～176。

⑤C. F. Yong and R. B. McKENNA, The Kuomintang Movement in British Malaya, 1912～1949, pp.33～34.

〔註86〕參閱〈沈鴻柏駐南洋英屬馬六甲直屬支部報告書〉，1931 年 11 月 19 日，【黨：會議】4.1/18.11。

〔註87〕在【黨：會議】4.1/18.11 中，將「瓜拉雙溪峇汝」寫成「昔仔峇汝」；亞羅那牙寫成「海羅那牙」；「淡邊」寫成「淡水」；「榴槤洞葛」寫成「流連洞葛」。

〔註88〕楊進發在 The Kuomintang Movement in British Malaya, 1912～1949 中，將柔佛中華革命黨東甲（Tangkak）分部列為馬六甲分部。本研究不予採納。

〔註89〕《國父全集》第 4 冊，將「野新」寫成「蒽申」。

圖 3.2.1　1931 年英屬馬六甲海峽殖民地行政區劃和革命組織分佈概況

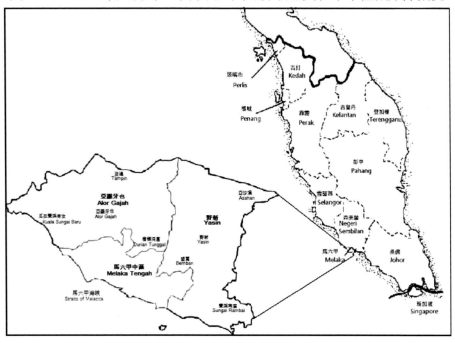

資料來源：此圖依據表 3.2.1 自行繪畫。

　　南京國民政府成立初期，馬六甲國民黨除了積極配合清黨與改組工作外，還自發性地發起抗日籌賑活動，為山東濟南慘案展開大規模的募捐工作。山東濟南慘案的發生源自於日本為了阻止國民革命軍進行北伐，遂於 1928 年 5 月 3 日特派部隊突攻山東濟南，結果外交官蔡公時與數千軍民遭到殘殺。這項噩耗傳至馬六甲後，一時激起當地僑眾的憤怒情緒。5 月 17 日，馬六甲華僑籌賑山東難民義捐會（簡稱：馬六甲山東籌賑會）成立，推舉總務部十六人，再劃分三股，即勸捐股、財政股、文牘股等。〔註 90〕籌賑會主席為曾江水，沈鴻柏則以副主席身分主持一切籌賑工作，總務主任為劉漢屏，財政主任為黃仕元，募捐主任為周卿昌，宣傳主任為林大典，調查主任為蕭佩馨，文書主任中文為趙頌周，英文文書主任則由柳其傑負責擔任。〔註 91〕當時正值英國殖民政府全面取締極端分子的敏感時期，為了避免別生枝節妨礙籌款，整個籌賑會活動是在馬六甲中華總商會〔註 92〕的名義下發起，打著「救

〔註 90〕柳其傑：〈英屬馬六甲華僑籌賑山東難民義捐會成立會第一次會議報告〉，《南洋商報》第 20 版，1928 年 5 月 22 日。
〔註 91〕〈翰川手稿〉。
〔註 92〕第一次世界大戰之時，樹膠價格狂跌，馬六甲地區的經濟崩潰，幸得當地富商

濟難民」的名號，並以「愛國和平」相號召，聲稱馬六甲山東籌賑會的活動
屬於慈善性質，〔註93〕但實際上仍是有採取較為激烈的手段，如：凡有輸入
或賣出日貨者，委員會（筆者按：馬六甲山東籌賑會）即將其名號公布，認
為漢奸敗類，羞與為伍，再受公眾之制裁。〔註94〕

　　馬六甲山東籌賑會是馬六甲市的籌賑總會，辦事處設在中華總商會內。
籌賑會自成立以後，除函請各社團會館自行募集外，亦特組專部，向各處商
店勸募。此外，還推舉女界募捐員及僑生募捐員，專門向婦女及土生華人勸
募。〔註95〕除了馬六甲中區外，各村鎮亦紛紛設有分會，如：野新埠設有義
捐會，與籌賑總會攜手募捐、調查、收款等工作。該義捐會職員包括：主席趙
筱如、副主席顏敵受、財政員顏金興、書記員林景星、募捐員顏隆年、陳桂
天、林恭瀛、褚善庭、楊瑞齡、林猷輝、李玉岩、吳惠如、王聯增等。〔註96〕
當時，山東籌賑活動在籌賑總會與分會的積極宣傳之下，引發了馬六甲華人
社會的高度關切，各界踴躍發起籌款活動，其中包括：小販義賣〔註97〕、賣
煙助賑〔註98〕、電影戲院開演籌款〔註99〕、白話新劇籌款〔註100〕、慈善游藝
會〔註101〕等。

　　與陳嘉庚領導的新加坡山東籌賑會不同的是，馬六甲山東籌賑會雖是由
中華總商會發起，但其領導層幾乎都是親國民黨人士及國民黨黨員。且馬六甲

出資購膠囤積，以解決集體的利害問題。由這件事情的成果，引發了沈鴻柏認
為有必要成立商人組織，故邀請當地各界商人齊設「馬六甲中華總商會」。中
華總商會組成後，極受英國殖民政府的重視，特准選派一名代表擔任海峽殖
民地立法院議員。參閱佚名：〈「培風之母」：沈鴻柏辦「貧民」學校〉，頁183。
〔註93〕〈馬六甲華僑籌賑山東難民義捐會　成立會第一次會議報告〉，《新國民日報》
　　　　第20版，1928年5月22日。
〔註94〕〈翰川手稿〉。
〔註95〕蓮峯：〈馬六甲華僑對於籌賑魯難之踴躍〉，《南洋商報》第20版，1928年6
　　　　月14日。
〔註96〕空北：〈英屬馬六甲也申華僑賑濟之又一訊〉，《南洋商報》第20版，1928年
　　　　6月28日。
〔註97〕〈請看熱心助賑愛國愛群之小販蕭栢田君拍賣藤車食品完全助捐〉，《新國民
　　　　日報》第25版，1928年7月2日。
〔註98〕〈馬六甲賣煙助賑宣言〉，《新國民日報》第17版，1928年8月9日。
〔註99〕〈馬六甲一景園電影戲院賑濟山東難民籌款會〉，《南洋商報》第20版，1928
　　　　年5月23日。
〔註100〕〈馬六甲閨秀演劇籌賑〉，《新國民日報》第17版，1928年8月15日。
〔註101〕〈馬六甲華僑籌賑山東難民義捐會　慈善游藝會開幕誌盛〉，《新國民日報》
　　　　第17版，1928年11月3日。

中華總商會是英國殖民政府所認同的合法組織，其領導層有英國殖民政府極為青睞的土生華人，如：陳禎祿〔註 102〕、陳宗曆等，但更多的是親國民黨或國民黨黨員。

　　馬六甲中華總商會在 1928 年 3 月舉行領導層改選時，親英的陳禎祿從會長退居為副會長，而親國民黨的曾江水擔任會長，〔註 103〕其餘的職位多是由國民黨黨員當選（如表 3.2.2 所示）。很顯然地，此時國民黨在中華總商會的勢力有明顯上升的趨勢。故，馬六甲國民黨在政治敏感時期藉中華總商會作為掩護，不是不無可能之事。另外，在一份匿名「翰川」之手稿中，有如此地記載：「……所有各級之委員黨員，無論在市區或鄉鎮各地，均一律參加歷次之抗日宣傳，抵貨運動及募捐工作……」〔註 104〕。在這份手稿內所寫的「各級之委員黨員」，實指馬六甲國民黨黨員。換言之，馬六甲華人的抗日活動此起彼落，若沒有與國民政府有相當緊密關係之組織在背後暗地裡領導與嚴密地策劃，籌款與宣傳工作恐怕會無疾而終。

　　1929 年，南京政府舉辦孫中山奉安大典，沈鴻柏選擇以代表「馬六甲山東籌賑會」名義，而非以馬六甲國民黨或是中華總商會名義，向南洋英屬總支部領取赴中國參加典禮之證書。〔註 105〕由此可見，「馬六甲山東籌賑會」這個「慈善團體」成功逃避了當地殖民政府的規管，成為當時馬六甲國民黨對外行事的代表。

表 3.2.2　1928～1929 年馬六甲中華總商會領導層的政治傾向表

職　別	姓　名	備　註	職　別	姓　名	備　註
正會長	曾江水	○▲	議董	沈鴻柏	★
				郭巨川	★

〔註 102〕　陳禎祿早年為馬六甲市工部局委員，1912 年被英國殖民政府封為馬六甲太平局紳。1923 年至 1935 年年間，擔任海峽殖民地立法議會非官職議員。日佔領馬來亞期間，舉家逃亡至印度避難。馬華公會成立後，擔任第一任總會長。1949 年，獲柔佛州蘇丹冊封「拿督」，三年後又獲英王喬治六世冊封「爵士」，1958 年獲馬來亞最高元首冊封為「敦」。

〔註 103〕　〈中華總商會週年大會　并關於樹膠限制之議決案〉，《新國民日報》第 17 版，1928 年 3 月 26 日。

〔註 104〕　〈翰川手稿〉。

〔註 105〕　〈由英屬總支部領取證書　回國參加總理奉安之代表〉，《星洲日報》第 6 版，1929 年 5 月 23 日。

				黃仕元	★
副會長	陳禎祿	○●		林金沙	★
				劉漢屏	★
財政員	邱仰峰	★		周卿昌	★
				陳公紀	★
查數員	曾有美	★		陳可補	★
				許水滿	★
				羅金水	○●
司理	柳其傑	★		王萬興	★
				陳宗曆	○●

註：▲親國民黨　○土生華人　★國民黨黨員　●親英　■政治傾向不明者

資料來源：本表取自 1928 年 3 月 26 日《新國民日報》第 6 版之〈馬六甲中華總商會
　　　　　民國十七、八年第六屆職員表〉。馬六甲中華總商會領導層的政治傾向乃據
　　　　　現有的史料文獻記錄，自行作標註。

　　在國民革命軍北伐成功後的首一年半時期，即 1928 年底至 1930 年間，
國民黨在馬六甲是准予公開活動的，〔註 106〕英國殖民政府基本上不多加干
涉。以國民黨在 1929 年 6 月 1 日，假座壹景園舉辦的孫中山奉安大典為例，
公祭時段安排分成兩個時段，即：上午為國民黨黨員與學生；下午為社團民
眾，上、下午的公祭儀式一致，如下：

> ……（一）搖鈴開會、（二）奏哀樂、（三）全體肅立、（四）唱「天
> 下為公」歌、（五）向黨國旗及國父遺像行三鞠躬禮、（六）恭讀遺
> 囑、（七）靜默三分鐘、（八）獻花圈、（九）讀祭文、（十）宣佈開會
> 理由、（十一）何選民君報告國父略史、（十二）唱黨歌、（十三）高
> 呼口號、（十四）停會。〔註 107〕

當天出席公祭的國民黨黨員有三百餘名，學生來自十八所學校，團體代表共有
三十五個，人數達數千餘人，場面極為盛大。〔註 108〕這場公祭活動雖然為悼
念孫中山，但在場所中公開掛國民黨黨旗、在儀式中「唱『天下為公』歌」及
「唱黨歌」，從側面來看，具有宣傳國民黨的色彩，以激發民眾的認同感。馬

〔註 106〕〈翰川手稿〉。
〔註 107〕〈馬六甲紀念國父奉安大會〉，《新國民日報》第 17 版，1929 年 6 月 6 日。
〔註 108〕〈馬六甲紀念國父奉安大會〉，《新國民日報》第 17 版，1929 年 6 月 6 日。

六甲國民黨黨員這種公開的表現，在當時並沒有受到英國殖民政府的任何阻擾，想必是獲得英國殖民政府的首肯。

其時，三民主義之宣傳和發揚為國民黨在南京國民政府成立之後的首要任務。因此，馬六甲國民黨除透過該黨部控制的社團、學校配合散播黨義外，另由一群黨員集資發起創辦《僑民週報》作為闡揚三民主義思想之利器。有關學校推行三民主義教育之部份，將在下一章進行深入探討，在此不作贅述。至於創辦報紙或刊物作為中國國民黨喉舌之事，乃是馬六甲華人社會前所未有之舉，這正反映出馬六甲國民黨在組織發展方面取得突破性的進展。

《僑民週報》創辦於 1928 年，林大典擔任經理，何選民則擔任編輯，內容除摘載專電及地方新聞外，還注重散文及短論，每期約銷數百份。〔註 109〕由於《僑民週報》的經費均由當地國民黨黨員自行供給，以及每年捐款補助，為此經常遇到捉肘見襟的情況，直到 1930 年適逢經濟大蕭條時期，許多商界階層的黨員因本身經濟支絀而退居於次位，該報在失去經濟援助之下，惟有暫時停辦。〔註 110〕

除學校、報紙外，國民黨外圍組織之「晨鐘勵志社」亦在 1929 年正式成立，作為推動當地青年文娛活動的社團，並促進「德、智、體、羣、美」五育相關活動在青年階層全面推展。晨鐘勵志社原名為「晨鐘劇團」，是馬六甲華人青年在夜間空閒之時，作正當休閒娛樂之用。1928 年，沈鴻柏、邱仰峰在新加坡青年勵志社社長何葆仁之建議下，遂將之改組為「晨鐘勵志社」。〔註 111〕翌年 5 月，晨鐘勵志社正式成立，並在首次社員大會中選出總務部職員（見表 3.2.3）及各股主任，其中有：智育股、體育股、音樂股、戲務股等。〔註 112〕

〔註 109〕　〈由孕育中的匡世報流產的消息想起──一頁馬六甲華人報學史（二）〉，《南洋商報》第 15 版，1934 年 5 月 3 日。

〔註 110〕　參閱〈沈鴻柏駐南洋英屬馬六甲直屬支部報告書〉，1931 年 11 月 19 日，【黨：會議】4.1/18.11。

〔註 111〕　〈何葆仁博士回馬六甲　擬參加競選國大代表　晨鐘勵志社開大會歡迎〉，《南洋商報》第 7 版，1947 年 10 月 14 日。

〔註 112〕　蓮風：〈英屬馬六甲晨鐘勵志社大會記〉，《南洋商報》第 18 版，1929 年 7 月 5 日。

表 3.2.3　馬六甲晨鐘勵志社首屆總務部職員（1929 年）

職　別	姓　名	職　別	姓　名
正主席	曾江水	議員	羅金水、郭鏡川、王萬興、林先純、王篤成、周卿昌、李來和、洪鑾柳、楊銳智、連望三、溫清源、周慶贊
副主席	邱仰峰		
正幹事	何葆仁		
副幹事	陳文模		
財政	許水滿		
查數	曾有美、陳文岩		
義務文牘	柳其傑		

資料來源：蓮風：〈英屬馬六甲晨鐘勵志社大會記〉，《南洋商報》第 18 版，1929 年 7 月 5 日。

　　晨鐘勵志社自成立以後，長期透過演講、歌詠與戲劇等文藝活動來推動與發展馬六甲國民黨黨務工作，在最活躍期間亦曾舉辦過許多文娛、教育、社會福利與運動之活動，其中包括：贈醫施藥，倡辦晨鐘義務夜校，舉行名人演說會等，〔註 113〕其表現之績效亮眼，幾乎與 1923 年創辦的明星慈善社旗鼓相當。

　　綜觀而言，曾經在「清黨」時期遍體鱗傷的馬六甲國民黨，經過一段時間的重整，以及英國殖民政府的「寬待」，其時正呈現著死灰復燃之勢。可惜的是，1930 年金文泰爵士上任海峽殖民地總督後，其所實行的鐵腕政策，再次地使馬六甲國民黨受到重挫，黨務陷入一蹶不振的狀況，惟有藉著外圍組織的名義與身分繼續運作。

二、鐵腕出擊，夾縫求生

　　金文泰自 1930 年 2 月 5 日上任海峽殖民地總督後，於 2 月 14 日召集緊急會議討論國民黨事宜。在會議當中，海峽殖民地輔政官史考特（J. Scott）、馬來聯邦輔政官科克倫（C. W. H. Cochrane）、海峽殖民地華民政務司（官）兀敏（A. M. Goodman）與馬來聯邦華民政務司（官）亞倫（P. T. Allen）一致認為國民黨對新、馬兩地具有「政治危險」，主張嚴禁國民黨組織。〔註 114〕於是，金文泰在 2 月 20 日召集國民黨全體南洋英屬總支部執行委員和監察

〔註 113〕黃浼鄘：〈晨鐘勵志社走過 60 年滄桑〉，《中國報》，1998 年 9 月 26 日。
〔註 114〕楊進發：《戰前星華社會結構與領導層初探》（新加坡：新加坡南洋學會，1977 年），頁 60。

委員共 17 人進行會面,當時代表馬六甲黨部出席會議的有胡少炎與何選民二人。金文泰在會議中,除了表明對國民黨的態度外,亦命令諸位出席會議的黨代表解散所有設立在新、馬各地的國民黨黨部,並宣布禁止國民黨「舉行會議,從事宣傳,募捐款項與招收會員」〔註 115〕等事。換言之,英國殖民政府將開始對新、馬國民黨採取嚴厲的鎮壓政策。

自金文泰上任後,南洋英屬總支部被勒令解散,新、馬有不少國民黨黨員因黨務活動而遭到拘捕,甚至陸續被驅逐出境。1930 年 7 月,霹靂州國民黨元老級領袖鄭螺生、檳城國民黨活躍分子方之楨二人因涉及籌募西北兵災後方醫院捐款事宜,觸犯英國殖民政府的禁忌而被金文泰制止,並驅逐出境。〔註 116〕此事件大大驚動了新、馬各地區的黨部,甚至引起南京國民政府的密切關注。鄭、方二人從新加坡丹戎巴葛(Tanjong Pagar)出境時,送行者計有孫崇瑜、張永福、李振殿、薛武院、李俊承,以及《民國日報》經理部編輯等職員百餘人送別,〔註 117〕場面可謂盛大。

金文泰的取締政策比 1914 年和 1925 年來得更為嚴厲,新、馬各地區的國民黨黨部不得不就範。不過,國民黨在新、馬僅是在表面上均告解散,冀以避開英國殖民政府的耳目,實際上卻是將黨務工作由「公開」轉向「秘密」的階段。當時國民黨在新、馬的形勢頗為險惡,黨員幾乎人人自危,因此國民政府外交部王正廷鑒於情勢的急迫,開始與英國駐華全權公使藍浦森爵士(Sir Miles Lampson)在 1930 年 11 月,就恢復國民黨在新、馬地區的自由與活動等問題進行商議。

翌年(1931 年)2 月,藍浦森爵士在訪問新加坡時,特針對國民黨事宜與總督署官員進行商討,〔註 118〕並在 4 月間與王正廷來往換文,中、英雙方正式針對國民黨在新、馬的活動交換意見及表明態度。根據〈行政院呈國民政府有關外交部查復前外交部長王正廷與英使交換牒文案情形〉載,中方與英方最後的交涉結果:

> 英國殖民當局修改當地法令,認黨部為合法團體,對於黨員工作不

〔註 115〕楊進發:《戰前星華社會結構與領導層初探》,頁 62。

〔註 116〕李雲漢:《中國國民黨黨務發展史料:組織工作(上)》,頁 313;〈監察委員鄭螺生彈劾王正廷案〉,《南洋商報》第 6 版,1934 年 2 月 7 日。

〔註 117〕〈北歸　鄭螺生　方之楨〉,《南洋商報》第 6 版,1930 年 8 月 4 日。

〔註 118〕〈吉隆坡馬來日報相信!英公使藍浦遜爵士在本坡督署與重要官員討論馬來國民黨事　聯邦首府將設中華總領署〉,《南洋商報》第 7 版,1931 年 2 月 20 日。

加干涉；國民政府允將黨員工作範圍釐訂，俾與地方政府利益不相
衝突。〔註119〕

不過，中方提到的協議內容似乎有避重就輕的嫌疑，與海峽殖民地華民政
務司（官）兀敏於 5 月 11 日在立法會議動議修改「社團條例」（Societies
Ordinance）時提到的協議內容有些許落差。英方提出的協議結果大意是：

馬來亞政府（筆者按：英殖民政府）修改法令表明中國國民黨非如
馬來亞規定中之非法團體且不反對居留在馬來亞的華人成為國民黨
黨員；國民黨黨員不作非法或擾亂治安之活動且不在馬來亞設立總
支部、支部或他種形式之地方黨部組織。〔註120〕

最終，「社團條例」根據英方的協議結果作出了部分修改，並針對社團在
新、馬的合法性提出各項條件：一、該社團係在馬來亞以外地方組織成立者；
二、該項社團在本殖民地內不得有分會之組織，會議之進行，及辦理會員登記
等；三、該項社團在本殖民地內不得籌募會內經費，或委託代表籌集捐款等。
〔註121〕雖然這次的「社團條例」修改讓國民黨在新、馬恢復了合法地位，但黨
務活動依然受到限制，國民黨不僅不能在新、馬設立支部、分部或其他形式的
地方組織，還不能舉行黨務會議、徵求黨員、徵收黨費，甚至不能為黨部及中
華民國進行籌款活動。在之前，英國殖民政府雖然嚴厲禁止國民黨的活動，但
並沒有明文規定，經過王正廷與藍浦森爵士的換文後，反而讓英國殖民政府有
機會以取締黨部條文作為保障。這種緊張的局勢導致新、馬各直屬支部之籌備
委員，紛紛向黨中央總辭職或不敢就職，或就職而不敢切實負起責任。〔註122〕

1931 年 11 月，中央監察委員兼僑務委員會常務委員黃吉宸（柔佛直屬
支部）在南京召開的中國國民黨第四次全國代表大會上提出提案：「請飭令外
交部速向英使取消締約馬來亞黨部之協定案」，連署人包括：張不飛〔註123〕

〔註119〕 〈監察院彈劾溺職官員（一）〉，【國：國民政府】，典藏號：001-018300-00001-036。

〔註120〕 "Govt. policy on Kuomintang modified. Loans to three municipalities", *Malaya Tribune*（1931.5.11），p.9；〈監察院彈劾溺職官員（一）〉，【國：國民政府】，典藏號：001-018300-00001-027。

〔註121〕 〈監察院彈劾溺職官員（一）〉，【國：國民政府】，典藏號：001-018300-00001-027；〈審查關於馬來亞黨務交涉換文經過之意見案〉，1932 年 10 月 14 日，【黨：會議】4.3/62.80。

〔註122〕 〈監察院彈劾溺職官員（一）〉，【國：國民政府】，典藏號：001-018300-00001-027；〈審查關於馬來亞黨務交涉換文經過之意見案〉，【黨：會議】4.3/62.80。

〔註123〕 張不飛，即：張應真。

（駐南洋英屬吉打直屬支部）、林國英（駐古巴總支部）、沈鴻柏（駐南洋英屬馬六甲直屬支部）、黎伯挺（駐安南總支部）、林友桐（駐南洋英屬雪蘭莪直屬支部）、林度生（駐安南總支部）、李怡星（駐南洋英屬森美蘭直屬支部）、何健存（駐安南總支部）、何金泉（駐馬達格斯格加直屬支部）、林澤臣（駐安南總支部）、何如罩（駐南洋英屬檳榔嶼直屬支部）、梁作民（駐安南總支部）、黎子機（駐南洋帝文直屬支部）、黃贊岐（駐高棉直屬支部）、孫翰清（駐古巴總支部）、伍朝海（駐南洋英屬北婆羅洲直屬支部）、胡維漢（駐古巴總支部）、王燦芬、梁士俊（駐暹羅總支部）、章駿錡（駐法總支部）等二十人，〔註124〕希望能夠透過外交部的力量再次與英方協調，以取消雙方的協定，解決國民黨在新、馬當前的窘境。但，已然於事無補，因《社團（修訂）條例（第14號）》（The Societies（Amendment）Ordinance（No.14））早已於 8 月 31 日三讀通過，並於 10 月 2 日生效施行。

　　綜觀而言，1931 年 4 月的換文協議並沒有解決英國殖民政府對國民黨存有偏見的問題，新、馬黨部始終無法擺脫被嚴密監視的窘境，黨務運作在金文泰執政時期可說是處在低靡的狀態。誠如古鴻廷所言：

> 民國二十一年初，一位殖民官便曾報告：國民黨的活動從未如此受到控制，中國國民黨在馬來亞地區已經失去了地盤。中國國民黨中央黨部也深深的瞭解，在馬來亞地區黨部所領導的政治活動，已嚴重受到損害。由於活動減少，中央黨部甚至指示馬來亞各支部，不必按月呈報活動報告。種種現象顯示，在馬來亞地區的各種效忠中國的政治活動，已在殖民地政府的密切監視下失去活力。〔註125〕

　　無可否認，自南洋英屬總支部暫予撤銷後，馬六甲在 1931 年與新加坡、檳城、北婆羅洲、吉打、霹靂、雪蘭莪、森美蘭、柔佛等各地區的支部，先後奉黨中央之令改組為直屬支部。可惜的是，馬六甲支部卻因英國殖民政府的監視甚嚴，以及土產落價、黨部經費極感困難而停頓，長時期處在籌備狀態，未能完成改組。〔註126〕

〔註124〕〈請飭令外交部速向英使取消締約馬來亞黨部之協定案〉，1931 年 11 月 16日，【黨：會議】4.1/35.45。

〔註125〕古鴻廷：〈金文泰總督（1930～34）統治下的馬來亞華僑〉，收錄在《東南亞華僑的認同問題：馬來篇》（臺北市：聯經，1994 年），頁 131。

〔註126〕除馬六甲外，新加坡、檳城、霹靂和柔佛等地區的黨部亦處在籌備的狀況。參閱李雲漢：《中國國民黨黨務發展史料：組織工作（上）》，頁 426。

　　當時，黨中央委任林大典、何葆仁、周卿昌、劉漢屏、黃仕元等五人為馬六甲直屬支部的籌備委員，[註127] 並於 1931 年 4 月 18 日宣誓就職。[註128] 從籌備委員的名單來看，直屬支部之領導層開始注入新血，五位籌備委員當中有兩人新進人才，即：林大典、何葆仁；劉漢屏、周卿昌、黃仕元三人則是馬六甲元老級黨員，擁有同盟會、國民黨、中華革命黨的黨歷。與劉、周、黃三人相較之下，林、何二人在馬六甲國民黨的黨資歷顯得尚淺，但二人卻是黨內的重要骨幹之一，分別活躍於國民黨外圍組織明星慈善社與晨鐘勵志社，並在社內擔任重要領導要職。至於元老級的黨領袖沈鴻柏因遠赴南京出任僑務委員會委員，而未被委任職位。劉漢屏在任職後不久因遷居新加坡而宣布辭職，後則由何選民代替出任。[註129] 此時的黨務工作基本上是由林大典與何選民二人負責。[註130]

　　儘管如此，直屬支部的改組仍遲遲未能完成，直到 1933 年，馬六甲僅剩下六個分部，比起 1930 年少了兩個分部，黨員人數一度減少至 775 人。[註131] 這種情形一直維持到 1934 年金文泰辭職退休後，馬六甲直屬支部才正式完成改組。馬六甲直屬支部各時期的重要職員如下表 3.2.4：

表 3.2.4　馬六甲直屬支部委員一覽表

黨部名稱 職　別	馬六甲直屬支部 （籌備委員） （1931 年）	馬六甲直屬支部 （第一屆執監委員） （1934 年）	馬六甲直屬支部 （第二屆執監委員） （1940 年）
執行委員	林大典 劉漢屏（何選民） [註132]	林大典 何葆仁 王裕輝	林大典 劉漢屏（常委）[註133] 何葆仁

〔註127〕〈中國國民黨第四次全國代表大會中國國民黨駐南洋英屬馬六甲直屬支部報告書〉，1931 年 11 月 19 日，【黨：會議】4.1/18.11。

〔註128〕李雲漢：《中國國民黨黨務發展史料：組織工作（上）》，頁 202。

〔註129〕〈馬六甲直屬支部籌委劉漢屏辭職遞補案〉，1933 年 8 月 2 日，【黨：會議】4.3/101.22。

〔註130〕〈何選民上五全大會呈〉，1935 年 11 月 12 日，【黨：會議】5.1/18.46。

〔註131〕參閱〈海外總支部直屬支部所屬下級黨部及黨員數目一覽表〉，收錄於李雲漢：《中國國民黨黨務發展史料：組織工作（上）》。

〔註132〕馬六甲直屬支部籌備委員劉漢屏辭職，由何選民遞補。

〔註133〕〈中國國民黨第五屆中央執行委員會常務委員會第一六八次會議議事日程——報告事項及附件〉、〈中國國民黨第五屆中央執行委員會常務委員會第一六八次會議紀錄〉，收錄於中國第二歷史檔案館編：《中國國民黨中央執行委員會常務委員會會議錄（32）》（桂林：廣西師範大學，2000 年），頁 364～365、415。

	黃仕元 周卿昌 何葆仁	劉漢屏 陳公甫	柳其傑 周卿昌
候補執行委員		李疇九 林世明 沈慕卿	陳公甫 沈慕卿
執行委員會書記長或秘書		何選民	
監察委員		黃仕元 沈鴻柏 周卿昌	王德義 林世明 曾有美
候補監察委員		李月池	黃仕元
備考	本隸屬南洋英屬總支部，因當地政府之干涉，工作困難，中央乃決議暫予撤消，重新區分為直屬支部。	1935 年 10 月，直屬支部再次辦理執監委員選舉，何葆仁、林大典、陳公甫、周卿昌、王裕輝五人為執監委員；林世明、林先純二人為候補執行委員；沈鴻柏、黃仕元二人監察委員；柳其傑為候補監察委員。〔註 134〕	

注：本表根據以下各書資料另行彙編。

資料來源：

①〈馬六甲直屬支部籌委劉漢屏辭職遞補案〉，1933 年 8 月 2 日，【黨：會議】4.3/101.22。

②〈核定駐南洋英屬馬六甲直屬支部第一屆執監委案〉，1935 年 1 月 8 日，【黨：會議】4.3/173.12。

③〈何選民上五全大會呈〉，1935 年 11 月 12 日，【黨：會議】5.1/18.46。

④中央海外部致中常會呈〉，1940 年 8 月 14 日，【黨：會議】5.3/156.13。

⑤李雲漢：《中國國民黨黨務發展史料：組織工作（上）》，頁 234～235。

⑥李雲漢：《中國國民黨黨務發展史料：組織工作（下）》，頁 75。

　　在如此惡劣的環境之下，馬六甲國民黨的整體黨務運作又如何？

　　如上所述，在 1930 年至 1934 年間，馬六甲各地區的國民黨支、分部在金文泰的鐵腕政策管治下難逃被取締的宿命，黨員幾乎不敢貿然地公開活

〔註 134〕〈何選民上五全大會呈〉，1935 年 11 月 16 日，【黨：會議】5.1/18.46。

動。換言之，所有與國民黨有關的集會、選舉、宣傳、組織訓練等工作被迫
終止，黨務運作在表面上呈現幾近停頓之境，但實際上卻是趁學校、商會、
社團組織等集會之時機，作秘密宣傳與推動，為掩人耳目，袪除殖民政府的
猜忌。〔註135〕

　　以馬六甲國民黨黨員於1930年3月12日舉辦的孫中山逝世五週年紀
念典禮為例，出席者有百餘人，活動場地選在私人會所——桃源俱樂部，而
非公開場所，紀念典禮流程莊重，秩序如：一、全體肅立；二、唱黨歌；三、
向總理像行三鞠躬禮；四、靜默五分鐘；五、主席劉漢屏致紀念詞；六、演
說（林大典、沈鴻柏、何選民等演說）；七、唱黨歌；八、散會。同日下午，
沈鴻柏與何選民等人又在培風學校舉辦的紀念典禮上演說，以孫中山臨終之
遺言及其和平奮鬥救中國之理念來勉勵出席者，應互助作大規模的國貨運
動。〔註136〕

　　與往年相較，這次的孫中山逝世紀念活動規模較為小型，表面上看來是對
孫中山的追思與敬重，但在儀式中不忘穿插為國民黨與國貨政策的宣傳，行事
顯得相當低調且不張揚。因此，陳禎祿才會在1932年10月19日的立法會議
中表示：「大多數的馬來亞華人是衷心支持（金文泰）總督在1930年對國民黨
下達的禁令」〔註137〕。針對這一點，方寶成（Png Poh Seng）認為陳禎祿是站
在海峽華人的立場上發表此言論，〔註138〕但不排除是國民黨黨員為了一線的
生存空間，而不得不作妥協與退讓的結果。

　　當時，大多數的馬六甲國民黨黨員具有多重身分，他們活躍於當地華文學
校、商會、社團組織並在內扮演領導的角色，因此當國民政府面臨危難之際，
這些國民黨黨員會藉由其他相關且擁有合法註冊的社團組織展開援助國民政
府活動，這種情況在當時可說是一種常態。以1931年的「九·一八事變」為例，
海外各黨部在這時期主要的任務即是積極展開抗日宣傳和籌款活動。〔註139〕就
當時馬六甲國民黨的處境而言，公開辦理相關籌募工作是諸多不便的，惟恐遭

〔註135〕參閱〈沈鴻柏駐南洋英屬馬六甲直屬支部報告書〉，1931年11月19日，【黨：
　　　　會議】4.1/18.11。
〔註136〕〈總理逝世五週年紀念日之馬六甲　桃源俱樂部同志　培風學校全體員
　　　　生〉，《南洋商報》第18版，1930年3月17日。
〔註137〕Proceedings of the Legislative Council of the Straits Settlements（1932），B145.
〔註138〕Png Poh Seng, "The Kuomintang in Malaya, 1912～1949", *Journal of Southeast
　　　　Asian History*, Vol. 2（Singapore: National University of Singapore, 1961），p.23.
〔註139〕李雲漢：《中國國民黨黨務發展史料：組織工作（上）》，頁424。

到殖民政府之強制干涉,或節外生枝妨礙籌款工作進程。恰巧,此時中國長江流域各省正逢洪水為災之烈,馬六甲國民黨藉用中華總商會之名義,打起「救濟水災難民」旗號,呼籲當地華人社會共襄救國義舉。〔註140〕換句話說,原本為中國水災籌賑於8月29日成立的「馬六甲華僑籌賑中國慘災會」,在「九‧一八事變」發生後,其所倡辦的籌賑工作,實際上是以抗日救國為真正目的。倘若根據籌賑會中積極活動人士,如:沈鴻柏、何葆仁、林大典、何選民等人之背景、籌賑宣傳策略和方式等進行推測,即可發現此項賑災籌募活動與國民黨黨員有著莫大的關聯,並非是一場純粹「救濟水災難民」之慈善活動。因此,在中華總商會內的大多數親英土生華人,對這項籌賑活動的態度是選擇避而遠之的。

翌年11月30日,馬六甲國民黨又以中華總商會之名義,召集當地各個華人社團代表發起「馬六甲華僑籌賑祖國東北難民委員會」,〔註141〕其模式乃參照1928年山東慘案籌賑會辦理,表面上以慈善名目相互號召,暗地裡卻是宣傳抵制日貨及抗日募捐,熱烈程度不亞於山東慘案籌賑會。此次的籌款所得,其中有五萬元是直接匯交東北抗日英雄馬占山將軍作為軍費,其餘的款項則匯交國民政府,作為抗日費用。〔註142〕

以上為馬六甲市區的情況,而在馬六甲境內各村鎮,如:野新埠、雙溪南眉埠、萬里望埠、瓜勝雙溪巴汝埠、淡邊埠等地區亦分別透過學校、商會、社團等組織,設立籌賑宣傳部、勸捐隊等相關工作單位,四處散發傳單、舉行演講和遊藝會等,極力傳播鼓吹。其時,絕大部分的籌賑會議和活動除辦理募集捐款外,還乘機大力開展提倡國貨,宣傳中國時事形勢、國民黨黨義等事宜。例如:馬六甲籌賑會宣傳部委員,即:何大愚、吳衡父、許金岢、洪鑾柳等人,於10月25日在野新埠的籌賑演講會上,號召僑眾提倡購用國貨及組織大規模之講報紙活動,〔註143〕表面上並無任何「抗日」的宣傳,實際上卻是在開展非公開式的抵制日貨和啟迪民智之行動。又,野新埠中華學

〔註140〕〈沈鴻柏駐南洋英屬馬六甲直屬支部報告書〉,1931年11月19日,【黨:會議】4.1/18.11。

〔註141〕〈馬六甲華僑見義勇為 為籌賑東北難民發表宣言〉,《南洋商報》第6版,1932年12月24日。

〔註142〕沈慕卿口述,沈墨義記錄:〈甲華僑一條心支援中國〉,收錄在金馬士沈慕羽紀念館整理:《沈慕羽資料集(10):日侵時期亞洲受害國(二)》,頁數不可考。

〔註143〕〈萬里望救災會續訊〉,《新國民日報》第17版,1931年11月7日。

校在 11 月 29 日舉行的遊藝籌款會中，設有「全體出席者向國、黨旗暨總理遺像行三鞠躬、恭讀總理遺囑、唱黨歌」的程序，〔註 144〕藉以傳輸國民黨的政治意識形態。這種公開且作風大膽的宣傳方式，與馬六甲中區的作法顯然有所不同，一方面是抗日熱情高漲的表現，另一方面則是意味著這些地區尚未遭到英國殖民政府的嚴厲控制，自由度相對較高。下表 3.2.5 為淡邊、野新、雙溪南眉、萬里望、瓜勝雙溪峇汝等地區的籌備賑災會議議程表：

表 3.2.5　馬六甲各地區（馬六甲中區除外）籌備賑災會議一覽表

日　期	區　埠	發起人	開會地點	主　席	議　　程
9.27	淡邊	-	華僑商會	林秋帆	組織「淡邊華僑籌賑中國慘災會」
9.30			華僑商會	譚澤生	1. 職員一律右臂纏黑紗，日軍撤兵後方得除下 2. 三次無故缺席會議者，將其姓名加「冷血動物」等字眼，貼於通告處以示眾 3. 該埠商店店東，每月須捐銀五角，夥計須捐銀二角 4. 宣傳部舉出三人，每隔三日設攤一次推銷國貨，所得款充作賑捐
9.29	野新	培新、育賢二校董事部	培新學校	吳禮庭	1. 組織「野新屬華僑籌賑中國慘災會」 2. 舉行遊藝會進行助賑救國事宜 3. 宣傳祖國災情，喚起僑胞一致團結 4. 提倡國貨工作
10.1	雙溪南眉	中華學校	中華學校	宋子文、段玉麟、范鏡洲	1. 救濟災難 2. 提倡國貨 3. 儲金救災
10.9	萬里望	-		傅綿虎	1. 組織籌賑救水災會 2. 提倡國貨事宜
10	瓜勝雙溪峇汝	-		林汝泰	成立救災會

注：本表根據以下各項資料另行彙編。

〔註 144〕〈公立中華學校舉行遊藝籌款會——遊藝節目照錄〉，《新國民日報》第 20版，1931 年 12 月 1 日。

資料來源：

① 〈淡邊華僑之救災運動〉，《新國民日報》第 20 版，1931 年 10 月 22 日。

② 〈成立籌賑中國慘災會　各部已分頭進行〉，《新國民日報》第 20 版，1931 年 10 月 16 日。

③ 〈雙溪南眉埠籌賑熱　抽薪救災將實行〉，《新國民日報》第 17 版，1931 年 10 月 26 日。

④ 〈萬里望之救災會　附近諸監光均加入〉，《新國民日報》第 17 版，1931 年 10 月 29 日。

⑤ 〈瓜勝雙溪峇路埠全體僑胞會議紀　努力救災之一斑〉，《新國民日報》第 17 版，1931 年 11 月 11 日。

　　晨鐘勵志社、明星慈善社亦在這段時期扮演著極重要的角色，前者的社員主要是以知識分子為主；後者的社員則是以勞動階級群眾為主。這兩個社團不僅在抗日救國運動中予以極力地支援，同時亦協助處於不便公開活動的馬六甲國民黨推展黨務工作。以晨鐘勵志社為例，隸屬其下的智育股，其負責人沈慕周、匡光照、王慶雍等人，在 1932～1933 年連續開設「晨鐘夜學」及「晨鐘識字班」，為文盲人士、失學者、受英文教育的僑生提供學習華文和華語的機會，〔註 145〕以積極配合國民政府推廣的國語運動。另在 1934 年則響應蔣中正提倡的「新生活運動」，領導當地青年樹立及實踐新生活型態。沈慕羽對晨鐘勵志社推行的「新生活運動」有一段如此深刻地回憶：

> 受知於五四運動領袖何葆仁博士，加入晨鐘勵志社，被選為青年部總務。一起倡導「新生活運動」，鼓吹不抽煙、不打牌、不懶惰、奉公守時運動，同時發揚智、德、體、群、美五育。每逢周末舉行精神晚會，有講演，有表演。星期日清晨 7 時，則舉行嚴肅的升旗禮，激發愛國情操。〔註 146〕

　　由此可見，晨鐘勵志社在培訓青年方面盡了不少力量，有不少晨鐘青年後來成為了馬來（西）亞或馬六甲華人政壇、社會的重要領導人物。此外，晨鐘勵志社還積極配合國民政府展開的「兩年禁毒、六年禁煙」計畫，於 1935 年始在馬六甲華人社會舉行一系列大規模的「拒毒運動」，如：舉辦拒毒運動遊藝會、演講、演劇，並積極廣印海報、漫畫，沿街張貼派送等宣傳工作，

〔註 145〕參閱陳錫社：〈晨鐘風雨六十年〉，收錄於晨鐘夜學：《晨鐘夜學六二回顧特輯》（馬六甲：晨鐘夜學，1995 年），頁 153；廖文輝：《沈慕羽事蹟繫年》（吉隆坡：馬來西亞華校教師會總會，1997 年），頁 25；〈馬六甲晨鐘勵志社義務國語夜學首屆畢業〉，《新國民日報》第 10 版，1933 年 6 月 30 日。

〔註 146〕廖文輝：《沈慕羽事蹟繫年》，頁 26。

以杜絕僑民吸鴉片的惡習。〔註147〕而明星慈善社則在 1932 年增加智育部、
體育部；1933 年填關圖書館；1935 年成立婦女部等，〔註148〕從表面上來看
是擴大組織的發展，事實上亦是在力行國民黨的政治主張。

　　1934 年，從南京返回馬六甲的國民黨領袖沈鴻柏，有感於日本侵略中國
的野心日益明顯，有必要將馬六甲國民黨重整旗鼓，冀以加緊領導當地僑民從
事救國工作。於是，與諸同志計議以「寄廬俱樂部」為所址，積極推進黨務工
作。〔註149〕同年 11 月 22 日，寄廬俱樂部舉行新職員選舉。選舉結果：沈鴻
柏擔任正主席，顏家陶擔任副主席、顏華聞擔任正總務，李引卜擔任副總務、
王篤成擔任會計，吳洲蘋擔任查數，廖佳信擔任文牘，執行委員則有陳其錐、
莊則謙、黃仕元、王長壽、林萬秉、林傳超等人。〔註150〕此次的職員選舉想
必是與推展黨務工作有關，不過在當選的職員中，有者尚未具有國民黨黨員身
分，如林傳超是在 1936 年 7 月才加入國民黨，介紹人為沈鴻柏。〔註151〕

　　寄廬俱樂部創辦於 1918 年，英文名稱為 Straits Club，直譯則為「海峽
俱樂部」，其成立目的是為了提倡體育、美育及其他高尚娛樂，參加者不分領
域、種族，會員數量亦無限制。在創辦初期，該俱樂部曾是各族人士聯誼之
地，後來因時勢變遷而浸淫為華僑公餘憩息之所——僑領聚此談論天下大
事、社會興革；商家集斯商討市情動態。由於馬六甲中國國民黨未獲得在當
地公開活動，故以此處為領導籌賑宣傳抗日之中樞機關。〔註152〕後來，寄廬
俱樂部曾一度被馬六甲市工部局委員陳思宗認為是共產機關，並向英國殖民
政府報告，幸經調查後，證實其指控非屬事實而作罷。〔註153〕1936 年，沈
鴻柏以年事已高為由，主動引退讓賢，〔註154〕而後起之秀的何葆仁則取而代

〔註147〕 〈馬六甲晨鐘勵志社舉行拒毒運動　發出長篇宣言大聲喚醒同僑〉，《南洋商
　　　　　報》第 9 版，1935 年 4 月 29 日；〈甲晨鐘勵志社演劇宣傳拒毒　揭穿日寇毒
　　　　　化我國政策　詳論鴉片為害語重心長〉，《南洋商報》第 14 版，1938 年 6 月 22
　　　　　日；黃浣鄘：〈晨鐘勵志社走過 60 年滄桑〉，《中國報》，1998 年 9 月 26 日。
〔註148〕 馬六甲明星慈善社鑽禧特刊編委：《馬六甲明星慈善社鑽禧特刊》（馬六甲：
　　　　　馬六甲明星慈善社，1998 年），頁 181。
〔註149〕 〈馬六甲直屬支部沿革史〉，《海外黨務通訊》第 1 卷第 5 期，頁 8。
〔註150〕 〈馬六甲寄廬俱樂部選就新職員〉，《星洲日報》第 10 版，1934 年 12 月 3 日。
〔註151〕 〈林傳超〉，【國：軍事委員會委員長侍從室】，典藏號：129-120000-0205。
〔註152〕 〈馬六甲寄廬俱樂部停頓頗久　負責人已籌備復興〉，《南洋商報》第 8 版，
　　　　　1946 年 11 月 30 日。
〔註153〕 〈翰川手稿〉。
〔註154〕 廖文輝：《沈慕羽事蹟繫年》，頁 28。

之，繼續肩負起領導馬六甲國民黨的重任，邁向未來之路。

第三節　抗日戰爭時期（1937～1941）

1937 年 7 月 7 日的盧溝橋事件爆發，馬六甲地區的華人在得知消息後，即積極策動組織抗日團體，同時不遺餘力地參與勸募、宣傳等各項救國工作，這種與中國同仇敵愾之心處處可見，成了國民政府在抗日鬥爭中的強大後盾。雖然整體的成效並不如新加坡、雪蘭莪、檳城、霹靂、柔佛等地區，但卻掀起了一場前所未有的抗日運動高潮，當地的華人民族意識更是達到白熱化程度，為馬六甲華人歷史寫下精彩的一頁。然而，掌有領導馬六甲華人社會權力的國民黨組織在這段抗日時期的表現又如何？又能否突破英國殖民政府先前對國民黨的封鎖線，大大方方地扛著「青天白日」大旗邁向抗敵救亡運動的怒潮？抑或只是暗中給予支援，不敢大張旗鼓？

細查 1938 年至 1941 年間的《總匯新報》，共出現三則以「馬六甲國民黨」、「國民黨旅馬六甲」和「甲坡國民黨」等字眼為新聞標題的相關報導，如：〈馬六甲國民黨電賀蔣委長榮任民黨總裁〉〔註155〕、〈甲坡國民黨同志歡宴吳部長盛況〉〔註156〕、〈國民黨旅馬六甲全體同志痛斥敵奸謬論〉〔註157〕；《星洲日報》則在 1941 年出現一則以〈國民黨旅馬六甲全體同志 以真憑實據痛斥敵奸謬論〉〔註158〕為題的言論。依此現象初步推斷，馬六甲國民黨一改往常低調的作風，如此公開地表明其態度，正顯示著此時應該是英國殖民政府對國民黨最為寬鬆開明的時期。換言之，馬六甲中國國民黨在這段時期理應活躍而蓬勃地發展，但就其實際情況而言，卻是事與願違，仍受到當地法律限制。

如所周知，大批與新、馬地區抗日相關的史料早已在淪陷時期遺失甚至燒毀，馬六甲的情況亦不例外。為了深入瞭解國民黨黨務在這段時期的發展，

〔註155〕　〈馬六甲國民黨電賀蔣委長榮任民黨總裁〉，《總匯新報》第 2 張第 3 版，1938 年 4 月 11 日。

〔註156〕　〈甲坡國民黨同志歡宴吳部長盛況〉，《總匯報》第 3 張第 1 版，1940 年 12 月 2 日。

〔註157〕　〈國民黨旅馬六甲全體同志 痛斥敵奸謬論〉，《總匯報》（晚版）第 3 版，1941 年 6 月 25 日。

〔註158〕　〈國民黨旅馬六甲全體同志 以真憑實據痛斥敵奸謬論〉，《星洲日報》第 9 版，1941 年 6 月 25 日。

特從國民黨《中央黨務公報》汲取相關史料。此公報顯示：一、馬六甲黨部幾乎處在停頓狀態，以致中央歷次訓示及工作計畫，處在無人負責推進的情況；二、馬六甲各黨員努力於籌賑工作，因之被殖民政府嚴加監視；三、無法實現黨員總報到及徵求新黨員兩項工作的預期目標。〔註 159〕綜合以上三點得知，馬六甲國民黨在抗日初期的表現可謂是極為消沉，整體的發展趨於緩慢，誠如楊進發所言「國民黨僅能做個民族主義運動中的配角」〔註 160〕，而這種現象與殖民政府的控制脫離不了關係。誠如馬六甲國民黨黨員劉漢屏在 1940 年接待中國國民黨中央海外部部長吳鐵城歡迎宴會上表示：

> ……本黨的黨務，因本黨不能在此間公開活動，故愧無成績可以向部長報告，不過此間同志多能參加社會上慈善事業工作，服務國家社會應盡之責任……。〔註 161〕

從劉漢屏的報告得知，馬六甲中國國民黨直至 1940 年吳鐵城到來前，仍遵循著過往一貫的低調作風，黨員多是以私人名義參加各個社團工作，藉由慈善名義踐行著黨組織的理念與政策。不過，國民黨黨員在抗日方面之立場反倒是鮮明的，極大多數黨員公然地以標榜著「無黨無派」的籌賑會為中心，領導著當地僑民全力配合國民政府與黨中央的抗戰計畫，這可從零星的文獻史料中得知一二。故本章節將這段時期國民黨組織的探討延伸至黨員在抗日救國運動之表現與情況。

一、馬六甲籌賑會與國民黨

在中國抗戰剛剛爆發時，馬六甲五十五個華僑團體代表暨僑眾約百餘人於 1937 年 8 月 10 日在中華總商會召開的僑民大會上通過成立「馬六甲華僑籌賑祖國難民委員會」（簡稱：「馬六甲籌賑會」），當即擬定籌賑會章程，及推舉職員負責進行籌募事宜。會中推舉出的職員：正主席曾江水，副主席何葆仁、

〔註 159〕 〈派員調查南洋英屬馬六甲及北婆羅洲兩直屬支部黨務現狀〉，《中央黨務公報》第 1 卷第 15 期，1939 年 10 月 21 日；〈督促駐英屬馬六甲直屬支部辦理黨員總報到及徵求新黨員〉，《中央黨務公報》第 2 卷第 9 期，1940 年 3 月 2 日；陳鵬仁主編，劉維開編輯：《中國國民黨黨務發展史料：海外黨務工作》（臺北市：近代中國，1998 年），頁 150～151、155、156～159、295。
〔註 160〕 楊進發：《新馬華族領導層的探索》（新加坡：新加坡青年書局，2007 年），頁 151。
〔註 161〕 〈甲坡國民黨同志歡宴吳部長盛況〉，《總匯報》第 3 張第 1 版，1940 年 12 月 2 日。

曾有美；總務部正主任劉漢屏，副主任周卿昌；財政部主任王德義〔註162〕；宣傳部主任林大典，副主任李君俠〔註163〕；文書部主任柳其傑，副主任鍾醇生；會計員主任陳公甫，部員吳泗煜（煌）、陳可補、王篤成、黃祖成；募捐部主任吳志淵，部員鄧少典、陳實甫、黃仕元、鄧敬修、楊發尊、顏華開、尤心泉、謝林光；審查部主任陳文潭〔註164〕，部員黃栢春。〔註165〕辦事處設立在存懷林俱樂部。〔註166〕值得一提的是，馬六甲籌賑會的成立時間較「新加坡華僑籌賑祖國傷兵難民大會」來得早，〔註167〕在新、馬地區或多或少產生

〔註162〕 王德義，福建晉江人。青年時期在廈門港經商，後因清政不綱，憤慨參加革命活動。1916年南渡馬來亞，僑居在馬六甲，創辦德義號，以信用著於甲埠。王氏篤信三民主義，曾任中國國民黨駐馬六甲直屬支部監察委員、福建省政府咨議、歷任馬六甲中華總商會董事、明星慈善社主席、公立華校校董、晉江會館主席等職。濟南慘案發生、「九・一八」事變，王氏抱持出錢為國民天職的觀念，呼號於馬六甲華人社會；「七・七」事變，擔任馬六甲籌賑祖國難民委員會財政，與當時僑領奔走盡瘁於籌賑事業。日軍南侵，王氏致力於援英抗日工作。馬六甲淪陷後，王氏一度逃亡至新加坡避難。當新加坡失陷後，他又潛回馬六甲，最終遭到奸徒檢舉而被日軍逮捕，壯烈犧牲。參閱明星慈善社追悼殉難職員社友大會哀思錄編委會：《馬六甲明星慈善社殉難社員哀思錄》（馬六甲：明星慈善社，1949年），頁41。

〔註163〕 李君俠，福建永春人。畢業於廈門集美中學、十九路軍政訓練班。曾任十九路軍中尉政訓員、永春第二區教育會常務主席、《星洲日報》及《總匯報》駐甲記者、南僑籌賑總會執委、馬六甲華僑籌賑會宣傳部主任、晨鐘勵志社青年部部長、《馬華日報》特約通訊員，以及公立培才學校教師。參閱〈甲華賑會推動反侵略運動　決實行國民外交選出李君俠參加回國慰勞團　贊助南僑總會設救傷製藥廠〉，《南洋商報》第50版，1940年1月1日。

〔註164〕 陳文潭，字廼龍，福建永春人。19歲時得舅父賞緣，擔任廈門振春、廣春兩洋行庶務；21歲南渡僑居馬六甲，初期擔任磁販，後創設亞沙漢協和商店，時值膠市活躍，復利用時機投資膠園。民國初期，曾加入國民黨，後又歷任中國國民黨馬六甲直屬支部第五分部執委。「五・三」慘案、「七・七」抗戰，在所有馬六甲華僑救災籌賑會中，均擔任要職。參閱《馬六甲明星慈善社殉難社員哀思錄》，頁45。

〔註165〕 〈馬六甲中華總商會決定開僑民大會　積極進行籌賑華北傷兵難民〉，《總匯新報》第2張第3版，1937年8月8日；〈馬六甲華僑昨開僑民大會　組織華僑籌賑祖國難民委員會　公舉曾江水何葆仁為正副主席〉，《總匯新報》第2張第4版，1937年8月13日。

〔註166〕 〈華僑籌賑祖國難民開常務委員會〉，《總匯新報》第3張第3版，1937年8月23日。

〔註167〕 新加坡中華總商會原訂於7月24日舉行118社團大會，發起援助中國運動，但因英國殖民政府的阻止而宣告流產，直到「八・一三」滬戰發生後的第二天（8月15日），新加坡華僑方成立「新加坡籌賑祖國傷兵難民大會」。參閱自李恩涵：《東南亞華人史》，頁479～480。

了帶頭作用和影響。

　　馬六甲籌賑會是當地愛國僑領自發的組織，雖非中國國民黨所策劃，但從全體職員的背景來看，擔任要職者仍多為國民黨黨員。一如往常的，鮮少活躍於社會團體的曾江水依舊被推舉為正主席，但僅屬掛名形式；背後真正掌握實權的領導者，則是位居副主席位置的國民黨領袖何葆仁。據瞭解，曾江水是馬六甲當地最富有的華人，其與當時國民黨領袖沈鴻柏、何葆仁有親戚關係：與沈鴻柏是姻親關係〔註 168〕，與何葆仁則是岳婿關係，因此凡須公開且具濃厚國民黨色彩的活動或組織，曾江水必定被推舉為正主席，但最主要目的還是藉以其在馬六甲的崇高社會地位、無黨派的海峽華人兼慈善家形象來安撫英國殖民政府之戒心與疑慮，而這種現象幾乎已經達到了「約定俗成」的程度。

　　馬六甲籌賑會在成立初期，一度引起英國殖民政府的關注。後來，何葆仁向馬六甲華民政務司（官）麥克伯解釋籌賑會成立之緣由，同時附帶承諾三項條件：一、所有的款項由一機構統一收匯；二、匯交中國時，須由指定機關接收且證實為慈善之用；三、不得強制捐款。〔註 169〕經過何葆仁再三保證所有的籌款活動將嚴守當地法律，並非作為軍用與抵制行動之目的後，馬六甲地區的籌賑活動方得以全面且順利展開。對馬六甲籌賑會而言，獲得殖民政府的信任有助於籌賑工作的推動，因此馬六甲籌賑會與殖民政府時刻維繫緊密且良善的溝通互動。舉例而言，馬六甲在 1940 年曾有某閩劇班假藉籌賑名義在當地演劇籌款，馬六甲籌賑會即刻主動向華民政務司（官）報告存案，並請示辦理辦法，〔註 170〕希冀消除英國殖民政府的疑心。

　　馬六甲籌賑會從 1937 年 8 月至馬六甲淪陷前的發展大致可分為兩個階段：第一階段是 1937 年 8 月至 1938 年 10 月年間；第二階段則是 1938 年 10 月至淪陷以前。前階段的籌賑工作是馬六甲籌賑會自行規劃與辦理，先後在各鄉鎮設有十個分會，以及六個特別區，並在甲市分為十六區進行徵收月捐。〔註 171〕

〔註 168〕　兄長沈鴻恩迎娶曾江水姊姊曾菊娘。

〔註 169〕　〈華僑籌賑祖國難民開常務委員會〉，《總匯新報》第 3 張第 3 版，1937 年 8 月 23 日。這則新聞內容部分的文字模糊不清，惟有簡述其主要的內容。

〔註 170〕　〈甲華籌賑會決面請　陳主席嘉庚出巡全馬〉，《南洋商報》第 10 版，1940 年 12 月 15 日。

〔註 171〕　〈甲華籌賑會呈吳專使　三年來籌賑報告書全文〉，《總匯報》第 2 張第 3 版，1940 年 12 月 1 日。

當時，國民政府正面臨著龐大戰爭開支的問題，國民黨中央委員兼海外部副部長蕭吉珊、僑務委員張永福等人為了緩解財政經費和軍費的支出而前來勸募公債，〔註172〕因此，國民黨在這段時期主要集中在推動當地僑民盡力捐輸款項及認購自由公債。

　　根據「南洋華僑籌賑祖國難民總會」（以下簡稱：「南僑總會」）在 1938 年 10 月間統計，馬六甲籌得的義捐款項達國幣 808,641.51 元，公債則有國幣 512,270 元，籌獲款項成績名列全馬十二區的第三。〔註173〕第二階段則加入 1938 年 10 月在新加坡成立的「南僑總會」。在這段時期裡，馬六甲籌賑會較前一階段更為積極地響應國民政府的抗戰建國實施，如：擴大徵求常月捐、救濟戰區難童、推行國民精神總動員、實行節約助賑運動、保送機工回國服務、捐獻卡車、勸募寒衣運動、防止漢奸工作、展開國民外交運動、舉派回國慰勞團代表、徵求傷兵之友、接待武漢合唱團及新中國劇團、舉行通俗演講與排演話劇歌詠，以及舉辦各項重要紀念日（如：「一・二八」、「七・七」、「八・一三」、「九・一八」等）等宣傳工作。〔註174〕這些活動大多在國民黨黨員領導的社團、學校、會館、慈善工商各界之配合下推展。直到 1940 年，在馬六甲地區所籌獲的各項賑款高達國幣 6,324,000 元，相關賑款項目金額詳見下表 3.3.1：

表 3.3.1　1937～1940 年馬六甲華僑籌賑祖國難民委員會各項賑款統計

序	項　目	金額（元；國幣）
1	籌賑會匯款	4,500,000
2	自匯	240,000
3	寒衣	210,000
4	雨具	20,000
5	救傷車	40,000
6	救濟難童	11,000

〔註172〕〈廣東會館籌委會歡迎蕭吉珊　當場認購自由公債甚為熱烈〉，《總匯新報》，第 3 張第 4 版，1937 年 11 月 24 日。

〔註173〕孫承譯：《日本對南洋華僑調查資料選編（1925～1945）》第 2 輯（廣州：廣東高等教育出版社，2011 年），頁 416；〈甲華籌賑會總務吳志淵　報告賑務概況〉，《南洋商報》第 28 版，1940 年 12 月 2 日。

〔註174〕〈甲華籌賑會呈吳專使　三年來籌賑報告書全文〉，《總匯報》第 2 張第 3 版，1940 年 12 月 1 日。

7	資送機工回國	50,000
8	運輸卡車	210,000
9	傷兵之友	43,000
10	新中國戲劇義演	1,000,000
	合計	6,324,000

資料來源：整理自〈甲華籌賑會總務吳志淵報告賑務概況在歡迎吳專使大會中〉，《南洋商報》第28版，1940年12月2日。

　　當時，除了「南僑總會」外，新、馬地區還出現一些打著「抗日民族統一陣線」的口號，實係由共產黨操縱下的外圍抗日組織，如：「馬來亞華僑各界抗敵後援會」〔註175〕（簡稱：「抗援會」）、「中華民族解放先鋒隊南洋總部隊」〔註176〕（簡稱：「民先隊」）等。由於這些組織未經註冊，在新、馬地區屬非法，對抗日救亡運動的態度較為「激進」，主要是以宣傳、籌賑、除奸、抵制日貨等為目標。在國共合作抗日的大前提下，一批新加坡熱血且激進的國民黨黨員，如：林謀盛、莊惠泉、林慶年、胡少炎、王吉士、侯西反等人，以抗日救國大局為重，擱置對共產黨的一切分歧與偏見，紛紛採取積極支援的態度。〔註177〕以林謀盛為例，每月資助經費數千元予「民先隊」領導人林彬華及「勞工鋤奸團」領導人蘇木成。〔註178〕儘管如此，對中日

〔註175〕「抗援會」是響應中國共產黨關於建立抗日民族統一戰線的號召，在當地革命組織（馬共）領導下成立的半公開組織。該組織的領導者有戴英浪、王炎之，粘文華、蘇棠影、辜俊英等馬共幹部。參閱陳青山：〈馬來亞「抗援會」與華僑抗日運動——紀念盧溝橋事變50週年〉，收錄於新馬僑友會編：《馬來亞人民抗日鬥爭史料選輯》（香港：香港見證出版有限公司，1996年再版），頁321～324。

〔註176〕楊進發的研究指出，「民先隊」係由國民黨派組成的；李恩涵則認為「民先隊」與國民黨有關係，不過就新、馬華僑的記錄得知，「民先隊」是在1937年「九·一八事件」六週年紀念日時，根據中共的指導成立，其遵照中國「民先」的章程、隊歌、隊徽和中共提出的「抗日救國十大綱領」進行活動。參閱楊進發：《戰前星華社會結構與領導層初探》（新加坡：新加坡南洋學會，1977年），頁136；李恩涵：《東南亞華人史》，頁495；英群：〈「民先」的二、三事〉，收錄於新馬僑友會編：《馬來亞人民抗日鬥爭史料選輯》，頁398。

〔註177〕Stephen Leong, "The Kuomintang-Communist United Front in Malaya during the National Salvation Period, 1937～1941", *Journal of Southeast Asian Studies*, Vol. VIII. No.1 （Singapore: National University of Singapore, 1977），p.35.

〔註178〕莊惠泉：〈我與林謀盛共同獻身於作戰〉，收錄於許雲樵原主編、蔡史君編修：《新馬華人抗日史料（1937～1945）》（新加坡：文史出版私人有限公司，1984年），頁21。

事件保持中立立場的英國殖民政府而言，這種高調的舉動仍是不被允許的。1939 年 12 月 28 日，侯西反遭英國殖民政府以協助「抗援會」、「民先隊」二非法團體，以及涉反英宣傳罪名，限令 1940 年 1 月 1 日前出境並不得重返。〔註 179〕因此，「保守派」的國民黨黨員在當時多半不願冒著被驅逐出境的風險參與其中，寧可選擇被英國殖民政府認可的「南僑總會」作為統籌指揮抗日的最高領導機構。

「南僑總會」是無黨派人士陳嘉庚負責領導，〔註 180〕但卻是在國民政府行政院院長孔祥熙的指導下成立，〔註 181〕涉及其中的國民黨黨員不計其數。在馬六甲方面，則有何葆仁被推舉為該總會的常務委員。〔註 182〕針對黨員參加南僑總會一事，國民黨海外部曾在 1939 年〈五屆六中全會中央海外部工作報告書〉中有如此地表示：「南洋籌賑總會之各屬代表，同志當選，已知者有百分之四十七，但此為同志個人之行動，與黨部無關」〔註 183〕。此聲明說明了南僑總會是一個獨立組織，加入其中的成員基於個人意願，不具任何政治意涵。不過，可觀的黨員人數，使國民黨在其中具有一定程度的影響力，加上多半的支援工作是根據國民政府之指示所推展，為此很容易將南僑總會、國民政府和國民黨三者之間的關係緊扣在一起，政治意識滲透其中亦在所難免。

〔註 179〕　〈馬來亞（馬來西亞）華僑侯西反莊明理被迫出境〉，【國：外交部】，典藏號：020-010607-0026。

〔註 180〕　陳嘉庚在 1940 年啟程回國慰勞視察前，曾向華民政務司（官）佐頓氏聲言自己曾於 1910 年參加同盟會，此後不再加入任何政黨。參閱楊進發著、李發沈譯：《陳嘉庚——華僑傳奇人物》（Teaneck：八方文化企業公司，1990 年），頁 265。

〔註 181〕　南僑總會秘書李鐵民曾針對南僑總會的組織系統作出如此說明：「上面是遙受中國國民黨政府行政院的領導，下面則有南洋各地華僑籌賑會的支持」。李氏所指的「領導」，實為「指導」。參閱自李鐵民：〈南僑籌賑工作概況〉，收錄於《南洋華僑籌賑祖國難民總會「大戰與南僑」編纂委員會編》：《大戰與南僑》（馬來西亞：紀念日據時期殉難同胞工委會，2007 年），頁 47；許良雄譯：〈國民黨及政府在七七事變中的華僑工作〉，收錄於楊建成主編：《南洋華僑抗日救國運動始末（1937～1942）》（臺北：中華學術院南洋研究所，1983 年），頁 13。

〔註 182〕　〈南洋華僑籌賑祖國難民總會第一屆職員名表〉，收錄於許雲樵原主編、蔡史君編修：《新馬華人抗日史料（1937～1945）》，頁 44。

〔註 183〕　陳鵬仁主編、劉維開編輯：《中國國民黨黨務發展史料：海外黨務工作》，頁 146。

圖 3.3.1　第一屆南僑總會會議會場情景

第一屆南僑總會在新加坡華僑中學舉行。學校高樓正中掛著蔣中正半身像（左圖
〔註 184〕）；會場大廳中央掛著孫中山的半身像，兩旁則掛著國民黨黨旗與國旗
（右圖〔註 185〕）。

　　隸屬於「南僑總會」之下的馬六甲籌賑會，其主控權原本就是由當地國
民黨領袖所擁有，因此在整個抗日建國工作中表現出的政治立場與傾向更為
明顯。當時，在檯面上打著「抗戰救國」旗幟的活動，有部份實際上已摻雜
了維護國民黨和三民主義正統地位之意圖。如：1939 年實施的國民精神總動
員運動，在新、馬地區不同程度地推展開來。雖說是集中國民的意志與力量
作為抗戰支柱，但事實上卻以國民黨的中心思想作為國民的精神改造。

　　在活動推展初期，馬六甲籌賑會為了使國民精神總動員運動普遍順利推
行，故特就「國民公約」、「僑民公約」、「宣誓詞」中提到的三民主義，以及
其他含有政治意味的條文作酌量修改，不過在制訂國民月會〔註 186〕上的口
號，卻展現出其隱性的政治企圖。其口號內容：一、國家至上，民族至上；
二、軍事第一，勝利第一；三、意志集中，力量集中；四、革除舊染，創新
精神；五、擁護蔣委員長；六、擁護國民政府；七、中華民國萬歲。〔註 187〕
從整體上來看，這種為抗戰而動員國民精神的積極作法，當中夾雜不少「鞏
固政權，限制異己（防共、漢奸）」的因素在其中。直到 1941 年，馬六甲籌
賑會的政治色彩日漸鮮明。關於這一點，可以清楚地從《總匯報》報導何葆

〔註 184〕照片擷取自畢觀華、林源福、王麗萍等編：《昭南時代：新加坡淪陷三年零八
　　　　　個月展覽圖集》（新加坡：新加坡國家檔案館，2006 年），頁 41。
〔註 185〕照片擷取自郭仁德著：《馬新抗日史料：神秘萊特》（雪蘭莪：彩虹出版社，
　　　　　1999 年），頁 103。
〔註 186〕馬六甲籌賑會在第 15 次常委會議上議決，各社團、學校、各機關、籌賑分會
　　　　　等須於每月一日或月初首星期一舉行月會一次，履行精神總動員綱領。
〔註 187〕〈甲華籌賑會通告實施精神總動員　應於每月首星期一舉行一次〉，《總匯新
　　　　　報》第 3 張第 2 版，1939 年 9 月 5 日。

仁、鄧少典在 1941 年 7 月精神總動員二週年紀念大會上的致詞得知：

> 主席（筆者按：何葆仁）致詞，闡述為何要舉行精神總動員意義有
> 三點：一、暴寇一日未驅逐出境，即僑胞支持抗戰責任未能卸卻；
> 二、三民主義新中國尚未建立，民族尚未復興，則僑胞扶助建國之
> 責任一日未了；三、漢奸尚未打倒，即僑胞對於除奸之責任尚未能
> 半途放棄。因此吾人必須萬眾一心，認定精神總動員三個目標：「國
> 家至上，民族之上」、「軍事第一、勝利第一」、「意志集中，力量集
> 中」，確立「忠孝」、「仁愛」、「信義」、「和平」之救國道德，實施精
> 神總動員之綱領：一、改進醉生夢死的生活；二、養成奮發的朝氣；
> 三、革除苟且偷安的習慣；四、打破自私自利的企圖；五、糾正紛
> 歧雜錯的思想，以達到最後目的，完成建設三民主義的國家……。
> 繼由鄧少典用粵語演講勉勵國人必須遵守：一、不違背國民革命最
> 高原則之三民主義；二、不鼓吹超越民旅（筆者按：族）之理想，
> 與損害國家絕對性之言論；三、不破壞軍政命令及行政系統之統一；
> 四、不利用抗戰形勢以達到國民民族利益以外之任何企圖，能如是
> 則未來三民主義之新國家，將可實現，而青天白日之旗幟，亦將永
> 遠飄蕩於全世界……。〔註188〕

何葆仁與鄧少典在紀念會上明確地提出擁護三民主義的堅定立場，反對暴寇
日軍及異端漢奸，並藉由「完成建設三民主義的國家」與「青天白日飄蕩於全
世界」之說來表達對國民黨的政治期許。另外，何、鄧二人在「國共合作時期」
特意突顯三民主義、青天白日的地位，似乎也有防止共產思想蔓衍、堅定國民
黨員信心的意味。

　　1941 年「中條山戰役」（日本稱為「中原會戰」）之時，傳言八路軍「遊
而不擊」、「棄蔣擁汪」，馬六甲國民黨在得知消息後，即於同年五月以「馬六
甲華僑籌賑祖國難民大會委員會」的名義，聯同當地四十五個華僑團體致電八
路軍〔註189〕，促請八路軍服從中央命令，團結抗戰。該電文原文如下：

> 重慶《新華日報》周恩來先生轉第十八集團軍毛澤東先生、朱德將
> 軍暨各將領鈞鑒，晉南戲戰，關係重大，務希以國族為重，服從中

〔註188〕　〈甲華精神總動員二週年紀念大會〉，《總匯報》第 3 張第 2 版，1941 年 7 月
　　　　　9 日。

〔註189〕　中共的「八路軍」因國共的合作而在 1937 年 9 月改為「國民革命軍第十八
　　　　　集團軍」。為求行文統一，本文一律稱其為「八路軍」。

央命令，共赴國難，團結一致，抗戰到底，爭取最後勝利與民族自

由……。〔註190〕

在這封電文中，馬六甲籌賑會直接點名中國共產黨代表周恩來將電文信息轉

達時任中國共產黨秘書長毛澤東和八路軍總副司令朱德，仿佛有施加壓力於

中國共產黨與八路軍的意味。在發電文之前，馬六甲籌賑會以南僑總會為海外

籌賑最高機關，故曾函請南僑總會主席陳嘉庚負起領導的責任，以「南僑總會」

名義策動各地籌賑會致電呼籲八路軍服從中央命令，〔註191〕但陳嘉庚既不為

實行發動，亦未將此事披露以徵詢各籌賑會之意見，僅在回函中表示：「第十

八集團已出擊敵人，中條山戰局已好轉，發電之事，似可從緩」，以為延宕推

諉；又一函謂：「自月前吳專使南來破壞團結，劃分幫派，復繼之以新四軍事

件，由是平地波瀾，變端輒起，當時有黨派者對新四軍事件，屢促本總會致電

中央，嚴加處置」，〔註192〕信件內容似乎在映射吳鐵城的到來分化了各個籌賑

會的團結，並暗示著馬六甲籌賑會的內部係由國民黨勢力所操縱。當時，馬六

甲籌賑會對外仍然保持著「無黨派」的姿態與立場，其原因除了受限於當地的

法律外，更重要的是要爭取更多無黨無派人士的支持，尤其是海峽華人。

　　陳嘉庚的第二則覆函可謂是直中馬六甲籌賑會的要害，因此該會再致函

南僑總會力爭及申辯：「甲華籌賑會，以其本身為社團遵循全僑公意所共同

設立，實非任何黨派之所包辦，其一切措施，洵以國家民族為立場，並無個

人之成見與夫某黨某派之利益存乎其間」〔註193〕。由於南僑總會遲遲未接

納馬六甲籌賑會的建議，同年6月，馬六甲籌賑會唯有擅自發函給雪蘭莪籌

賑會，希望該籌賑會能單獨或聯合當地各社團電促十八集團軍服從中央命

令，一致團結抗戰。〔註194〕從「電請八路軍服從中央命令」一事來看，馬

六甲籌賑會領導人與南僑總會領導人陳嘉庚的看法已經存有明顯分歧，馬六

〔註190〕〈馬六甲僑團聯名致電第十八集團軍促請團結一致抗戰到底〉，《南洋商報》
　　　　第14版，1941年5月28日。

〔註191〕〈甲華籌賑會緊急會議　決電十八集團軍〉，《總匯報》第3張第1版，1941
　　　　年5月26日。

〔註192〕〈甲華籌賑會函請雪華賑會　通電第十八集團軍〉，《總匯報》第3張第1版，
　　　　1941年6月25日。

〔註193〕〈甲華籌賑會函請雪華賑會　通電第十八集團軍〉，《總匯報》第3張第1版，
　　　　1941年6月25日。

〔註194〕〈甲華籌賑會函雪賑會　電促十八集團軍抗戰〉，《星洲日報》第15版，1941
　　　　年6月25日。

甲籌賑會領導人如此緊張與在意八路軍在中條山戰役的表現，其原因可能是：一、八路軍雖改編為國民革命軍，但仍是中國共產黨直接領導的部隊；二、國民黨與共產黨雖有兩次的合作，但彼此之間存有摩擦與矛盾，無法建立穩定的信任關係。

　　馬六甲籌賑會在 1941 年後開始一改過去的低調作風，在媒體上頻頻發表立場，這種敢於公開表態的現象，推測是與時任海外部部長吳鐵城在 1940 年到訪新加坡與馬來亞視察黨務，以及英國殖民政府採取「隻眼開，隻眼閉」（close one eye）之容忍政策有關。

　　關於英國殖民政府對新、馬國民黨採「隻眼開，隻眼閉」的曖昧態度，吳鐵城於 1941 年 2 月致國民政府外交部部長王寵惠信函中有一段說明：

> 關於本黨在馬來亞公開活動問題，弟未赴南洋前曾在渝與英大使暨先生談數次，及到馬來亞又曾與總督及華民政務司談商。據稱，因英國與各國有最惠國條約關係，如承認某一國政黨在馬來亞有法律地位，則引起他國援例要求，雖不必實有其事，但不可不防（察其內心實因馬來亞土人尚無政黨組織，深恐援例要求難以應付，而華僑人數又佔當地人口之半，如許政治活動，實足以影響其統治政策），故擬對本黨取「隻眼開，隻眼閉」政策，以為友好合作之表示。〔註 195〕

從吳鐵城的信函中可得知，英國殖民政府對新、馬國民黨的態度開始軟化，不再如金文泰當政時期般強硬，妨阻國民黨在新、馬的實際公開活動。當然，這也與當地國民黨黨員多年來以私人身分，有意識地致力與英國殖民政府建立融洽關係有關。至於吳鐵城南巡新、馬慰問華僑之行，是否為馬六甲國民黨黨員注入一股強大的精神力量，從而讓他們更加堅定地擁護與支持國民政府？

　　在吳鐵城赴新、馬之前，海外部曾在同年 3 月委派黃天爵前往指導黨務工作，〔註 196〕不過其成效並不如預期。有關吳鐵城前來新、馬等地區宣慰僑胞

〔註 195〕〈我派員赴馬來亞（馬來西亞）指導黨務〉，【國：外交部】，典藏號：020-010699-0003。

〔註 196〕《總匯報》是採取「黃天爵前來視察僑務」作為報導立場，但根據海外部的說法，黃天爵當時是被派遣前往視察督導黨務的。由於環境與情勢的不便，當時報章報導往往會特就較為敏感內容作以調整，因此本文採取海外部的說法作為依據。參閱〈黃天爵在甲漳洲會館歡迎會中發揚祖國文化〉，《總匯報》第 3 張第 2 版，1940 年 3 月 28 日；中國國民黨中央委員會第三組編：《中國國民黨在海外（上篇）》（臺北市：中國國民黨中央委員會第三組，1961 年），頁 193。

之事，楊進發、陳是呈、洪永宏等人〔註197〕已有詳細研究成果，此處不擬再贅述。但須強調的是，吳鐵城的馬六甲之行確實給予當地國民黨領袖及黨員莫大鼓舞，讓原本死氣沉沉的國民黨黨部再次展現活力。當時，吳鐵城曾在當地國民黨黨員舉辦的歡宴上致訓詞時表示：

> 惟海外黨務，因環境關係，未能如期發展，這是無可否認的事實，
> 不過，海外同志，我們現在不必用國民黨的名義來活動，我們儘可
> 用私人的名義，參加進各社團工作，為國家社會服務。諸位同志，
> 我們要知道，本黨的宗旨，是以改造社會及救國為任務，與其他政
> 黨專為一黨政策努力不同。諸位同志，我們不但要參加救亡工作，
> 我們還要幫助僑胞，促進海外事業，使海外事業能臻發達。至於發
> 展海外黨務方針，則為：一、一元化，我們惟有一個領袖——總裁，
> 總裁是承繼總理遺志，領導同志奮鬥者，我們惟有一個主義——三
> 民主義，我們惟有一個政府——國民政府；二、我們要發展黨務，
> 同時要發展海外事業，不要因黨務而放棄事業，這兩點是經過我們
> 的總裁批准的，請各位注意。最後，希望各同志，今後集中力量，
> 對宣傳及組織兩項工作努力云……。〔註198〕

吳鐵城對馬六甲國民黨黨員的這番勉勵有強化國民黨中心勢力之意味，全文完整登載在 1940 年 12 月 1 日發刊的《南洋商報》，但新聞標題及內容並沒有出現「國民黨」字眼，僅以「同志」與「黨員」字眼代替，推測在這篇報導中的「國民黨」字眼遭到新加坡檢察員刻意刪扣。〔註199〕儘管如此，吳鐵城的一番言論，或多或少激起了馬六甲國民黨黨員的回響與凝聚，這一點可從他們在這之後的表現得到佐證。其中如在 1941 年 6 月，馬六甲國民黨鑒

〔註197〕參閱楊進發著、李發沉譯：《陳嘉庚——華僑傳奇人物》，頁 299～300；陳是呈：〈吳鐵城的南洋之行（1940～1941）：以在馬來亞的活動為討論中心〉，收錄於陳鴻瑜主編：《吳鐵城與近代中國》（臺北：華僑協會總會，2012 年 12月），頁 89～118；洪永宏編撰、陳共存口授：《陳嘉庚新傳》（新加坡：陳嘉庚國際學會、八方文化企業公司，2003 年），頁 203～208。

〔註198〕〈旅甲同志餐會〉，《南洋商報》第 11 版，1940 年 12 月 1 日。

〔註199〕〈中國國民黨中央執行委員會秘書處密函〉之「特字第 3654 號」（1941 年 9月 17 日）載：「新加坡華文報紙有兩次新聞中載『國民黨黨員』字樣，皆被當地檢察員刪扣……」。由此可見，「國民黨」字樣在當時還不被允許在報章上公開出現。參閱〈我派員赴馬來亞（馬來西亞）指導黨務〉，【國：外交部】，典藏號：020-010699-0003。

於新加坡敵奸謬論之公然猖獗，故特以「國民黨旅馬六甲」名義發表告南洋僑胞書，嚴詞闢斥曲解「孫中山遺教、蔣中正訓示，以及抗戰建國綱領」的汪派漢奸，並呼籲全體同胞要一心一德，在一個主義、一個領袖、一個政府的領導之下，團結抗戰。〔註200〕

表3.3.2　中國國民黨中央海外部部長吳鐵城在1940年宣慰馬來亞華僑　行程表

日　期	地　點
1940.11.27	上午從新加坡往柔佛新山，下午抵達柔佛峇株巴轄
1940.11.28	上午往柔佛居鑾，下午往柔佛麻坡
1940.11.29	上午往柔佛昔加末，下午返回柔佛麻坡
1940.11.30	離開柔佛，中午抵達馬六甲
1940.12.01	馬六甲
1940.12.02	離開馬六甲，下午抵達森美蘭芙蓉，再往吉隆坡
1940.12.03～1940.12.05	吉隆坡
1940.12.06～1940.12.08	下午抵達霹靂怡保
1940.12.09	離開霹靂怡保，前往彭亨金馬崙
1940.12.10～1940.12.16	彭亨金馬崙
1940.12.17	離開彭亨金馬崙，返回霹靂怡保
1940.12.18	前往霹靂太平，繼往檳城

資料來源：〈吳專使訂廿七日前往新山等處行程表已排定〉，《南洋商報》第31版，1940
　　　　　年11月23日。

二、國共兩黨在二次合作時期的矛盾與衝突

隨著中日戰爭的激化，國共兩黨摒棄前嫌，於1937年9月成立抗日民族統一戰線。這一次是國共兩黨繼1927年「清黨」後，再度攜手合作。儘管如此，當時的英國殖民政府始終無法對共產黨組織採取較為寬容的立場，誠如日本在戰前的華僑調查報告書中提到：「隨著抗日運動的領導權轉移到共產分子手中，對日抵制運動逐漸變質，由於具有一般民眾解放運動的性格，當局惟恐轉化為反英運動，因此自1938年3月以來，開始積極進行取締。」〔註201〕

〔註200〕〈國民黨旅馬六甲全體同志　痛斥敵奸謬論〉，《總匯報》（晚版）第3版，
　　　　　1941年6月25日。
〔註201〕許良雄譯：〈國民黨及政府在七七事變中的華僑工作〉，收錄於楊建成主編：
　　　　　《南洋華僑抗日救國運動始末（1937～1942）》，頁37。

以同年5月7日凌晨三時發生的「22名華裔青年被捕案」為例，當時馬六甲偵探局在接獲情報後，即前往淡武隆格突擊與拘捕某門牌住所中的22名華裔青年，當場搜出具有非法組織嫌疑的宣傳印刷品。據消息指出，被拘捕的嫌疑犯除張九為客籍人外，其餘均為瓊州人。案略經訊問後，當中僅有王阮生一人自認有罪，其餘均否認有參與非法組織行動。經過鞫審後，當中僅有一人獲得釋放，卓立瑞、張九、王阮生等三人疑似組織非法社團或參加共產黨而被扣押，其餘18人則被擔保在外候訊。後來，經過大律師仁達氏多次出庭代為辯護，控偵探長馬珍氏最終取消卓、張、王三人的共產黨罪狀，法官勃力氏則在6月23日判決王阮生、張九與其餘18名青年無罪釋放，但卓立瑞因參與抗援會且持有捐銀開銷記帳本而被判決監獄六個月。〔註202〕

這件案件在當時轟動了整個馬六甲華人社會，甚至驚動國民政府駐新加坡總領事高凌百，特派鄺達領事前來調查真相。由此可見，英國殖民政府對共產黨的存在十分敏感，甚至將其視為一種破壞社會和諧穩定的威脅。經過這事件後，殖民政府對當地華人社團組織更加嚴厲監視與控制，同時連帶影響了馬六甲國民黨之運作。

圖3.3.2 〈甲華校聯部參加第二次遊賑大會特刊〉剪報

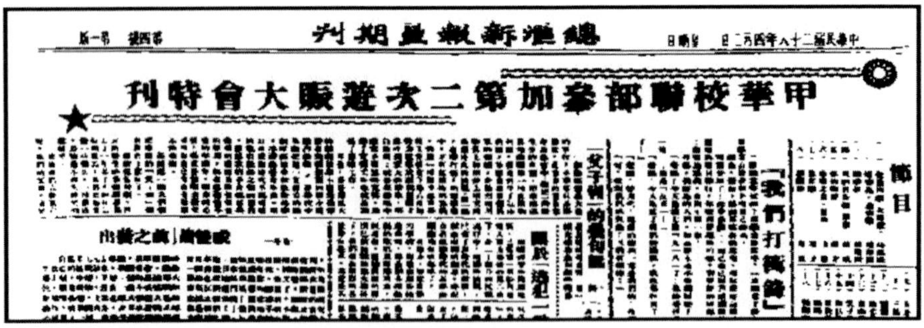
總滙新報星期刊
甲華校聯部參加第二次遊賑大會特刊

刊登在1939年4月2日《總匯新報》星期刊之〈甲華校聯部參加第二次遊賑大會特刊〉。標題左右各以國民黨黨徽與共產黨五角星的圖案作為點綴。

〔註202〕〈馬六甲華僑青年二十二名被逮捕　入控有非法組織嫌疑　案經過堂展十六日訊〉，《總匯新報》第2張第3版，1938年5月11日；〈甲十九華僑被捕鄺達領事到甲晤記者對此事表示深切關懷〉，《南洋商報》第15版，1938年5月16日；〈轟動全馬六甲　華僑青年被補案二次庭訊〉，第3張第4版，1938年5月18日；〈甲華青年被控案　除三名外餘具保候訊〉，第2張第4版，1938年5月19日；〈甲華廿一青年被捕案在仁達律師雄辯下　第二三被告罪乏佐證判省釋　其他十八名展期廿三日再訊〉，《總匯新報》第2張第3版，1938年6月19日；〈甲華廿一青年被捕案　昨經法庭最後定讞〉，《總匯新報》第2張第3版，1938年6月25日。

　　國共二次合作期間，馬六甲國民黨黨員對抗日民族統一戰線之政治主張，始終是持著保留的態度。換言之，國共兩黨在馬六甲雖稱不上是合作的關係，但亦未將彼此之間的矛盾演變成公開的衝突。介於 1938 年至 1940 年間，中國共產黨領導的八路軍代表曾致函予當地僑領、中華總商會等諸社團領袖呼籲求援，當時這些組織的領導層大多是國民黨黨員，口裡雖說是響應著無政治黨派之別的原則，實際上對八路軍的支援並未曾積極辦理，整體的捐獻反應頗為冷淡，僅有亞羅牙也僑領趙敦偉、葉壽記、伍連佳等，聯合發起援助第八路軍醫藥費運動，募得國幣 1,433.80 元；〔註203〕雙溪峇汝益華學校發起全校學生援助八路軍儲蓄零食會；〔註204〕淡冰（邊）特匯國幣 300 元作為八路軍醫藥費；〔註205〕馬六甲籌賑會士蘭道特別區特派員為八路軍籌得叻幣 51.80 元；〔註206〕培風、培德、平民、培才四校學生紀念「一二・九」籌委會捐助八路軍醫藥費港幣 138 元等。〔註207〕此外，還有一些零星的款項，是由一些青年因第八路軍苦戰西北數載而自動認捐援助該軍團之醫療費，款項共計叻幣 35 元。〔註208〕這些募得的款項直接透過中國銀行匯交予漢口的周恩來或八路軍駐香港辦事處，與馬六甲籌賑會所得之款項流向有別。

　　儘管如此，共產黨在馬六甲的勢力早已隨著國共的二次合作而再次崛起。抗日期間，正逢世界經濟大蕭條時期，馬六甲華人的失業情況嚴重，共產黨及其外圍組織在配合籌賑工作之餘，又乘機擴大其在勞動群眾中的影響力。從 1937 年至 1940 年間，馬六甲工人為了自身權益及改善生活待遇而頻頻發生工潮事件，如：人力車夫總罷工〔註209〕（1937 年、1938 年）、小販

〔註203〕〈甲屬亞羅牙也華僑捐千餘元援助八路軍　逕匯漢口交周恩來轉〉，《總匯新報》第 3 張第 2 版，1938 年 6 月 18 日。

〔註204〕〈馬六甲雙勾峇路益華創智學校全體學生捐助第八路軍〉，《總匯新報》第 3 張第 2 版，1938 年 7 月 25 日。

〔註205〕〈淡冰閩南商會捐助第八路軍　匯國幣三百元〉，《總匯新報晚版》第 1 張第 3 版，1939 年 3 月 18 日。

〔註206〕〈甲埠士蘭區華僑輸將援助八路軍〉，《總匯新報》第 2 張第 4 版，1938 年 11 月 26 日。

〔註207〕〈甲四華校捐助十八集團軍藥費　該軍代表特函致謝〉，《總匯報》第 3 張第 2 版，1940 年 4 月 15 日。

〔註208〕〈甲華青年界捐助八路軍〉，《南洋商報》第 13 版，1940 年 1 月 25 日。

〔註209〕〈馬六甲人力車夫總罷工〉，《總匯新報》新年刊第 2 張第 3 版，1938 年 1 月 1 日；〈麵包之鬥爭——馬六甲人力車罷工潮〉，《總匯新報》第 2 張第 3 版，1938 年 2 月 14 日。

罷市〔註 210〕（1938 年）、羅厘車司機總罷工〔註 211〕（1938 年）、京果及雜貨店工友罷工〔註 212〕（1939 年）、三紅煙朱律廠罷工〔註 213〕（1940 年）、駁業工友罷工〔註 214〕（1940 年）、理髮業工潮〔註 215〕（1940 年）、三製帽廠工友罷工〔註 216〕（1940 年）、白鐵業工潮〔註 217〕（1940 年）、咖啡店工潮〔註 218〕（1940 年）、建築業工潮〔註 219〕（1940 年）、打鐵業工潮〔註 220〕（1940 年）、鋸枋工潮〔註 221〕（1940 年）、樹膠園工潮〔註 222〕（1940 年）、樹膠廠工潮〔註 223〕（1940 年）等。這種趨勢幾乎蔓延著整個馬六甲華人社會，尤其是在 1940 年達到高潮，難免影響了諸多資產階級出身的國民黨黨員之利益。後來在當地僑領兼國民黨領袖的協調下，局面雖然有所緩和，不過罷工浪潮卻已進一步加深了國民黨在當地華人社會的權力危機，兩黨之間的矛盾更加明顯。

此外，共產黨的勢力亦赫然地介入國民黨黨員所操控的華文學校，造成部份的國民黨黨員只得作「無奈之嘆」。以當時擔任培風學校老師的沈慕羽

<hr />

〔註 210〕 〈甲埠小販罷市　集中商會討論善後辦法〉，《總匯新報》第 3 版第 3 張，1938 年 3 月 25 日。

〔註 211〕 〈甲埠羅厘車實行總罷工　原因為以後換取禮申諸多困難〉，《總匯新報晚版》第 2 版，1938 年 7 月 1 日。

〔註 212〕 〈甲京菓及雜貨罷工潮尚未解決　新到暹米無人起卸〉，《總匯報》第 2 張第 3 版，1939 年 12 月 24 日。

〔註 213〕 〈甲三紅煙朱律廠罷工潮　迄今尚未圓滿解決〉，《總匯報》第 3 張第 1 版，1940 年 1 月 8 日。

〔註 214〕 〈芙蓉藤器工潮解決　馬六甲又發生罷工〉，《總匯報》第 2 張第 1 版，1940 年 1 月 14 日。

〔註 215〕 〈甲理髮業工潮即將解決〉，《總匯報》第 3 張第 2 版，1940 年 1 月 22 日。

〔註 216〕 〈甲三製帽廠工友　十六日實行罷工　昨工友請商會出任調解〉，《總匯報》第 3 張第 1 版，1940 年 1 月 18 日。

〔註 217〕 〈馬六甲白鐵業工潮經已圓滿解決〉，《總匯報》第 2 張第 3 版，1940 年 2 月 18 日。

〔註 218〕 〈甲咖啡店工潮由僑領調解後　經獲圓滿解決〉，《總匯報》第 3 張第 2 版，1940 年 2 月 23 日。

〔註 219〕 〈甲建築業工潮經陳祈來調解後　雙方昨簽訂九項條件〉，《總匯報》第 3 張第 2 版，1940 年 3 月 1 日。

〔註 220〕 〈甲打鐵業工友要求改善待遇〉，《總匯報》第 3 張第 2 版，1940 年 3 月 5 日。

〔註 221〕 〈甲各鋸枋工潮經圓滿解決〉，《總匯報》第 2 張第 3 版，1940 年 3 月 17 日。

〔註 222〕 〈馬六甲屬樹膠園工潮三則〉，《總匯報》第 3 張第 2 版，1940 年 3 月 18 日。

〔註 223〕 〈甲六樹膠廠男女工友　要求改善待遇〉，《總匯報》第 3 張第 1 版，1940 年 4 月 30 日。

為例，其在自傳略微提到：

> 教學時，美其名為開座談會，任學生自由發表意見，趁機滲進錯誤思
> 想，閱讀赤色書籍，更以讀書不忘救國為招牌唆使學生組織抗敵後援
> 會，釀資援助第八路軍，再進一步則公然以XXX主義為論題誘惑校
> 外各界男女青年，加入其組織，然後發動罷工罷課、暴動反英等危害
> 民族勾當，……吾殊不明吾僑領為何竟置若罔顧也噫。〔註224〕

沈慕羽在文中沒有直接提到「共產黨」，而是以「XXX」作為代替，想必是基
於當時環境因素的謹慎考量，但其在最後的感嘆，不僅僅是針對僑領（國民黨
領袖）的消極態度，更多的是，身為一名國民黨黨員對共產黨在國共合作時期
乘虛而入，在學校灌輸共產主義的無可奈何。

　　直到1940年，共產黨的勢力快速地膨脹，罷工事件有越演越烈之勢，
這種現象令英國殖民政府不得不採取鎮壓政策，許多共產黨或其外圍組織的
領袖和黨員陸續遭受拘留，甚至被驅逐出境，其中包括：李徵〔註225〕、孫
冰〔註226〕、黃時森〔註227〕等。而國民黨黨員在此事件中扮演了配合殖民政
府的角色，誠如李徵在〈回憶在馬六甲被捕和出境〉一文中提到：

> 一眼瞅見鬼頭仔沈慕堯（我在「培風」時的低班同學，全家都是國
> 民黨員）掉轉車頭跑回東圭納。我估計他必定去向暗牌察報訊，因
> 為他盯我的梢已不是第一次了。〔註228〕

綜觀上述，國民黨黨員對共產黨的「寬容」態度似乎早已起了明顯的變化，往
後的吳鐵城到訪、「中條山戰局」事件等，更是持續將馬六甲國民黨與共產黨
之間的分歧加大，這種情況一直持續到日軍攻陷馬來亞，馬六甲淪陷為止。

三、國民黨黨員在淪陷時期的情形

　　1941年11月，中國國民黨馬六甲支部選出第三屆職員，後因日本軍隊

〔註224〕〈慕羽自傳（劫餘慘稿）〉，1940年作。
〔註225〕李徵，又名李聯政，培風學校畢業生。1936年參加馬來亞共青團，1938年加
　　　　入馬來亞共產黨。曾任馬來亞馬六甲學生抗敵後援會（簡稱：「學抗」）負責
　　　　人、馬六甲各民族各業工人聯合總工會黨團書記。1940年被驅逐出境後，回
　　　　中國參加廣東人民抗日游擊隊。
〔註226〕孫冰，又名孫儒、流冰。馬華作家、戲劇家，馬六甲「文抗」負責人之一，
　　　　馬六甲市「援助八路軍新四軍委員會主席」。
〔註227〕黃時森，培風學校畢業生。馬六甲「學抗」負責人，馬來亞共產黨黨員。
〔註228〕李徵：〈回憶在馬六甲被捕和出境〉，收錄於新馬僑友會編：《馬來亞人民抗日
　　　　鬥爭史料選輯》，頁381～382。

於 12 月 8 日從吉蘭丹哥打峇汝（Kota Bharu）登陸，馬來亞的情勢告急而未能宣誓就職。〔註229〕此時，活躍於抗日工作的國民黨黨員，如：王德義、林大典、柳其傑等人在華民政務司（官）威勃的提議下，遂聯合當地華人社團與文化界的抗日領袖，如：沈慕周、張錫山、陳宗嶽、許杭、朱亞照、沈慕羽、吳志淵等人，在明星慈善社組織華人抗敵動員總會；後又組織馬六甲華僑青年戰時服務團，由沈慕羽出任團長，〔註230〕日以繼夜，奔走呼號，積極展開抗敵工作。1942 年 1 月 8 日，馬來亞北部淪陷，英國軍隊在激烈的戰局中節節敗退。1 月 9 日，日本軍機飛越馬六甲上空，投下傳單通知戰爭已迫近，馬六甲英國殖民政府行政官員在當晚深夜接獲密報，深知大勢已去，無法挽回，立即破壞軍事設備，將重要物件撤運新加坡。1 月 10 日，英國參政司（官）拜倫迅速逃離。1 月 14 日夜晚，日軍先頭部隊開抵馬六甲，馬六甲完全陷入日軍的魔掌中，扛著抗日「大旗」的國民黨黨員幾乎各奔西東，四處尋求避難。

此時，奉命在新加坡協助英美軍事情報〔註231〕的國民黨要員鄭介民在得知馬六甲淪陷的消息後，立即單人匹馬，冒險地鑽入馬六甲市區企圖救出其恩師沈鴻柏回中國，但因沈氏早已前往僻區避難而遍尋不獲。〔註232〕值得一提的是，為何時任駐新加坡軍事代表鄭介民願意冒著生命危險直入淪陷區拯救

〔註229〕〈馬六甲直屬支部沿革史〉，《海外黨務通訊》第 1 卷第 5 期（臺北市：中國國民黨中央委員會第三組，1951 年），頁 8。

〔註230〕參閱廖文輝：《沈慕羽事蹟繫年》，頁 30；曾唯心：〈明星慈善社在淪陷期經過〉，收錄於南洋華僑籌賑祖國難民總會「大戰與南僑」編纂委員會編：《大戰與南僑》，頁 119；〈甲抗日殉難僑胞 紀念碑落成典禮〉，《中興日報》（馬來亞）第 7 版，1948 年 4 月 8 日。

〔註231〕新加坡淪陷後，鄭介民為何會出現在新加坡？一種說法來自〈翰川手稿〉，指鄭介民在新加坡進行視察慰問；另一種說法則是來自刊載於 1951 年 3 月 25 日《上海日報》之「鄭介民之智機」，內文提到：「當日軍南進時，鄭介民正在香港，但仍奉命赴南洋一帶協助英美軍事情報事宜。最初鄭氏入蘇門答臘，後化裝偵際到新加坡，其時新加坡已為日軍佔領，工作發展本極困難，但鄭氏以海南人，許多同鄉僑居那裡，藉同鄉掩護之力，得以大顯身手，竊以情報破壞設施，狙殺奸偽等工作……」。筆者採取後者的說法，即：鄭介民當時在新加坡是進行情報搜集的任務，因為國民黨的視察慰問活動在日軍佔領新、馬期間幾乎是寸步難行。〈翰川手稿〉以「視察慰問」來概括鄭介民當時在新加坡的任務，不知是資訊上的錯誤，或是有意掩飾鄭氏從事情報工作？暫不得而知。

〔註232〕〈翰川手稿〉。

沈氏？他們之間有什麼樣的關係？

　　根據〈「培風之母」：沈鴻柏辦「貧民」學校〉載，鄭介民是在沈鴻柏面前宣誓入黨的黨員，後則被馬六甲國民黨黨部派送到黃埔軍校學習。〔註233〕在當時，軍校是培養革命軍幹部的重要據點，並不是每個人都會有機會進入軍校學習，尤其是孫中山創建的黃埔軍校。有鑒於此，鄭介民對沈鴻柏充滿感激之情，願意身陷險境相救，也不是不無可能之事。雖然鄭介民未成功尋獲並拯救沈鴻柏，但沈鴻柏在日戰期間仍能夠平安躲過日軍的逮捕，只因自1939年起，他有感身體開始衰老多病而營建生塚，加上1936年後逐漸淡出社團活動，因此多數人都以為他早已不在人世。

　　自馬六甲淪陷後，昔日積極配合抗日工作的晨鐘勵志社與明星慈善社，不幸淪為日軍憲兵令部及慰安院。晨鐘勵志社營工林猷旭在聽聞日軍進入馬六甲後，即刻將抗日義士的名冊燒毀，〔註234〕希望能避免日軍獲得名冊而展開大規模的逮捕活動。儘管如此，馬六甲抗日分子仍然躲不過被逮捕的厄運，日軍透過搜得抗敵動員總會的新聞記載，以及利用漢奸編寫抗日華僑名冊，到處逮捕參與抗日活動的愛國志士。

　　為了躲避日軍的追捕，王德義、林世明〔註235〕、柳其傑、沈慕羽、林聞一、劉友知等人被迫逃難到新加坡。不幸的是，林世明與劉友知後來在新加坡的日軍檢驗中當即被捕，王德義、柳其傑則在3月8日再從新加坡逃回到馬六甲，兩人回到馬六甲後隔兩日即遭漢奸通報而被拘捕。〔註236〕沈慕羽本

〔註233〕佚名：〈「培風之母」：沈鴻柏辦「貧民」學校〉，頁182。

〔註234〕黃浣鄘：〈晨鐘勵志社走過60年滄桑〉，《中國報》，1998年9月26日。

〔註235〕林世明，諱德黎，福建永春人。弱冠南渡，任馬六甲恆美號記室，未久改經營樹膠業。早年加入國民黨，服膺三民主義，致力於革命與愛國運動。歷任中國國民黨駐馬六甲直屬支部執委、秘書等職。明星慈善社創立後，歷任智育部、文書部、圖書館主任等職。此外，還歷任永春會館常委和文書主任，西河堂協理，培風、培德、平民、育民等中小學校董事，新加坡《新國民日報》和《總匯報》駐馬六甲記者。「七‧七」事變，擔任馬六甲籌賑會文書主任，與諸僑賢領導抵制日貨，又倡辦《馬六甲週報》，自任編輯主任，以利抗戰宣傳。參閱《馬六甲明星慈善社殉難社員哀思錄》，頁42。

〔註236〕〈蝗軍濫殺血淚史：沈慕羽挨耳光　兄遭刺死集葬〉，收錄於金馬士沈慕羽紀念館整理：《沈慕羽資料集（10）：日侵時期亞洲受害國（三）》（馬來西亞金馬士：沈慕羽紀念館，年份不可考），頁數不可考；〈王烈士德義先生史略〉，《馬六甲晉江會館四慶一期》（馬六甲：馬六甲晉江會館，1982年），頁94；曾唯心：〈明星慈善社在淪陷期經過〉，收錄於南洋華僑籌賑祖國難民總會「大戰與南僑」編纂委員會編：《大戰與南僑》，頁119。

來打算跟隨林謀盛、莊惠泉、胡少炎等人赴重慶，但因交通問題而未能成行，
惟與其兄長沈慕卿折返馬六甲，並在 3 月 25 日清早遭受奸細王亞祥、鐘膏
藥出賣，與兄長沈慕周在馬六甲「志明堂」住家同時被逮捕。大約兩個星期
之後，日軍又再前往「志明堂」搜查，所幸沈家早已預料到日軍會再返，故
事前已將抗日及愛國相關文件銷毀。〔註237〕對於監獄內的生活情境，從沈慕
羽的回憶可以得知一二：

> 這監牢裡有三四十間長形的小房，還有幾個大房。我和劉明偉、韓
> 書光同囚在一個小房裡。牆角上只有一個鐵柵的小窗口，睡的是四
> 塊硬板拼成的床，房裡一個裝著水的小鐵桶，別無他物。每天早上
> 8 時，中午 12 時，下午 5 時放大家出去解放和集體沖涼，然後吃飯。
> 第一天上午，大家從房裡放出來，二百多人突然見面，才知道彼此
> 都落在魔掌中了，心照不宣，卻都有說不出的憤慨。大家吃的是灰
> 米飯，和一些煮熟的蔬菜，為著裹腹，硬硬地吞下肚。起初還好，
> 一兩星期後，大家的大便都出血，日子久了，個個都腳腫臉腫，憲
> 兵每天一來，就從牢裡拉幾個人出去，大家都有心裡（理）準備，
> 知道凶多吉少，或者一去不回，他們被帶到憲兵部（現在的明星慈
> 善社），如入閻羅王地府裡，在十八層地獄熬煎，灌水、吊打、電殛、
> 火炙，即無所不用其極。晚上被帶回來扣押，不是遍體鱗傷，便是
> 半殘廢，幾乎是半生不死，即使不死，也受了很重的內傷，可謂慘
> 絕人寰。〔註238〕

沈慕周在被捕的兩個月後遭到日軍刺殺，而沈慕羽則被錯赦釋放。沈慕
羽出獄後，因不願從事奴化教育而開始學做生意，當過果販、經營魚乾店等。
後來為了避免再次遭到不測，惟有向北逃亡到怡保，得到鄭螺生之子鄭民偉
的庇護住在雜貨行一個多月，接著又轉移到實兆遠、邦咯島，最後在太平後
廊落腳，靠打魚繩過日子。工作之餘，教工友讀書唱愛國歌，生活之清苦與

〔註237〕參閱廖文輝：《沈慕羽事蹟繫年》，頁 31；沈慕羽：〈鐵蹄下的夢魘〉，收錄於
　　　　金馬士沈慕羽紀念館整理：《沈慕羽資料集（10）：日侵時期亞洲受害國（一）》
　　　　（馬來西亞金馬士：沈慕羽紀念館，年份不可考），頁數不可考；沈墨義、沈
　　　　林書：〈沈慕周遭日軍毒手〉，《南洋商報》，1998 年 11 月 8 日，收錄於金馬
　　　　士沈慕羽紀念館整理：《沈慕羽資料集（1）：古城第一世家》（馬來西亞金馬
　　　　士：沈慕羽紀念館，年份不可考），頁數不可考。
〔註238〕沈慕羽：〈沈慕羽自傳〉，轉載自廖文輝：《沈慕羽事蹟繫年》，頁 32。

衛生環境之惡劣不堪言，直到日本投降才返回馬六甲。

　　除了沈慕周、沈慕羽兩兄弟外，當時年僅 20 歲的陳期岳〔註239〕亦因日本憲兵在其甘光于汝 12 號住宅搜出一面「青天白日滿地紅」國旗及一面英國國旗而遭到逮捕，但數日後獲釋放。次年（1943 年），又遭日軍以「援英會主席」及「供給聯軍情報部部長」之罪名，加以拘捕。此次監禁前後歷時兩個多月，囹圄中歷受酷刑折磨，後以「查無實據」獲釋。〔註240〕

　　在馬六甲淪陷期間，相繼被日本憲兵逮捕的國民黨黨員還包括：劉漢屏、傅廷模、張治生、陳應禎、廖佳信、王福連、顏培丘、鄭則士、鄭學理、柳其傑等人。當中，除了柳其傑因不願受審而在牢裡自縊外，〔註241〕大多數被逮捕的黨員則慘遭酷刑折磨至死，其中包括：林大典、王德義、林聞一、沈慕周、陳升章、王少南、陳學明、傅廷模、王福連、陳公甫、許杭等；〔註242〕傅廷模〔註243〕、王福連二人則在 1945 年日本投降前一天（8 月 9 日）被執行吊打，死於獄中。據說，傅氏與王氏二人在臨刑時高呼著「中華民國萬歲！」「蔣總裁萬歲！」「抗戰勝利！」，聲震全獄，聞者感動。〔註244〕

〔註239〕陳期岳，原籍福建同安，馬六甲土生華人，為馬六甲百萬富商陳可補之第四兒子。抗日戰爭結束後，與沈慕羽、宋廷濱、周卿昌等人重整中國國民黨馬六甲支部，是該黨團重要領導人之一。三民主義青年團馬六甲支部成立時，膺選為區團主任，並經中央團長加委，直至黨團實行合併，嗣改任黨支部常務委員。黨支部停止活動後，仍保留黨員身分，貫徹反共職志，不時在當地報章發表文章，協助當地政府作戰宣傳。參閱自戴望衡：〈陳期岳其人其事〉，《南洋商報》第 7 版，1950 年 7 月 11 日。

〔註240〕戴望衡：〈陳期岳其人其事〉，《南洋商報》第 7 版，1950 年 7 月 11 日。

〔註241〕曾唯心：〈明星慈善社在淪陷期經過〉，收錄於南洋華僑籌賑祖國難民總會「大戰與南僑」編纂委員會編：《大戰與南僑》，頁 119。

〔註242〕〈中央電信　叼殉難同志家屬〉，《南洋商報》第 8 版，1947 年 4 月 16 日。

〔註243〕傅廷模，原籍浙江杭縣。1941 年畢業於僑民師資養成所，繼參加第 15 期中央訓練團；是年秋初，被派往馬六甲，服務於培風學校。馬六甲淪陷期間，仍繼續往平民學校作抗日宣傳漫畫，並將抗日作品「ABCD 聯合打到日本侵略者」高懸在板底街頭。1943 年，太平洋戰事越烈，淪陷區徵工抽壯益亟，惟以假名到鄉村小學重執教鞭。1945 年 4 月，遭到日軍拘捕，除承認是中央委派南來執教外，其餘有關抗日志士的姓名與住址，一概拒絕回覆。參閱王慶雍：〈傅廷模同志傳略〉，《南洋商報》第 12 版，1947 年 7 月 7 日。

〔註244〕〈駐馬六甲直屬支部被害黨員名表〉，1946 年 11 月 5 日，【黨：會議】6.7/11.11；〈馬六甲直屬支部沿革史〉，《海外黨務通訊》第 1 卷第 5 期，頁 8。

表 3.3.3　中國國民黨駐馬六甲直屬支部黨員在日戰時期被害名表

序	姓　名	別　　號	年齡	籍貫	被害原因及經過
1	林大典	自然	51	廣東潮陽	擔任馬六甲華僑抗敵動員委員會主席，在後方作抗敵工作。1942 年 3 月 9 日被日軍拘捕，因不願提供同志姓名，遂被殘殺。
2	陳應禎	敦祥	36	福建思明	1945 年 9 月 5 日，在馬六甲人民委員會開會時慘遭逮捕，押赴「五嶼」處決，坑棄荒井。
3	林振錫		31	福建漳州	1945 年 9 月 5 日，在馬六甲人民委員會開會時慘遭逮捕，押赴「五嶼」處決，坑棄荒井。
4	林揆義			廣東大埔	在日本宣布投降後，因在《群眾報》著文譴責日軍佔據時期的種種暴行而不幸於 9 月 5 日慘遭逮捕，押赴「五嶼」處決，坑棄荒井。
5	鄭學琛		35	福建永春	1945 年 2 月 7 日，被日軍拘捕，備受酷刑。日本投降時，被釋放，但因在《群眾報》著文譴責日軍種種暴行，在 9 月 5 日馬六甲人民委員會召開的會議中，再次慘遭日軍逮捕。在押赴「五嶼」途中，跳水欲逃，因不熟水性，結果溺斃。
6	沈慕周	岳	32	福建晉江	1942 年 3 月 25 日，日軍親到馬六甲東圭納住所拘捕，並指控為共產黨員及抗日要員，監禁酷刑至 10 月 3 日，與 90 餘名抗日分子被載往馬六甲野新吉雙橡膠園處決。
7	劉友知	務儀	42	福建永春	「七‧七」事變時，曾任馬六甲籌賑會宣傳部職員。日軍入侵馬來亞後，馬六甲處危急之時，於 1942 年 1 月 11 日與林世明逃難至新加坡，擬回中國為抗戰效命。無奈歸途經斷，遂暫遷居是地。新加坡淪陷後，日軍下令檢證，2 月 22 日在新加坡海山街區被扣而失蹤。
8	林世明	諱德黎	51	福建永春	1942 年 1 月 11 日，與劉友知逃難至新加坡，擬回中國為抗戰效命。無奈歸途經斷，遂暫匿友人家。新加坡淪陷後，日軍下令檢證，2 月 22 日在新加坡海山街區被扣而失蹤。
9	林聞一	扶漢	43	福建思明	在馬六甲即將淪陷時逃往新加坡，並參加抗敵後援工作。新加坡淪陷後，在檢證中被扣而失蹤。
10	王少南		42	廣東東莞	1942 年 4 月間遭到日軍逮捕，10 月 3 日於馬六甲吉雙牙冷處決。

11	陳升章		55	廣東文昌	被日軍視為國民黨抗日分子。1943 年 2 月 12 日被拘捕，3 月 16 日載往馬六甲市七英里之丹絨吉寧處決。
12	陳學明		55	廣東文昌	1942 年 6 月 1 日被日軍拘捕，在馬六甲雙溪南眉酷刑而死；一家十口，死七人只存二女。
13	傅廷模			浙江	被指參加抗日活動，於 1945 年 4 月 19 日被捕。初拘留在憲兵部，後被移至烏絨巴西監獄，備受酷刑。8 月 9 日，在獄中遭受毒打，最終身亡。
14	柳其傑				馬六甲淪陷時逃亡至新加坡，當新加坡淪陷後，與王德義於 3 月 8 日潛回馬六甲。3 月 10 日遭到拘捕，因不願受審，在監獄中自縊。
15	王德義		62	福建晉江	馬六甲淪陷時逃亡至新加坡，當新加坡淪陷後，偕柳其傑於 3 月 8 日潛回馬六甲。3 月 10 日遭到拘捕，3 月 16 日在馬六甲市七英里之丹絨吉寧遭處決。
16	鄭世良	諱錫種；號有名	54	福建永春	馬六甲淪陷後，日軍以其在「七‧七」事變曾擔任馬六甲籌賑會第十區月捐部財政，是抗日分子，而於 1942 年 1 月 14 日率先鋒隊圍其住家，破扉而入，其盡節於此。
17	陳文潭	廼龍	60	福建永春	馬六甲淪陷之初，被認為是抗日分子而遭到逮捕，後被釋放。1944 年 1 月 26 日又遭逮捕，2 月 2 日壯烈犧牲。

注：本表根據以下各書資料另行彙編。

資料來源：

①〈駐馬六甲直屬支部被害黨員名表〉，1946 年 11 月 5 日，【黨：會議】6.7/11.11。

②明星慈善社追悼殉難職員社友大會哀思錄編委會：《馬六甲明星慈善社殉難社員哀思錄》（馬六甲：明星慈善社，1949 年），頁 41〜43、45〜46。

③王慶雍：〈傅廷模同志傳略〉，《南洋商報》第 12 版，1947 年 7 月 7 日。

　　至於陳應禎、林振錫、鄭學琛、林挨義四人在日本宣布無條件投降後，即加入由流動中隊在 1945 年 9 月 2 日成立的馬六甲人民委員會（以下簡稱：「人委會」），並經常在《群眾報》著文譴責日軍佔據時期的種種暴行。當時，日本雖然已經向盟軍投降，但盟軍尚未進駐馬六甲，該地方仍由日軍管治。9 月 5 日，馬六甲市民放鞭炮大事慶祝人委會的成立，並在街道上掛滿青天白日旗，結果引發日本憲兵部的不滿。〔註 245〕

〔註 245〕胡山：〈昂首朝天心無愧〉，收錄於《見證叢書》編委會編：《古城硝煙》（香港：足印出版社，2008 年），頁 13。

　　當天，日本憲兵突襲位於雞場街的瓊州會館，拘捕陳應禎、林振錫、鄭學琛、林揆義、謝重生、雷學、江華成、李金灶、英世傑、康炳南、陳易經等在場十一人。當中除了陳應禎、林振錫、鄭學琛、林揆義是國民黨黨員外，謝重生與雷學二人則分別為馬來亞共產黨馬六甲特區委員會公開黨代表及人民抗日軍馬六甲流動隊代表〔註246〕，其餘的是群眾組織及商家代表。在押往「五嶼」島途中，康炳南跳車逃跑，而鄭學琛、陳易經在乘船往「五嶼」島時，跳水欲逃，結果鄭學琛因不熟水性而遭溺亡，陳易經則順利泅至大嶼，得免於難。至於林振錫、鄭學琛、林揆義及其餘的人委會委員五人被押到「五嶼」後就地處決，然後坑棄荒井。〔註247〕

　　另外，僥倖逃脫日軍俘虜的國民黨領袖，有何葆仁、曾江水、曾有美、吳志淵等人。何葆仁在戰時返回重慶避難並擔任華僑參議員，〔註248〕曾江水、曾有美二人則分別病故在昆明與重慶，而吳志淵幸得朋友的援助，匿藏在山村裡多時，後來更一度逃奔蘇門答臘小島。〔註249〕據統計，日據期間遭到拘捕的馬六甲國民黨黨員人數近千人，而被殘殺者有 300 餘人，〔註250〕當時國民黨黨部幾乎是群龍無首，瀕於瓦解的狀態。

〔註246〕王秀蘭：〈馬六甲抗英往事〉，收錄於《古城硝煙》，頁 26。

〔註247〕林佚：〈馬六甲「九五」慘案簡記〉，收錄於《古城硝煙》，頁 143～144；〈晨鐘青年同志陳應祥等遭寇殺害　僑賢五嶼弔英靈〉，《南洋商報》第 5 版，1946年 7 月 3 日。

〔註248〕楊進發：《戰前星華社會結構與領導層初探》，頁 119。

〔註249〕〈甲抗日殉難僑胞　紀念碑落成典禮〉，《中興日報》（馬來亞）第 7 版，1948年 4 月 8 日；〈何葆仁博士南返　馬六甲晨鐘勵志社歡迎〉，《中國報》第 5版，1947 年 10 月 14 日。

〔註250〕〈馬六甲直屬支部沿革史〉，《海外黨務通訊》第 1 卷第 5 期（臺北市：中國國民黨中央委員會第三組，1951 年），頁 8。

第四章　中國國民黨對馬六甲教育的影響——以培風學校為例

　　辛亥革命以前，華文學校一直是保皇黨與革命黨在新、馬地區力爭的宣傳基地，保、革二黨之間的拉鋸間接促使華文學校邁入現代教育的新里程，進而對當地華人社會帶來重大的衝擊。民國成立以後，新、馬華文學校的辦學模式依然與中國的教育發展有著深刻的聯繫，兩者緊密相連。換句話說，無論是在南京臨時政府時期、北京政府時期、南方政府時期，或是北伐統一後的南京國民政府時期所實施的若干教育政策，皆在整個華文教育的發展過程留下一道無法抹滅的歷史軌跡，當中更是隨著中國政治思潮之更迭而不斷變遷。如此的過程並非侷限在純粹的知識教學領域，更多的是肩負起時代賦予的使命，承載著政治權力之間的鬥爭、妥協、期望及寄託。

　　本章節主要探討中國國民黨如何將其勢力滲入馬六甲華文學校，進而支配著整個教育活動的發展過程。當時，除培風、培德、平民為跨越方言群的學校外，其餘的學校，如：華南、育民、謙光、僑南、培智等，均係各籍貫人士自行辦理，辦學的形式及方向幾乎是以各自的方言群體為根本，彼此之間具有一定的差異性，無法進一步突顯出國民黨對華文學校的發展起著至關重要的作用。因此，本研究特選擇以公立學校當中最具代表性的培風學校作為考察對象，最重要的是，該校的創辦人及董事部職員幾乎都是國民黨黨員或親國民黨人士，更易造就與配合「黨化教育」的倡導和實踐，將之作為研究對象實具重大意義。

第一節　培風學校與國民黨之淵源

　　培風學校的創立最初源自於南洋勸募公債總理湯壽潛〔註1〕之議，據瞭解，湯壽潛與時任南洋勸募公債副理林文慶等人，為緩解革命政府財政困難而在 1912 年春季到訪馬六甲進行募集捐款工作，其時有感於該地區的民風較為閉塞、文化匱乏，故以倡學相勗予當地僑領，並計議設置新式學校，為民族教育貢獻力量。不過，這項計畫一直遲遲無法落實，直到學校發起人會議舉出負責人後，方才開始舉行籌劃開學事宜，並於長振興、華羣公司、瓊南昌、恆豐等商號，以及中華書報社張貼招生廣告。〔註2〕

　　1913 年 7 月 7 日，在當地商人兼僑領沈鴻柏、曾江水、陳齊賢、吳萬里、邱仰峰、龍道舜、劉翼鵬、張文軒、鄭成快、顏文祺、周英美、張順吉、黃仕元等人協力合作之下正式開學，並命名為「培風〔註3〕兩等小學校」。創校初期，培風學校校舍暫設於「米郊商務」樓下，租金每月二十元。當時學生人數只有七十餘人，分兩班上課，而第一屆的學校職員多是由學校創辦人擔任，詳見下表 4.1.1。

表 4.1.1　馬六甲培風學校第一屆職員表

職　務	名　稱
正總理	陳齊賢
副總理	曾江水
財政	邱仰峰
監督	沈鴻柏

〔註1〕培風學校校史將湯壽潛當時的身分記載為「浙江總督」。據考察，湯壽潛並未曾擔任總督，僅在 1911 年 11 月 5 日至 1912 年 1 月 15 日期間，出任「浙江都督」一職，而赴南洋之時正就居於「南洋勸募公債總理」職位。參閱自中國社會科學院近代史研究所中華民國史研究室、中山大學歷史系孫中山研究室、廣東省社會科學院歷史研究室合編：《孫中山全集》第 2 卷（北京：中華書局，1982 年），頁 125～126；劉堅、丁賢勇：〈第一任浙江都督湯壽潛〉，《杭州師範學院學報》1989 年第 4 期（1989 年 5 月），頁 45。

〔註2〕沈鴻柏：〈培風外史〉（馬六甲培風中學卅五週年校慶紀念特刊），《南洋商報星期刊》第 4 版，1948 年 8 月 8 日。

〔註3〕「培風」二字是由湯壽潛命名，取自的莊子的〈逍遙遊〉中的「鵬鳥摶扶搖而上者九萬里」，以冀學校的發展前途無可限量。參閱〈「培風」之名何來？〉，收錄於培風中學雙慶特刊編輯委員會編：《培風中學雙慶特刊》（馬六甲：培風中學，1995 年），頁 11。

董事	張文軒、吳萬里、劉翼鵬、龍道舜……等人
庶務	王晴山
學監	林登瀛

資料整理自何大愚：〈本校大事記〉，《英屬馬六甲華僑公立培風學校二十週年紀念刊》
（記述之部），頁6。

　　值得說明的是，這些創辦人當中多係同盟會領導人與成員，雖然他們各
自囿於時間或對辦學的行政經驗不足，又或對教育相關領域缺乏研究，不過
他們對革命事業的理念及關懷，卻造就了革命組織與培風學校之間的密切聯
繫，進而對學校在日據時期以前的發展起著重大影響。至於這種影響究竟是
好還是坏，則是見仁見智，難有定論。

圖4.1.1　培風學校董事、教師、校友（1928年）

培風學校董事、教師、校友於1928年集體合影留念。（圖片來源：《圖說沈慕羽》）

　　培風創校之時，正值討袁「二次革命」爆發時期。當「二次革命」失敗
後，一些革命志士從中國逃亡至海外避難，馬六甲也成為了革命逃亡者的避
難據點之一。這些革命志士在抵達馬六甲後，大多數會被當地國民黨領袖安
插在這所新設立的學校充任教員，甚至是校長的職位，其中作為「開荒牛」
角色的第一任校長吳問秋及教員葉幼榮就是最好的例證。〔註4〕吳問秋與葉
幼榮在1913年7月31日進入培風學校擔任教職，但二人在該年12月便辭
職離開了學校。在1914年，又有何大愚、林師肇、陳毓輝等人陸續被安排到
培風學校擔任教員，當中只有何大愚在校服務的時間（1914年1月1日至

──────────

〔註4〕沈慕羽：〈沈鴻柏與培風學校〉，《培風中學雙慶特刊》，頁38。

1917 年 12 月 31 日；1922 年 7 月 31 日至 1940 年 6 月 30 日）〔註 5〕較長，
林師肇與陳毓輝二人皆屬短暫停留，服務時間大約只有二、三個學期，之後
又返回中國繼續革命相關的工作。

　　雖然這些教師（革命逃亡者）大多都沒有教學實務經驗，在培風學校的流
動率亦極高，對學校的運作與發展或許沒有實質上的幫助，但他們依然深受學
校創辦人和董事的歡迎及肯定。針對這一點，教員沈職民〔註 6〕在〈本校十二
週年之回顧〉一文中提出另一面的看法：

> 此時期（筆者按：創始時期）之困難，確有千萬倍於今日者，其原
> 因有三：……（二）人才缺乏：紀元之初，國內各學校之教職員位
> 置，尚有事浮於人之歎，越在海外，當更可想。曾聞當時有革命黨
> 人，為專制政府所不容，隻身出走海外者，華僑各學校董事，咸視
> 為奇貨可居，輒厚幣而爭聘之。職民入耳之餘，不覺破涕為笑。夫
> 初期革命，完全屬於破壞，而初期教育，完全注重建設，以革命黨
> 人充任初高小之校長教員，是真背道而馳，相去何止萬里也。〔註 7〕

　　沈職民的這段文字除了透露出培風學校董事對革命黨人的青睞外，還針
對這種現象提出強烈地批評，並認為學校在聘請教員時應該回歸到教育的本
質上，而非著重於教員的「革命黨人」身分。沈氏的這篇文章收錄在 1925 年
出版的《培風特刊：十二週年紀念號》中，可見他的這番見解是獲得當時掌校
務者及同工的認同與支持。

　　儘管如此，革命黨人在「二次革命」時期的這場「政治避難」浪潮中，或
多或少啟動了培風學校「教育政治化」的開端，促使學生的思維在無形中受到
革命精神的影響。沈慕羽曾在〈沈鴻柏與培風學校〉一文中提到該校早期學生
的優異表現，其中有一段：

> 本校學生除在校內每逢紀念日或畢業或休業典禮中有演說者外，在校
> 外公開之演說，當推民四在本坡中華閱書報社〔註 8〕之演說為嚆矢。

〔註 5〕參閱自〈歷年職教員任期久暫表〉，收錄於匡光照主編：《英屬馬六甲華僑公立
　　　　培風學校二十週年紀念刊》（馬六甲：馬六甲華僑公立培風學校，1935 年）；
　　　　〈陳毓輝致沈慕羽函〉（毛筆原件），馬六甲沈慕羽書法文物館收藏。
〔註 6〕沈職民為清朝秀才。
〔註 7〕沈職民：〈本校十二週年之回顧〉，收錄於《培風特刊：十二週年紀念號》（馬
　　　　六甲：馬六甲華僑公立培風學校，1925 年），頁 7～8。
〔註 8〕引文中提到的「中華閱書報社」即為「中華書報社」。

演說時用華語而由二學生用閩粵方言翻譯。年幼之學生初次登壇，發

揮愛國之理論及提倡教育之重要，一鳴驚人，轟動全坡。〔註9〕

這一段短短的文字，不單單是流露了對當時學生行為表現的讚嘆意味，其背後還透露了該校學生在校外參加與革命宣傳有相關的活動。在上一章提到，中華書報社是馬六甲國民黨組織的辦事處，它肩負著宣傳革命、啟迪民智的重任，而培風學校的學生能公開且積極活躍於書報社推展的演講活動，可想而知，他們的行為似乎是在校長默許、老師鼓勵與帶領之下所進行的。這種現象正說明了一股革命的思潮正瀰漫著當時培風學校的校園，同時也大大推動了培風學校師生對中華民國民主革命的覺醒。然而，它的存在並非是偶然的，而是革命黨勢力涉入學校的一種表現，這顯然是與具有革命意識之校董、教職員等人之辦校或教學理念有關。

圖 4.1.2　中國國民黨中央執行委員會題辭「親愛精誠」

中國國民黨中央執行委員會題辭「親愛精誠」贈予培風學校。
（圖片來源：《英屬馬六甲華僑公立培風學校二十週年紀念刊》）

培風學校是馬六甲早期的新式學校之一，創辦者雖無辦學經驗，但卻憑著對教育事業的滿腔熱情，投注不少金錢、心思與精力，力求將這所學校打造成象徵當地華文教育與文化精神的重要場所。因此，每當有國內重要的政治貴賓到訪馬六甲時，身具國民黨僑領身分與地位的學校創辦人、董事，自然就會將學校作為貴賓必訪的重要景點之一。培風學校自創立初期至1941年間，除黃炎培、李希斌、余俊賢分別在1917年、1922年、1941年以教育視察員的身分前往考察學生的學習狀況外，許多活躍於政壇上且代表國民政

〔註9〕參閱沈慕羽：〈沈鴻柏與培風學校〉，《培風中學雙慶特刊》，頁39。

府、地方政府前來訪問的人員，如：宋淵源、胡惟賢、何子奇、鍾動、劉振
寰、褚民誼、方瑞麟、吳士超、張國仁、陳錫襄、秦參政、馬天英等人，亦
被安排到培風學校參觀。據筆者瞭解，這些到訪者往往是為了尋求當地僑領
的政治支持而登門造訪，其中存有甚深的政治意圖與宣傳，並不完全如鄭良
樹所言「關心愛護僑校，表達對自己文化的心意」〔註10〕；有些則是「途經
此處」，在當地僑領的熱心招待之下，順道前往學校探訪，行色往往匆匆，並
未對學校的未來發展與運作提出任何建設性的意見。儘管這種參訪活動有如
走馬看花，但也不能完全抹殺其作用，因為對培風學校而言，每一次的國內
重要人物前來交流造訪，正是對學校的一種肯定，並將其視為一件重要史事
而列入學校的「大事記」年表，顯見重視程度極高。下表 4.1.2 為中華民國政
治人物在 1914 年至 1931 年間到訪培風學校的記錄：

表 4.1.2　中國政治人物與培風學校的互動表（1914～1931）

日　期	活動事項
1914.5.18	福建省議會議長、前南京臨時參議院議員宋淵源偕夫人到校參觀
1914.7.19	北京政府駐新加坡總領事胡惟賢到校參觀
1914.7.21	總領事胡惟賢對學生進行考試
1914.12.19	何子奇、鍾動二人代表前江西都督李烈均到校參觀運動會，並擔任總評判
1915.8	前廣西革命軍總司令劉振寰來校參觀
1915.10.26	褚民誼到校參觀
1917.3	黃炎培等人到校演講
1921.6	孫中山特派南洋華僑宣慰大使方瑞麟到校參觀
1922.4	廣東省長陳炯明特派教育視察員李希斌到校視察
1931.1.11	南京僑委會委員吳士超到校參觀
1931.9.3	上海拒毒會教育委員陳錫襄到校參觀及演講
1937.12.3	民族復興社代表張國仁到校演講
1939.7.22	國民參政會參政員秦參政到校參觀
1940.2.5	中國回教南洋訪問團馬天英、吳建勳、馬達伍到訪，並為培風、培德、平民、培才四校師生演講
1941.9.27	僑務委員會教育處長余俊賢到校視察

〔註10〕鄭良樹：《馬來西亞華文教育發展史》第 1 分冊（吉隆坡：馬來西亞華校教師
　　　　會總會，1998 年），頁 269。

注：本表根據以下各書資料另行彙編。

資料來源：

①何大愚：〈本校大事記〉，《英屬馬六甲華僑公立培風學校二十週年紀念刊》（記述之部），頁7～10、13～14、22～23。

②鄭良樹：《馬來西亞華文教育發展史》第1分冊，頁268。

③〈民族復興社代表　張國仁在甲培風學校演講〉，《南洋商報》第13版，1937年12月6日。

④〈馬六甲同僑歡迎秦參政〉，《南洋商報》第14版，1939年7月24日。

⑤〈祖國萬千難童在炮火中煅鍊　成抗戰建國人材　中國回教團在甲華公立四校演講中國難童〉，《南洋商報》第13版，1940年2月7日。

⑥〈余俊賢在馬六甲視察僑校及演講定期今日離甲赴芙蓉〉，《南洋商報》第9版，1941年9月29日。

　　值得一提的是，在南京國民政府提出「黨化教育」政策以前，培風學校雖是依據北京政府教育部規定的課程標準作為教學方針，不過卻早已在諸多事例中呈現出「黨化」的形態，當中最為明顯的是在學校以「升旗修業」或是「紀念大會」的方式來慶祝與國民黨有關之各項政治性紀念日，如：南北統一日、黃花崗起義、孫中山逝世日等；另又曾在1915年12月27日獲知雲南起義的消息後，即升旗慶祝，〔註11〕以表達對討袁護國運動的支持。上述種種的紀念方式雖然顯得較為低調，且在紀念日之時懸掛的是北京政府時期之五色國旗，從表面上來看，國民黨的政黨色彩並不強烈，但學校透過這些紀念性活動卻能夠潛移默化地將國民黨塑造為革命精神的象徵，並讓學生對革命歷史的進程有更加深刻認識，以培養學生的歷史責任感及愛黨的思想情感。

第二節　黨化教育的推展過程

　　南京國民政府在1928年6月15日對外宣告完成中國統一大業以後，即遵循孫中山的「以黨治國」遺訓，從「軍政時期」邁入「訓政時期」，致力於實現三民主義之政治施設。在學校教育方面，國民政府於1929年4月通過《中華民國教育宗旨及其實施方針》公布了中華民國教育之宗旨，其內容為：「中華民國之教育，根據三民主義，以充實人民生活、扶植社會生存、發展

─────────────

〔註11〕何大愚：〈本校大事記〉，《英屬馬六甲華僑公立培風學校二十週年紀念刊》（記述之部），頁9。

國民生計、延續民族生命為目的，務期民族獨立，民權普遍，民生發展，以促進世界大同」〔註12〕，正式以三民主義作為教育政策實施的準則。在此之前，先是提倡「黨義教育」、「黨化教育」、「黨治教育」、「黨辦教育」等諸說，後因「名不正，言不順」之嫌，而以「三民主義教育」之名代之，〔註13〕但其教育立場實際上如出一轍，並無重大的改變，幾乎等同於黨化教育，仍是以中國國民黨之政治目的為中心。關於這一點，1931 年出任教育部長的朱家驊曾在中央第 85 次紀念週報告會上，有如此說明：

> 三民主義教育，不但是本黨對於教育既定的政策，而且是保障完成
> 本黨所領導的國民革命一個必要的方法。……所以我們必要把我們
> 的黨義，溶化在教育的核心裡。因為教育是能管教人生，指導人生，
> 幫助人生唯一的利器，倘若我們把我們的黨義，和這個唯一利器的
> 教育，併合為一個東西，那麼我們的黨義，一定是不脛而走，不推
> 自行了。〔註14〕

從某個角度來看，當時的學校教育目的並非純粹以傳授知識與培養技能作為根本，而是將基本的教學功能延伸至政治化的層面，甚至納入政治的範疇，為政治服務，使教育在本質上發生轉變，強化學生對國民政府的認同，冀能培養出服從黨義的學生。另外，中華民國大學院（以下簡稱：「大學院」）在 1928年 5 月召開的第一次全國教育會議上，曾針對「三民主義教育」實施之原則，作出詳盡地說明：

> 所謂三民主義的教育，就是以實現三民主義為鵠的教育；決不是單
> 單在教科書中攙入些三民主義的話，或在教育行政機關裡貼幾張三
> 民主義的文告，就算完事的。我們全部的教育，應當發揚民族精神，
> 提倡國民道德，鍛鍊國民體格，以達到民族的自由平等；應該養成
> 服從法律的習慣，訓練團體協作和使用政權的能力，以導入民權的
> 正軌；應該提倡勞動，運用科學方法，增進生產的技能，採取藝術

〔註12〕毛禮銳、沈灌群主編：《中國教育通史》第 5 卷（山東省：山東教育出版社，
　　　　1988 年），頁 251～252。

〔註13〕參閱中國國民黨中央委員會黨史委員會：《革命文獻》第 54 輯（臺北市：中
　　　　國國民黨中央委員會黨史委員會，1971 年），頁 253；〈教育宗旨及教育標準
　　　　之規定——中央黨部訓練部之提案〉，《教育雜誌》第 20 卷第 9 期，1928 年 9
　　　　月 20 日。

〔註14〕王聿均、孫斌編輯：《朱家驊先生言論集》（臺北市：中央研究院近代史研究
　　　　所，1977 年），頁 121～122。

的陶鎔，豐富生活的意義，以企圖民生的實現。〔註15〕

由此可見，「三民主義教育」體制的建立乃是中國國民黨建國理念的具體呈現，藉由學校教育的方式和管道，無條件地將其黨內的政治信仰與行為規範推展至全體國民。

「三民主義」在被確立為中華民國教育宗旨後，一向仿效中國教育模式的海外華文教育工作又如何推展？為了確保「三民主義教育」在海外的華文學校同步推行，大學院（後改為「南京國民政府教育部」）〔註16〕在 1928 至 1929 年間擬定多項相關的華僑教育法則，其中有：〈華僑小學暫行條例〉、〈華僑補習學校暫行條例〉、〈華僑視學員程章〉、〈駐外華僑勸學員章程〉、〈華僑捐資興學褒獎條例〉、〈領事經理華僑行政規程〉、〈僑民學校立案規程〉（〈華僑學校立案條例〉修訂版）、〈華僑教育設計委員會組織條例〉等，〔註17〕作為海外華文學校的最高指導原則。而錢鶴在〈華僑學校與黨化教育〉（1929 年）一文，亦針對相關的問題提出精闢透徹的見解：

> 實施黨化教育之方法，當分二步。第一步先從改革學校行政、教員資格、學級編制入手……。此三者，當由國民政府大學院，依照新頒華僑小學暫行條例，訓令改革，此實施黨化教育之第一步也。次之對於修習科目、教科用書，以及教學訓練設備諸端，當使漸次改革……。今後宜由華僑教育各團體，與海外各地黨都，促進改良，如科目中應加三民主義，用書宜採國內最新出版，合於黨義者。教學法宜以兒童為本位，訓練當注意公民陶冶，設備須留意美化，如舉行總理紀念周、懸掛革命偉人肖像等等，凡此皆實施黨化教育之第二步也。〔註18〕

〔註15〕中國國民黨中央委員會黨史委員會：《革命文獻》第 54 輯（臺北市：中國國民黨中央委員會黨史委員會，1971 年），頁 1～2。

〔註16〕「中華民國大學院」冠以「中華民國」字樣，遂使隸屬或獨立於國民政府的分際模糊；而稱院亦與監察院、立法院之名稱相混，故於 1928 年 8 月 14 日決議通過：取消中華民國大學院，改設國民政府教育部。參閱：中國國民黨中央委員會黨史委員會：《革命文獻》第 79 輯（臺北市：中國國民黨中央委員會黨史委員會，1979 年），頁 109～110。

〔註17〕李盈慧：《華僑政策與海外民族主義（1912～1949）》（臺北：國史館，1997 年），頁 501～509；張洪雲：《南洋華僑教育研究（1927～1949）》（河南：河南大學，2011 年），頁 7～8。

〔註18〕錢鶴：〈華僑學校與黨化教育〉，收錄於劉士木等編：《華僑教育論文》第 1 集（上海：國立暨南大學南洋文化事業部，1929 年），頁 182～183。

以上種種貫徹著「三民主義」之規程及改革方針有其獨特的歷史背景和必然性，對當時的海外華文教育發展產生甚大影響。從中，亦可見黨化教育的實施，先從位於教育現場第一線的教師與行政體系開始著手進行改革，再進而深入教育內容與硬體設備的部分。

那麼，與國民黨淵源深厚的培風學校是否依照上述各項教育法則推進，還是配合當地的情況而採取較為折衷的辦法？據史料記載，培風學校自趙頌周於 1928 年 3 月接任教務長〔註 19〕一職以後，即於 7 月的教務會議上針對該校的若干教務事項及問題作出重大改革，此舉乃是著眼於有效地將「三民主義教育」宗旨落實在教學方面。然而，基於英國殖民政府《1920 年學校註冊法令》及《1926 年學校註冊條例》的限制，諸多與三民主義相關的教育措施始終並未能真正貫徹實施，在舉步維艱的情況下，培風學校更多的是側重在課程綱要修訂及教材選用方面，如：將「三民主義」科目列為正式課程及採用經大學院與教育部審定的教科書作為教學教材。

需要提及的是，培風學校選用的教科書是從中國輸入的，教材中所包含的意識形態或多或少支配著學生對「三民主義」價值觀的深切認知，值得深究。根據《南洋華僑學校之調查與統計》收錄之資料顯示，培風學校在趙頌周擔任教務長之時，是以中華書局出版的《新中華》版本為小學部教科書；初中部則是以商務印書館出版的《現代初中》為教科書。〔註 20〕雖然《南洋華僑學校之調查與統計》沒有明確指出年份，但根據何大愚〈本校大事記〉之記載，趙頌周是在 1928 年 4 月 1 日到培風學校就職視事，1931 年 6 月提出辭職，〔註 21〕以此來推測，培風學校中小學部在 1928 年至 1931 年間是選用《新中華》與《現代初中》為教科書版本。這些教科書所涉及的內容主要是以宣揚愛國主義、激發民族意識為中心，希望從而達到發揚三民主義及國民革命精神之目的。以《新中華國語讀本》（以下簡稱：「《國語》」）為例，無論是小學初級或

〔註 19〕 過去曾有校長濫用職權而惹出事端，為了避免不良之風再次滋長，培風學校自 1921 年至 1938 年間皆以教務長制代替校長制，職責基本上是等同於校長。校內重大事情概由董事會議決執行，而教務長僅負責教務事宜。參閱匡光照：〈三十年代的培風〉，《培風中學七十週年紀念特刊》（馬六甲：培風中學，1983 年），頁 94。

〔註 20〕 錢鶴編：《南洋華僑學校之調查與統計》（上海：暨南大學南洋文化事業部，1930 年），頁 166。

〔註 21〕 何大愚：〈本校史畧〉，《培風學校二十週年紀念刊》（記述之部）（馬六甲：馬六甲華僑公立培風學校，1935 年），頁 19～22。

高級用本都出現以「青天白日滿天紅」國旗作為教學題材的內容，諸如下列課文：

> 青的天，白的日，青天白日滿地紅。我愛國，你愛國，大家對國旗鞠躬。〔註22〕

> 燦爛的光明，籠罩着美麗的風景。青天白日，日白天青，紅光滿地，表現我民族光榮。光榮！光榮！宛轉的歌聲，包含着懇摯的心情。青天白日，日白天青，紅光滿地，表現我民族歡欣。歡欣！歡欣！〔註23〕

> 一片青天懸白日，萬道紅光照滿地。多少年的黑暗，到了今朝纔霽。多少年的污濁，到了今朝纔清洗。看啊！看啊！多麼光明，多麼美麗，我們的國旗！〔註24〕

> ……我們中華民國的國旗是青天白日滿地紅旗，我們要愛他。因為他能激發我們的熱心，激發我們的生氣，使我們努力和黑暗奮鬥，達到光明的境界。我們要愛這光明熱烈的標幟；要使這光明熱烈的標幟，和光明熱烈的太陽一樣，博得全世界的歡迎，無窮期的飄揚。〔註25〕

這些課文內容與北洋政府時期的課文在形式上有相似之處，是以象徵著國家標誌的「國旗」作為重要題材，目的在於積極地向學生灌輸尊敬與熱愛國旗的思想，並進一步藉此明顯的政治符號來養成學生的愛國意識與情操。但實質的效忠對象與先前不同，此時出現在課文內容的國旗不再是北京政府時期的紅、黃、藍、白、黑「五色旗」，而是具有國民黨黨徽圖案的「青天白日滿地紅」旗子，其所蘊含的政治象徵轉向十分明顯。

另外，在《國語》小學校初級第 6 冊內收錄了多篇介紹、歌頌中國的課文，如：第 12 課〈努力救中華〉、第 13 課〈中華多麼好〉、第 33 課〈美呀中國的山河〉、第 34 課〈中國〉等，〔註26〕使學生瞭解真正的中國及這個國家當時的處境，並透過課本內容的介紹激發起學生對國家的認同及民族自救的意

〔註22〕王祖廉、黎錦暉、黎明、吳稚暉編：《新中華國語讀本》小學校初級第 1 冊（上海：中華書局，1930 年 9 月 78 版），頁 43。

〔註23〕王祖廉、黎錦暉、黎明、吳稚暉編：《新中華國語讀本》小學校初級第 5 冊（上海：中華書局，1930 年 9 月 44 版），頁 1。

〔註24〕朱文叔：《新中華國語讀本》小學校高級第 1 冊（上海：中華書局，1932 年 6 月 45 版），頁 1～2。

〔註25〕朱文叔：《新中華國語讀本》小學校高級第 1 冊，頁 2～3。

〔註26〕王祖廉、黎錦暉、黎明、吳稚暉編：《新中華國語讀本》小學校初級第 6 冊（上海：中華書局，1930 年 6 月 33 版），頁 14～15、15～16、40～42、42～43。

識。更重要的是，課文還注入倡導國貨意識，其內容為：

> 愛國傘，哥哥一把，弟弟一把；清早帶上學，下午帶回家；天晴遮
> 太陽，天陰防雨打。〔註27〕

> 有一天，我和一位女主人出遊。女主人想替他的女兒製一套夾衣，
> 便帶女兒到布店中，揀了一種時新花樣的洋紗。女兒說：『我聽先生
> 說：「衣服器具，有本國貨可用的，寧可用本國貨。」我看愛國布，
> 紗料既細密，顏色也好看，價錢又不貴，又是國貨，我很願用他做
> 衣服。』女主人說：「你說得很有道理。」便走進一個國貨店，將我
> 們換了一疋愛國布去了。〔註28〕

為了全面減少國民對洋貨供應的依賴、倡導民族自強自立的精神，以及振興民
族企業的發展，不得不以學校及學生作為改良社會風尚之中心，因此透過學校
教科書課文內容來引導和灌輸學生正確對待國貨的意識，以及購買國貨等於
愛國之觀念，作為提示學生使用國貨辦法之一。

　　另一個順應形勢發展的教材內容與「勿忘國恥」之宣導有著重大關聯，
如在《國語》小學校初級第8冊內〈沿海旅行〉〔註29〕一文中，以學生在旅
行經過的景點，諸如：台灣、香港、九龍、廣州沙面、廣州灣、澳門等，表
達出列強侵略中國帶來的「租借割讓」、「喪權辱國」等事實；另在〈祖母的
談話〉〔註30〕中，則是透過祖母娓娓道來的前憶往事，揭露英、日、法等列
強在中國的暴行，藉此追溯飽受屈辱的歷史片段塑造國民的集體記憶，從中
提醒國民「勿忘國恥」，應將其轉化為民族救亡的動力。另外，又在〈國際
的信義〉一文，特舉孫中山與日本人之間的對話來揭露日本對中國缺乏誠信
之行為，正如下文：

> 歐洲大戰的時候，日本參加協商國方面，和德國開仗。派軍艦多艘
> 到青島，聲勢洶洶。有一天，孫中山先生和一日人談論，日人說：
> 「日本本不願打德國，很想守中立；但是因為日本和英國有同盟的

〔註27〕王祖廉、黎錦暉、黎明、吳稚暉編：《新中華國語讀本》小學校初級第2冊
　　　　（上海：中華書局，1930年5月64版），頁33。

〔註28〕王祖廉、黎錦暉、黎明、吳稚暉編：《新中華國語讀本》小學校初級第5冊，
　　　　頁8。

〔註29〕王祖廉、黎錦暉、黎明、吳稚暉：《新中華國語讀本》小學校初級第8冊（上
　　　　海：中華書局，1932年4月53版），頁10～15。

〔註30〕王祖廉、黎錦暉、黎明、吳稚暉：《新中華國語讀本》小學校初級第8冊，頁
　　　　25～33。

關係，日本要講信義，履行國際條約，故不得不犧牲去參加協商國，幫英國，打德國。」孫中山先生問道：「中國和日本的馬關條約，現在還存在嗎？」那日人說：「自然存在的。」孫中山先生說：「馬關條約中最重要的條件，不是要求高麗獨立嗎？現在高麗怎麼樣，不是被日本併吞了嗎？為甚麼日本對於英日同盟講信義，對於馬關條約，便不講信義呢！」那日人面紅耳赤，一句話不說。〔註31〕

　　除了在教材內容落實愛國主義與民族主義的教育目的外，當時的教科書內容亦力圖藉由革命歷史、褒揚革命人物獻身殉國之精神等方面的課文，養成及加強學生對國民黨政府合法性之認同。如《國語》小學校初級第 6 冊第 14 課〈黃花崗〉一文：

黃花崗在廣州東面，再東便是白雲山，附近多土阜，風景很好。民國前一年，孫文第十次革命，由黃興率領同志數百人，於三月二十九日，圍攻廣州總督衙門，未成，死者七十二人，合葬於黃花崗。墓前有一碑，題曰：「七十二烈士之墓」。七十二烈士殉國後，不到半年，武昌起義，中華民國便成立。於是定三月二十九日為黃花節，年年這天舉行大弔祭；廣州市人民，乃至男女小學生，成羣結隊，往黃花崗，弔祭七十二烈士之靈。〔註32〕

上述的課文內容不僅是緬懷「黃花崗七十二烈士」的革命事蹟，更是藉此契機進一步強調國民黨的政治訴求，以調整與確立其在中華民國的政治地位。另有《國語》小學校高級第 2 冊第 20 課〈溫生才烈士〉〔註33〕、第 21 課〈林冠慈烈士〉〔註34〕；第 3 冊第 1 課〈七十二烈士〉〔註35〕等，這些為國犧牲的典範人物介紹不單單是呼籲大眾效法愛護黨國之精神，內容所傳遞的價值或意識形態均如上所述。儘管如此，作為中華民國開創者之一的孫中山亦在課文內被塑造為民族精神領袖，如在《國語》小學校初級第 5 冊第 2 課〈孫中山〉，其內容：

〔註31〕王祖廉、黎錦暉、黎明、吳稚暉：《新中華國語讀本》小學校初級第 7 冊（上海：中華書局，1932 年 6 月 68 版），頁 12～14。

〔註32〕王祖廉、黎錦暉、黎明、吳稚暉：《新中華國語讀本》小學校初級第 6 冊，頁 17～18。

〔註33〕朱文叔：《新中華國語讀本》小學校高級第 2 冊（上海：中華書局，1932 年 6 月 39 版），頁 39～43。

〔註34〕朱文叔：《新中華國語讀本》小學校高級第 2 冊，頁 43～45。

〔註35〕朱文叔：《新中華國語讀本》小學校高級第 3 冊（上海：中華書局，1932 年 5 月 29 版），頁 1～5。

孫中山先生，名文，他一身努力國民革命，四十年如一日。他是中華民國革命的偉人，不幸在十四年三月十二日，死於北平。他有兩句遺言：「革命尚未成功，同志仍須努力」。我們都該遵從他，快來實行三民主義，完成國民革命。〔註36〕

又有收錄在《國語》小學校高級第1冊第9～12課〈孫中山的少年時代〉〔註37〕、《國語》小學校初級第8冊第12～13課〈羣力〉〔註38〕，這些課文內容分別介紹了孫中山的生平事蹟及其對國民黨黨員之演講，無疑是將其作為凝聚國民向心力的象徵人物。這一種常規的宣傳手法，不僅是強化學生對政治領袖的追憶及尊崇，同時亦為國民革命事業建設起推動性的作用。附帶一提，與三民主義原則相關的道德觀念，如：忠孝、仁愛、信義、和平等，亦寓於教科書中，透過教育潛移默化的作用，力圖將其作為民族精神的導向與支柱。

除了《國語》課本外，同時期出版的《新中華公民課本》（以下簡稱：「《公民》」）亦有類似課文內容，在此不作詳細的解說，僅列出課文圖像供給參考：

圖4.2.1　上海中華書局出版的《公民》第1冊——「國旗」與「國貨」
　　　　課文內容

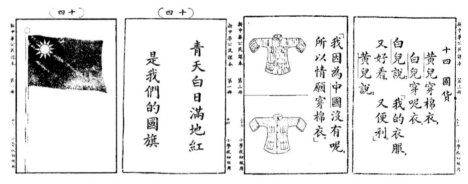

課文內容分別為「國旗」與「國貨」，摘自上海中華書局出版的《公民》第1冊〔註39〕（左）和第3冊〔註40〕（右）。

〔註36〕王祖廉、黎錦暉、黎明、吳稚暉：《新中華國語讀本》小學校初級第5冊，頁2～3。
〔註37〕朱文叔：《新中華國語讀本》小學校高級第1冊，頁12～21。
〔註38〕王祖廉、黎錦暉、黎明、吳稚暉：《新中華國語讀本》小學校初級第8冊，頁17～19。
〔註39〕陸紹昌、劉傳厚：《新中華公民課本》小學校初級第1冊（上海：中華書局，1931年6月19版），頁16～17。
〔註40〕陸紹昌、劉傳厚：《新中華公民課本》小學校初級第3冊（上海：中華書局，1932年10月23版），頁22～23。

圖4.2.2　上海中華書局出版的《新中華公民課本》第4冊──「孫中山」
　　　　　課文內容

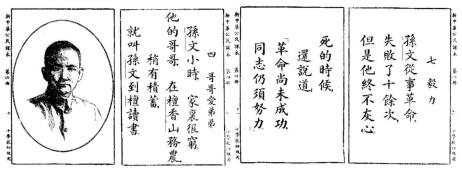

主題為孫中山的課文內容，摘自《新中華公民課本》第4冊〔註41〕。

　　從上述簡單的考察得知，1928年至1931年間的培風學校在教學方面具有濃厚地政治意味，與國民黨推展的政策緊密結合，而透過教科書傳遞出來的政治意識形態，也不過只是「黨化教育」其中的一小部份。儘管如此，這一場以實現「三民主義」宗旨的教育態勢，很快就陷入極為尷尬的窘境。

　　隨著金文泰在1930年上任海峽殖民地總督以後，國民黨的組織運作情況就在金氏鐵腕政策之下呈現出極度低靡；而作為政黨掩護基地的華文學校自然受到英國殖民政府嚴厲的管制，除了格外小心翼翼之餘，又得繼續維持校務的正常運作。1930年至1931年間，凡是有關三民主義或是涉及政治意味之宣傳、反對帝國主義侵略中國，尤其是存有批評英國殖民政府言論之議題，均禁止納為教材，如：商務印書館的《新時代》、《基本》、《新學制》；世界書局的《新主義》；中華書局的《新小學》、《新學制適用新小學》、《新中學》；民智書局的《新標準》、《民智》；廣義書局的《新小學》等，而培風學校當時使用的《新中華》版本亦被列在其中。〔註42〕

　　在殖民政府政策的重重打擊之下，1931年新上任的教務長匡光照為了維持學校的良好運作，惟有重新整頓校風及確立辦學宗旨，故而特就小學部、初級中學部課程綱要的編訂作出調整。這套課程綱要除了以國民政府教育部頒布的小學課程標準原則作為依據外，亦針對當地社會實際環境和需求而稍作變更。此外，又就教科書選用進行一定的評鑑，以冀突破當時所遭受到的困難

〔註41〕陸紹昌、劉傳厚：《新中華公民課本》小學校初級第4冊（上海：中華書局，
　　　　1930年2月第9版），頁16～17。
〔註42〕鄭良樹：《馬來西亞華文教育發展史》第2分冊（吉隆坡：馬來西亞華校教師
　　　　會總會，1999年），頁206～207。

和障礙。下表 4.2.1 為培風學校在 1933 年開列出來的各級別學科、各科目教學
用書：

表 4.2.1　培風學校各級別之課程綱要、各科目教學用書（1933 年）

級別 科目	初級小學	高級小學	初級中學
公民	新小學公民課本（中）	新小學公民課本（中）	新撰初中公民教科書 （商）
國語	南洋華僑國語課本（中）	南洋華僑國語課本（中）	新中華國語與國文（中） 初中國文（世）
英文	初級英文課本（世） 新法英語教科書（商）	Nelson's First English Reader（M. P. H Ltd） 初中新中學英文法（中）	Nelson's Malayan Readers Nesfield English Grammar（M. P. H Ltd）
算術	新中華算術課本（中）	新中華算術課本（中）	Hall' A School Algebra （Macmillan & Co.）
歷史	－	南洋華僑歷史課本（中）	新中華本國史（中）
地理	－	南洋華僑地理課本（中）	新中華本國地理（中）
衛生	－	南洋華僑衛生課本（中）	初中生理衛生學（中）
商業	－	－	－
自然	－	新中華自然課本（中）	初中自然教科書（世）
常識	南洋華僑常識課本（中）	－	－
形藝	選授	選授	選授
工藝	選授	選授	選授
體育	選授	選授	選授
音樂	選授	選授	選授

註：（中）為「中華書局」；（世）為「世界書局」；（商）為「商務書局」。

資料來源：〈本校二十二年概況表〉，收錄於《英屬馬六甲華僑公立培風學校二十週年
　　　　　紀念刊》，無頁碼。

　　很明顯的，培風學校在 1933 年公布的中、小學課程綱要與 1923 的《新學
制課程標準綱要》內容非常相似，不過 1933 年編訂的課程綱要偏重於國、英、
算三科；初中部則在第三學年外加一門商科課程，配合當地以商業為主的實際
環境。〔註43〕從整個課程綱要的編訂及教科書選擇來看，培風學校似乎在學科

―――――――――――――――――――――――――――――――――――

〔註43〕參閱〈概況之部〉，收錄於匡光照主編：《英屬馬六甲華僑公立培風學校二十

教學知識的層面上有更多的顧忌，或者說，至少在表面上已與「三民主義教育」
正式劃上句號，但整體上的教育模式還是處在被國民政府控制與支配的地位。
正如匡光照在〈三十年代的培風〉一文中提到的實況：

> 三十年代的華校，都是依照南京國民政府教育部所頒布的〈華僑中
> 小學規程〉辦理的。舉凡學制、課程、科目、課本……等等，都是
> 採取僑委會所審訂的。可以說，那時的華校，全是中國教育制度下
> 的樣品，可稱它為「僑民教育」。效忠的對象是中國，跟當時三州府
> 海峽殖民地政府所辦的殖民地教育，迥然不同……。〔註44〕

根據匡光照的說法可以約略得知，培風學校除學制、課程、科目及課本外，對
教職員的基本資格要求亦是根據1931年的〈華僑中小學規程〉規定，即：「華
僑中小學校長以服膺三民主義，人格健全，能與學生共同生活；中小學教員以
服膺三民主義，品性良善，學歷相當……」〔註45〕為基礎，換句話說，凡在學
校任職的教職員皆須服膺於三民主義，而在選聘教職員的時候，具備此項條件
者更是首要考慮的對象，以確保三民主義教育的推行。雖然匡光照未就此予以
詳述，不過卻在〈回憶培風〉一文中，就培風學校老師在國民黨外圍組織──
晨鐘勵志社的參與度作出說明：

> ……，在培風服務幾年時間，始終和晨鐘勵志社，發生了密切不懈
> 的關係。那時，該社的主幹人，係培風董事會主席何博士（筆者按：
> 何葆仁〔註46〕），其他重要幹部，亦多係培風董事。在何博士領導之
> 下，培風的教師，幾乎十之八九，為該社社員，且分別負有社中各
> 項工作：德、智、體、群、美五股各項活動，都有培風的教師參加
> 在內。〔註47〕

由此可見，就當時具有學校最高權力的董事部職員之政治背景來看（表
4.2.2），國民黨勢力滲透入學校的情況是可想而知的，黨化教育的色彩始終

週年紀念刊》（概況之部），頁3。

〔註44〕匡光照：〈三十年代的培風〉，《培風中學七十週年紀念特刊》，頁95。

〔註45〕〈華僑中小學規程〉，《教育雜誌》第23卷第2號（上海：商務印書館，1931
年2月20日），頁120。

〔註46〕何葆仁於1933年至1941年期間擔任培風學校第15～23屆董事會主席。參閱
〈歷任董事會總理主席一覽表〉，收錄於培風金禧紀念特刊編輯委員會：《培
風五十年：培風金禧紀念特刊》（馬六甲：培風中學，1963年），頁99。

〔註47〕匡光照：〈回憶培風〉，收錄於培風金禧紀念特刊編輯委員會：《培風五十年：
培風金禧紀念特刊》（馬六甲：培風中學，1963年），頁28。

是相當濃厚。

表 4.2.2　培風學校董事部職員表（1934 年）

監察部			執行部			參事員	
主席	曾江水	○	正主席	何葆仁	☆	林學初	☆
委員	陳溫祥	▲	副主席	劉漢屏	☆	林先純	☆
			總務	林大典	☆	郭鏡川	☆
	熊舉賢	▲	財政	曾有美	☆	李月池	☆
			文書	何選民	☆	許水滿	☆
	郭巨川	☆	正查數	林紀雲	▲	柳其傑	☆
			副查數	謝榮光	☆	楊發尊	☆
	羅金水	▲	委員	龍興簋	▲	王受天	☆
				黃仕元	☆	沈金義	☆
	顏文祺	▲		王篤成	☆	沈慕卿	☆
				王裕輝	☆	張鼎君	☆
	王德義	☆		陳公甫	☆	王業珍	☆
				周卿昌	☆	陳期益	☆
	王萬興	☆		林揆義	☆	陳公紀	☆
				梁兆波	▲	泉公司	☆
				顏華聞	☆	岑會朝	☆
				張開瑞	▲	陳可補	☆

注：打上☆記號者，為國民黨領袖或黨員；打○者為親國民黨者；打▲者為政治身分不
　　明者。

資料來源：本表資料整理自《英屬馬六甲華僑公立培風學校二十週年紀念刊》之〈董
　　事部職員表〉；至於董事部職員的政治背景乃據《南洋名人集傳》第 1～5
　　集、《沈慕羽資料集（16）：中國國民黨在馬六甲活動史料（一）》之〈甲僑
　　領忠貞殉難　蔣主席特電慰唁〉、《沈慕羽資料集（3）：沈慕羽通信錄（十
　　七）》之〈馬六甲寄盧俱樂部名錄〉等史料文獻，作自行標註。

　　為了促使學校在那個非常時代得以孕育出一批自治、自立、自重、有責任
感的學生，匡光照在上任後不久，即根據國民政府教育部所頒布的小學公民訓
練標準和學校的教學目標，擬定出一套適合當地環境的訓育實施原則與訓育
標準。這項訓育工作的目標主要著重在：一、體格訓練，養成運動衛生的習慣，
快樂活潑的精神，使能自衛衛國；二、道德訓練，養成禮義廉恥的觀念，親愛
精誠的德性；三、經濟訓練，養成節儉勞動的習慣，生產合作的知能；四、守

法訓練，養成奉公守法的觀念，愛國愛群的思想等四方面，〔註48〕大致上與
1931 年 9 月通過的〈三民主義教育實施原則〉〔註49〕之訓育目標相同，同時
貫穿著 1934 年推展的國民教育運動——「新生活運動」之核心價值。

圖 4.2.3　匡光照

圖片來源：《英屬馬六甲華僑公立培風學校二十週年紀念刊》

　　在實際的操作過程中，則是據整個訓育方案編訂出每學期（20 學週至
22 學週）預擬達到 20 至 22 個不等的訓練綱要，然後再分週進行，其綱目
可分為：整潔、秩序、姿勢、衛生、守時、勤學、節儉、勞動、互助、合群、
博愛、愛校、愛國、勇敢、服從、敬長、禮貌、謙和、誠實、忍耐、自省、
實踐等。〔註50〕為了使訓育工作進一步見諸功效，培風學校每個星期從訓練
綱要中選定出一個綱目，定為週名；而每一週的星期一早晨則將當週所需施
行的訓育條文，張貼在各級教室內的揭示板與週會的場所，以供學生瀏覽之
用，並由輪值訓話的教師在週會上宣讀及講解，冀能作為學生生活常規的指
導和準則。以下為培風學校在 1933 年下學期每週訓話輪值表，由表 4.2.3 中
可略知一二。

〔註48〕 參閱〈概況之部〉，收錄於匡光照主編：《英屬馬六甲華僑公立培風學校二十週
　　　　年紀念刊》（概況之部），頁 17～18。
〔註49〕 參閱中國第二歷史檔案館編：《中國國民黨中央執行委員會常務委員會會議錄
　　　　（16）》（桂林：廣西師範大學出版社，2000 年），頁 164～193。
〔註50〕 〈概況之部〉，《英屬馬六甲華僑公立培風學校二十週年紀念刊》（概況之部），
　　　　頁 18～22。

表 4.2.3　英屬馬六甲華僑公立培風學校每週訓話輪值表（1933 年下學期）

月　　日	週　　秩	週　　名	訓話教員
7 月 07 日	第 1 週	整潔	匡光照、沈慕周
7 月 24 日	第 2 週	秩序	葉華芬、常問梅
7 月 31 日	第 3 週	姿勢	周鼎、韓鈺豐
8 月 07 日	第 4 週	衛生	孔翔泰、匡光照
8 月 14 日	第 5 週	守時	何盤銘、何大愚
8 月 21 日	第 6 週	勤學	隗福全、匡光照
8 月 28 日	第 7 週	節儉	匡光照、沈慕周
9 月 04 日	第 8 週	勞動	葉華芬、沈慕周
9 月 11 日	第 9 週	互助	周鼎、韓鈺豐
9 月 18 日	第 10 週	合羣	孔翔泰、區鏻
9 月 25 日	第 11 週	博愛	何盤銘、何大愚
10 月 02 日	第 12 週	愛校	隗福全、匡光照
10 月 09 日	第 13 週	愛國	匡光照、沈慕周
10 月 16 日	第 14 週	勇敢	葉華芬、常問梅
10 月 23 日	第 15 週	服從	周鼎、韓鈺豐
10 月 30 日	第 16 週	敬長	孔翔泰、區鏻
11 月 06 日	第 17 週	禮貌	何盤銘、何大愚
11 月 13 日	第 18 週	謙和	隗福全、匡光照
11 月 20 日	第 19 週	誠實	匡光照、沈慕周
11 月 27 日	第 20 週	忍耐	葉華芬、常問梅
12 月 04 日	第 21 週	自省	周鼎、韓鈺豐
12 月 11 日	第 22 週	實踐	孔翔泰、匡光照

資料來源：〈概況之部〉，《英屬馬六甲華僑公立培風學校二十週年紀念刊》（概況之
部），頁 26。

　　除了每週週會訓話外，各級教師亦有責任在課堂上隨時提醒、督促學生所
應注意及實踐的事項，三年級以上的學生，則須以概括，或分條的方式，將之記
載在日記簿裡，以備主任教員檢查及簽約。〔註51〕以上種種的訓練與誘導，冀以
養成學生具有「自衛衛國、自信信道、自育育人、自治治事」的觀念與素行。

〔註51〕〈概況之部〉，《英屬馬六甲華僑公立培風學校二十週年紀念刊》（概況之部），
　　　　頁 23。

另外，匡光照亦在學生課外活動、學生自治會、師生助賑祖國難民運動等各方面，按照相關標準原則予以積極加強及推進，例如：組織巡察團每天輪值服務；舉行演說練習會、級際演說競進會；舉行作文競進會、清潔比賽、壁報比賽，以及助賑祖國難民儲蓄比賽等活動。〔註52〕其目的：一、養成學生的規律習慣、團體協助與服務精神；二、訓練學生國語演說的技能；三、培養學生的愛國精神等。以上種種可說是，得益於三民主義教育與新生活運動的影響。

圖 4.2.4　培風學校成立 20 週年紀念遊藝會（1933 年 12 月）

1933 年 12 月，培風學校成立 20 週年紀念遊藝會之攝影。會場上方掛有國民黨黨徽「青天白日」的裝飾布條；會場內懸掛著孫中山的畫像。（圖片來源：《英屬馬六甲華僑公立培風學校二十週年紀念刊》）

第三節　培風師生在抗日時期的表現

至於三民主義教育的成效如何？培風學校師生在 1937 年盧溝橋事變發生後的表現，即是一個鮮明的例子。

1937 年的盧溝橋事件以後，中國處在生死存亡的關頭，何大愚、匡光照等培風學校的老師，出自於愛國之心，聯同當地教育界人士於同年 11 月舉行「馬六甲華僑教師界同人籌賑祖國難民遊藝會」，〔註53〕為抗日籌賑活動籌

〔註52〕〈概況之部〉，《英屬馬六甲華僑公立培風學校二十週年紀念刊》（概況之部），頁 62～79；匡光照：〈三十年代的培風〉，《培風中學七十週年紀念特刊》，頁 95。

〔註53〕〈馬六甲教育界籌備遊藝助賑　同時產生華僑歌詠團〉，《總匯新報》第 4 張第 1 版，1937 年 10 月 22 日。

得 3,000 餘元。後來，王慶雍等同人在開結束會議時，認為中國長期處在抗
戰狀況，籌賑工作不能一日停歇，於是建議組織「馬六甲華僑籌賑祖國難民
委員會校聯部」（以下簡稱：「甲校聯部」），推舉何大愚、匡光照、朱亞照、
龍在天、鄭君平、周葆光、王述曾等七人為甲校聯部籌備委員，何大愚與匡
光照分別擔任主席和文書一職。〔註54〕1938 年 2 月 26 日，馬六甲校聯部假
晨鐘勵志社成立，出席者約 80 人，代表三十餘所學校，屆時推舉培風、培
德、華僑、四維、培才、平民、育民、中華、育青、華南、新智、培智、幼
稚園、晨鐘夜學、明星夜學、僑南、啟蒙、勵青、育僑、光亞、益華等二十
一校為委員，培風學校則作為「校聯部」通訊處。〔註55〕值得一提的是，這
個組織表面上雖然標榜著「馬六甲華校之聯合機構」，實際上是由一群活躍於
晨鐘勵志社多時的各校老師在主導，尤其是培風學校老師，負責策劃及指揮
華校師生從事於救亡工作，有力地配合馬六甲華僑籌賑祖國難民委員會領導
的一切籌賑事務。甲校聯會除了舉辦籌款助賑游藝會、組織兒童募捐隊〔註56〕
外，還成立教師歌詠隊，由專長音樂的培風學校老師區鏻負責指導當時學校
必唱的抗戰歌曲。最輝煌的時期曾有全馬六甲師生 2,000 人聚集在極樂園，
在每月舉行的愛國擴大宣傳會上，齊唱「義勇軍進行曲」、「犧牲已到最後關
頭」、「全國總動員」、「保家鄉」等。此外，培風學校老師楊仿爐亦曾為每個
月的精神晚會編寫抗戰話劇《八百壯士》之演出劇本，參與演出者包括王慶
雍、沈慕羽、黃炳江等。〔註57〕這些抗日救國活動並非由學校自發性發起，
更多是在晨鐘勵志社的領導之下進行。不過，倘若學校沒有經過「三民主義」
的洗禮，以「三民主義」思想作為教育基礎，要動員學校師生同心合力，恐
怕也只會是事倍功半。

　　不僅如此，培風學校亦在 1937 年國民政府發行的自由公債，認購金額

〔註54〕〈馬六甲校聯部組織大綱　業經大會通過頃待籌賑會核准〉，《南洋商報》第
　　　　14 版，1937 年 12 月 13 日；〈馬來（筆者按：六）甲校聯部成立大會誌〉，《南
　　　　洋商報》第 15 版，1938 年 2 月 28 日。
〔註55〕〈馬六甲校聯部開成立大會通過簡章選舉職員〉，《總匯新報》第 3 張第 3 版，
　　　　1938 年 3 月 2 日；〈甲埠籌賑會校聯部成立　各部長及主任經選出〉，《總匯新
　　　　報》第 3 張第 3 版，1938 年 3 月 8 日。
〔註56〕〈甲校聯部為慶祝兒童節　函各界請優待兒童　並發宣言詳述四四節意義〉，
　　　　《南洋商報》第 16 版，1938 年 3 月 25 日。
〔註57〕沈慕羽：〈從共赴國難到捍衛華教〉，《馬六甲華校教師公會五十年回顧紀念特
　　　　刊（1940～1990）》（馬六甲：馬六甲華校教師公會，1990 年），頁 5。

共約 6,000 元，僅僅老師認購的部份就佔了其中的 3,000 餘元，其餘的 2,000 餘元則是由學生四處沿門逐戶向公眾人士勸捐所得。〔註58〕在捐款方面，學校號召學生以儲蓄的方式進行捐款，即學生每日進入教室時，須將一分錢投入撲滿儲蓄作為賑款，〔註59〕日積月累，所獲得的款項相當可觀。另外，家境較為富裕的學生，有：陳期岳、曾城池、黃福星等三人則在第一次的募捐活動中，共捐出 100 元。〔註60〕綜觀而言，培風學校在整個籌款、認購活動中所籌得的款項數額不多，但師生們熱切的表現，及強烈的愛國觀念與精神，實在難能可貴。

直到 1941 年，培風學校大大小小抗日籌款活動仍是如火如荼地展開，當時的校長陳懷天就在〈半世紀前的培風雜憶〉中，有一段清楚的說明：

> ……，每星期一上午 8 時則列隊到中學操場，聽取學校教導訓話及抗日時事報告，並公布各班級捐助救災成績。當年殖民地政（筆者按：政府）對華僑籌賑祖國難民活動，並不禁止，所以各級學生，都可以自由捐款救災。所得義款，都交由甲華籌賑會轉解給南洋華僑籌賑祖國難民總會，表達了培風師生對祖國抗日的熱情。〔註61〕

這種現象一直維持到 1942 年日軍入侵馬六甲後方才停止，當時學校多數的教職員更因日軍的緝追威迫而逃亡外埠，有些甚至不幸遭受殘殺。

無可否認，培風學校實行的三民主義教育有助於培育了一群具富有強烈愛國情操及民族情感的學生。當國難當前，培風師生除積極籌款、宣傳抗日外，還有畢業生踴躍報名回中國參加軍訓，以 1940 年 4 月在新加坡總領事館舉辦的廣西中央軍校第四分校招生為例，在 108 名錄取者當中有三名是培風學校的畢業生——周奕堅、陳業雅、陳則桂。〔註62〕周奕堅與陳業雅當年僅有十七歲，而陳則桂雖然比周、陳二位長兩歲，但也僅有十九歲，他們雖然年紀輕輕，對於從軍一事，似乎毫無畏懼。在培風學生當中，除了上述提

〔註58〕〈馬六甲培風學校師生熱烈購公債六千元〉，《總匯新報》第 3 張第 4 版，1937 年 11 月 29 日。

〔註59〕沈墨義：〈2 戰結束籌劃慶勝利　張運植險命喪蝗軍手〉，《南洋商報》森甲版，1995 年 8 月 15 日。

〔註60〕〈馬六甲華僑籌賑會首次募捐成績已近三萬　楊紫沉捐輸金手環一對〉，《總匯新報》第 2 張第 4 版，1937 年 8 月 26 日。

〔註61〕陳懷天：〈半世紀前的培風雜憶〉，《培風中學雙慶特刊》，頁 298。

〔註62〕〈中央軍官學校招考南洋僑生〉，【國：外交部】，典藏號：020-990900-0099。

到的三人外，沈慕文、宋清廉、張運球等，〔註63〕亦選擇報名回國參軍。根據沈慕羽在〈慕羽自傳（劫餘慘稿）〉中載，其弟沈慕文在當時亦因愛國情殷，不理會家人的勸阻，毫不猶豫地辭去令人羨慕的記者兼教師職位，毅然前往新加坡登記處報名，希望能回國受訓從軍。〔註64〕當年他報名時的年齡本不符合招募最低條件，但因虛報歲數而獲得了資格，最後還成功被錄取。沈慕文的忠貞愛國之情可見一斑。

不過，從另一側面來看，三民主義的教育方針並未能完全將學生塑造為國民黨的忠誠信徒。根據調查，培風學校畢業生當中，加入共產黨或其外圍組織的為數不少，其中：李徵、黃時森、陳利水〔註65〕等，後來陸續成為該組織在馬六甲地區的重要領導人。尤其是國共二次合作期間，即是打開方便大門讓共產勢力滲透入培風學校的最佳時期。部份學生在接觸共產主義思想的薰陶後，難免會轉向支持共產黨或其附屬的組織。據史料記載，培風中學的學生曾在共產外圍組織——華僑學生抗敵後援會（簡稱：「學抗」）的領導和推動下，開展了轟轟烈烈的學生抗日救國運動。〔註66〕但因目前留存史料有限，暫未能清楚述之。另外，最令人意想不到的是，有些學生還當上漢奸，為日軍通風報信之餘，還出賣及殘害當地僑民。區璘在1983年接受培風學校校長鄧日才的訪問時表示：

> 有一個我教出來的最好籃球員李XX，做了漢奸，通風報訊，要抓（筆者按：捉）我……。我是晨鐘的人，是日本人眼中的抗日份子。我這個漢奸學生害死了好幾個籃球隊員。戰後給人殺死丟在馬六甲河

〔註63〕沈慕義、沈林書：〈沈慕文投筆從戎〉，收錄於金馬士沈慕羽紀念館整理：《沈慕羽資料集（1）：古城第一世家》（馬來西亞金馬士：沈慕羽紀念館，年份不可考）；沈墨義：〈2戰結束籌劃慶勝利　張運植險命喪蝗軍手〉，《南洋商報》森甲版，1995年8月15日。

〔註64〕〈慕羽自傳（劫餘慘稿）〉，1940年作。

〔註65〕陳利水，又名陳麗水，筆名李髓。學生時代在培風中學積極組織讀書會和參加學生抗日活動。1936年9月，加入馬來亞共產主義青年團；1942年新加坡淪陷，隨同一批星華義勇軍戰士撤退到吉隆坡山腳附近農村，在馬共中央委員、人民抗日軍第四獨立隊黨代表朱日光（朱佬）的領導下工作。抗日戰爭結束後，擔任馬共成立的「馬六甲特區委員會」教育主任。參閱《見證叢書》編委會編：《古城硝煙》（香港：足印出版社，2008年），頁181～182。

〔註66〕馬林：〈「抗敵後援會」在馬華抗日救國運動中的歷史作用〉，收錄於新馬僑友會編：《馬來亞人民抗日鬥爭史料選輯》（香港：香港見證出版有限公司，1996年再版），頁328

裡，罪有應得。〔註67〕

　　這一場大規模的抗日救國運動，讓「三民主義教育」的成效浮上檯面。無可否認，「三民主義教育」確實在學校建立了基礎，不過礙於英國殖民政府的限制，以及共產黨在當地的蓬勃發展，其未必能充分地發揮出最佳效應，尤其是在政治層面上的影響。為此，原本冀望藉「三民主義教育」將僑民齊集於「青天白日」旗幟之下的南京國民政府，最終也只能屈服於時勢的力量，未能達致預期的效果。

〔註67〕鄧日才：〈區彝先生訪問記〉，《培風中學七十週年紀念特刊》，頁125～126。

第五章　結　論

　　本研究嘗試為二戰以前中國國民黨在馬六甲華人社會內的基本型態、對華文教育活動的介入等，勾勒出一清晰輪廓。研究的時間範圍，以 1907 年馬六甲同盟會分會的創立至 1942 年日本入侵馬六甲以前為主。然為說明國民黨與馬六甲當地社會交往之契機及其影響，亦概述明代以來華人移居馬六甲之歷史，並透過青雲亭與甲必丹制度、會館等等的討論，冀以進一步瞭解當地華人社會之變遷。

　　中國國民黨前身——同盟會在馬六甲創設初期，並不為英國殖民政府所認可，參與其中的人數亦少，等同於秘密組織，直到 1912 年 12 月 23 日方獲得核准註冊。然，其往後在馬六甲的整體發展不如預期順利，一波三折，時常遇到阻礙，如：英國殖民政府於 1914 年 11 月 30 日吊銷馬六甲國民黨的註冊准證，又於 1915 年下令封閉作為馬六甲革命黨中樞機關的中華書報社，諸如此類的禁令頗為常見，而對中國國民黨最大打擊莫過於金文泰在 1930 年至 1934 年上任海峽殖民地總督期間，當時馬六甲的黨務發展一頓陷入停頓的狀況，惟有藉由華人社團組織及華人學校等外圍組織繼續維持黨務運作的責任。另，中國國民黨與中國共產黨在 1920 年代至 1940 年代曾有兩次的合作，第一次是在 1924 年 1 月至 1927 年 7 月，第二次則是在 1937 年至 1945 年，這兩次的合作導致中國共產黨勢力滲入中國國民黨之中，為原本錯綜複雜的新、馬華人社會局勢添加了許多不穩定的因素，甚至觸動當地英國殖民政府的敏感神經，加強對華人社團組織的管制措施，這種現象滯礙了馬六甲國民黨黨務運作的整體發展。誠然，馬六甲國民黨的黨務工作經常受到英國殖民政府之政策所左右，呈現「時而活躍，時而消沉」的局面，但我們仍必須承認其對馬六甲

華人社會有一定的影響力，而其影響究竟有多大，則尚有討論的空間。以下將
就本研究的範圍內，從兩方面來總結中國國民黨對馬六甲華人社會所造成的
影響。

一、民族主義的激發及傳統華人社會的變形

　　大體而言，馬六甲在早期是一個聞名世界的商埠，在 1942 年日本入侵以
前曾歷經多個馬來王朝治理，後又遭到葡萄牙、荷蘭、英國等西方國家的殖民；
由於馬六甲地理位置位於馬六甲海峽，一度吸引及匯集來自印度、阿拉伯、波
斯、中國、中南半島等各地區的商船前來此處進行貿易，使得該地的人口流動
頻繁且具多元種族，在不同的宗教、文化的交融下，逐漸孕育出獨特的歷史色
彩及豐富的人文文化資產，因此整個馬六甲社會風氣呈現多元化的特性。

　　華人在早期移居至此地，由於人生地不熟，惟有透過血緣、地緣、業緣之
關係凝聚在一起，互助相挺，久之便在當地形成一社群。在葡、荷、英三個殖
民政府當中，葡、荷對當地華人是長期採取放任自治的態度，馬六甲華人社會
的事務一律歸於青雲亭與華人甲必丹負責，這種治理方式使得華人在當地的
社會、文化、經濟等方面皆能獨立發展，並擁有極高的自主性與勢力，因而保
留了一定程度的文化、風俗習慣和宗教信仰。今日走訪馬六甲，甚至還能夠從
建築、文物中發現明朝人遺留下來的影子，這些文化遺產或許在當今的中國已
相當罕見，因此顯得格外珍貴。到了英國殖民統治時期，由於錫礦業的開發及
種植業的開墾，需要大量的勞動力，因此大批華人勞工被移入馬六甲而導致原
有的華人社會結構產生巨大的變化，形成土生華人與新客華人兩大群體。

　　位居馬六甲社會中、上階層的土生華人，因長期居住在中國境外，在他們
思想中早已產生「落地生根」的念頭，加上自幼接受西方教育與思想的熏陶，
以及殖民政府的殖民教化成果，導致他們當中的大多數與中國的關係是疏離
的，不存在任何情感上的牽絆。因此，他們對中國內部的政治、文化問題總是
抱持著冷淡的態度。至於新客華人在馬六甲則處於社會中、下階層地位，他們
的教育程度不高，其中大多數為文盲，因謀生而被迫離開家鄉，對家鄉與國家
的情懷依然清晰可見，但礙於生活及寄錢養家，心思大多落在工作上。

　　直至清末甲午戰爭的發生，馬六甲華人社會才出現一群中層階級的新客
華人，自發性地在當地成立救國組織——「救國十八友」。後來，孫中山等革
命黨人陸續前來進行革命宣傳工作後，才讓一向以商業利益為主的當地社會
風氣產生明顯的轉變。當時，無論是新客華人，如：沈鴻柏、鄭成快、李月池、

郭巨川、郭鏡川等人，又或是土生華人陳齊賢、曾江水等，開始極力組織革命
團體或為革命組織提供金錢上的援助，逐漸與中國革命活動連成一氣。這一股
新勢力的竄起，造成長期處在領導地位的華人最高機構——青雲亭遭到嚴重
衝擊，亦為馬六甲華人社會掀起一股強大的中華民族主義思潮。

　　誠如胡漢民所言：「南洋華僑的進步，可分為三個階段：第一步是以捐官
為榮耀，以戴頂子為光寵；第二步以加入保皇黨與康有為輩結識為榮；第三步
真正認識革命意義加入本黨（革命黨）從事革命。」〔註1〕從華僑捐官鬻爵、
加入保皇黨到從事革命活動的過程中，新、馬華僑社會的價值觀念，似乎已從
「光宗耀祖」〔註2〕、提高「社會聲望」〔註3〕、「崇拜翰林進士」〔註4〕轉向
至拯救中國和振興中華民族的階段。因此，我們有理由相信中國國民黨（含其
前身：同盟會、國民黨、中華革命黨）對馬六甲的影響之一是促使當地華人對
中國的政治產生認同，進而捨身、捨家庭、捨金錢，積極參與其中。這種轉變
並非一蹴即成，係需經由長時間磨合而成，在整個過程中難免遭遇到許多失敗
與挫折。無論如何，大多數的馬六甲華人最終皆能團結一致，形成一股不容忽
視的中堅力量，共同為中國革命事業付出努力。

　　顏清湟在《星、馬華人與辛亥革命》一書中指出，1906年至1911年中國
革命同盟會在新、馬的活動對當地華人社會帶來的影響有三，即：一、海外華
僑民族主義思想的高漲；二、海外華僑社會之日益趨向團結及新觀念；三、新
思想之日益在華僑社會內出現且日益擴大其影響的力量。簡而言之，中國同盟
會是透過民族主義意識的宣傳與散播，促使了華僑回國參與革命或是捐獻財
物，且此民族主義意識並不因辛亥革命的完成而終止，反而更加發揮，越來
越強烈，一直持續到1931年至1945年間的抗日救亡運動，「成為海外華僑
支援祖國反抗帝國主義國家侵略中國的基本思想力量」。顏氏在該書中還提
到，新、馬華僑社會在反滿清革命蓬勃發展之前，由於地域和幫派之衝突而呈
現分裂狀態，但經由革命黨人的介入，變得團結合作起來，其表示：「來自不
同方言群的華僑在同盟會各分會、中和堂、書報社、夜校、劇團與滲透有革命

〔註1〕中國國民黨中央委員會黨史委員會編：《胡漢民先生文集》（臺北市：中國國民
　　　黨中央委員會黨史委員會，1978年），頁480。
〔註2〕莊國土、劉文正：《東亞華人社會的形成和發展：華商網絡、移民與一體化趨
　　　勢》（廈門：廈門大學出版社，2009），頁172。
〔註3〕顏清湟：《海外華人史研究》（新加坡：亞洲研究學會，1992），頁10。
〔註4〕蔣永敬：《華僑開國革命史料》（臺北市：正中書局，1977），頁285。

思想的其他組織內，共同為革命而致力。……就這樣經由繼續不斷的接觸，華
人團結的精神與國家的意識也逐漸培育和發展起來。」此外，顏氏還提到革命
與新思想產生的關聯，其表示：「傳統忠君、孝順與男女有別的一些觀念逐漸
為犧牲精神、愛國、平等與自由的新觀念所代替。」這種在革命運動促使下而
產生的新思想，廣為大眾所接受。〔註5〕

　　綜觀顏清湟的說法，有兩點是值得注意的，其一，新、馬華人與中國的關
係，顏氏特別強調民族主義之作用，革命黨人藉由革命宣傳來喚起及誘導更多
海外華人塑造一個本著血濃於水的想像共同體，並從中激起他們對民族情感
的共鳴，進而提升為對祖國（中國）的認同感與歸屬感；其二，新、馬當地各
方言群體之間的關係，顏氏認為革命的活動暫時消弭了方言群之對立衝突，進
而昇華為一種愛國的情操，也就是說，國家的意識取代了原本以血緣組成的方
言群體。

　　對於民族主義情感是否為辛亥革命成功因素之問題，古鴻廷在《東南亞
華僑的認同問題：馬來亞篇》一書中，特以馬來亞的革命活動為例子，並省
思明石陽至、顏清湟、巴素等人的說法，認為不能將新、馬華人的反外行動
單純歸因於民族主義的發展，譬如新、馬華人所以選擇抗日，其原因之一在
於日本人的「南進政策」威脅其經濟利益而不得不然。此外，古氏也主張不
應當「把海外華人當作一個整體來看，認定他們對同一事件的反應都是一樣
的」，並舉1927年的牛車水事件、1930～1934金文泰的統治來說明殖民政府
的高壓政策，有效消弱革命黨人的活動，達到分化馬來亞華僑社會的目的。
〔註6〕古氏首先反對華人團結的說法，其次則主張民族主義非扮演關鍵角色。
要而言之，新、馬地區的華人參與中國的革命活動或革命組織，其原因及發
展歷程是多面而複雜的，不能只以單一因素來解釋說明。實際上，顏清湟亦
有注意到這點，其在《星、馬華人與辛亥革命》一書之前言即說到：「革命運
動所獲華僑支持的程度常視時間、各地區的政治環境、華僑的經濟情況與所
受革命思想影響的程度之不同而有差異。……除去當地政治環境的影響之

〔註5〕顏清湟著、李恩涵譯：《星、馬華人與辛亥革命》（臺北：聯經出版，1982年），
　　　　頁324～331。

〔註6〕參見古鴻廷：〈論馬來亞華人民族主義運動之研究〉、〈中國國民黨改組後在馬
　　　　來亞之群眾運動〉、〈金文泰總督（1930～34）統治下的馬來亞華僑〉，收錄於
　　　　《東南亞華僑的認同問題：馬來亞篇》（臺北：聯經出版社，1994年），頁31
　　　　～53、87～110、111～141。

外，個人亦因經濟狀況之不同而有著不同的反應。富有者多不熱烈，又多具機會主義者的傾向，小康與窮困者則較熱烈，而有些因感受革命思想之薰陶而極為激烈。此為在新加坡、馬來亞華僑社會內對中國革命之反應的一般型態。」〔註 7〕儘管如此，無論是富有者或是窮困者，無論是因個人經濟利益或是國家民族考量，海外華人能夠長期為中國革命活動或是抗日運動捐輸大量財力，這已證明了他們在思想上突破了傳統方言群的「地域性」，或是將具有分化民族的「地域性」放置在「中華民族」之下，選擇以國家與民族為首要考量。〔註 8〕

當然我們不能過於肯定民族主義的作用，綜合古鴻廷與顏清湟的說法，部分的海外華人對革命的支持或許並非完全出於愛國的情操。同時，馬六甲革命組織有其自身的發展，非隨中國亦步亦趨。不過，若要將國民黨催化馬六甲華人民族主義的作為一概抹除，亦非恰當。以本研究為例，馬六甲國民黨雖然隨著中國政治的起起伏伏而陷入頻頻改組的窘境，很多時候甚至因當地的社會環境、領導人物的態度等因素而起了變化，甚至迫於形勢而藉用華文學校、社團組織的名義繼續支持與進行黨務工作，整體表現盡顯低調。不過，這個組織仍在推動抗日救國及國民革命事業上，間接促使了愛國主義與民族主義的生成。在這種凝聚向心力之過程當中，不難發現當地華人逐漸拋開方言分歧所造成的隔閡，亦從過去對中國政治冷漠的態度逐漸轉向積極投入、參與的動向，這是無可爭議的事實。這種不惜投入極大的時間、金錢和精力的表現，雖然無法與其他革命運動的宣傳重地相較，但能在一個向來以商業為主且為馬來（西）亞土生華人的發源基地，產生了如此的社會變化形態，可說是別具一番意義。

〔註 7〕顏清湟著、李恩涵譯：《星馬華人與辛亥革命》，頁 12。

〔註 8〕如云：「由於華人團結與國家意識的加強，使說某種方言的人對於當地或中國本國內說另種方言的人的禍福命運，也覺得息息相關；所以，當中國的某一地區一旦發生難以抗拒的天災，需要幫助時，海外僑胞的援助，常不只限於來自原居該地區的移民，也有來自他處移民。例如一九零八年廣東南部發生水災，造成對八縣以上地區的嚴重影響。新加坡、馬來亞的廣府人士自然馬上展開籌款活動，以救助家鄉各地的災黎。其他福建、潮州與客家各幫人士也對救災籌款，大力支援。」顏清湟著、李恩涵譯：《星馬華人與辛亥革命》，頁 330。另外，對於顏清湟、古鴻廷等學者論述之整理，可參見李盈慧：〈海外華人認同的三種論述：評顏清湟、古鴻廷、王賡武的三部著作〉，《東南亞學刊》第 1 卷第 1 期（2004 年），頁 101～104。

二、文化、思想的傳承與重構

　　雖然現今中國國民黨的勢力已退出馬六甲華人社會，其在當年大力倡導
的中華民族主義意識，隨著時間的衝擊及當地社會的急遽變化而逐漸淡化無
蹤。不過，在馬六甲大多數的華文學校、社團組織等，仍然可見國民黨在當年
留下的累累痕跡。以現今仍存在的晨鐘勵志社為例，在國民黨時代所推展的新
生活運動，其作用不僅發揮在思想與精神的層面上，更是體現在推展體育、文
化、藝術、教育等各項活動的進程中；而該社團現今少了「革命」因素的介入，
但所舉辦的文教、團康等活動，仍是受到新生活運動時期之影響，在某種程度
上承續著以往的價值理念，繼續發揚及力行「德、智、體、羣、美」等五育美
德。不過，與先前不同的是，其所服務的對象與理念，乃是緊密結合著當地華
人社會的發展與需求，同步前進，不再為國民黨或國民政府服務。此外，當年
晨鐘勵志社開辦的晨鐘夜學，直到如今仍秉承著先賢創校的宏旨，積極推行華
語教育（當年稱「國語教育」），促使曾經以英語、方言〔註9〕為交際語言的馬
六甲，被公認為馬來西亞十三州屬當中，使用華語最普遍的一個州屬。這種現
象究其實質，多因國民黨實施的「國語教育」政策及一批老國民黨黨員的堅持。
至於在戰前為了配合抗日籌款宣傳的合唱團及戲劇團，間接為以商埠聞名的
馬六甲華人社會增添一股蓬勃的藝文氣息。

　　值得一提的是，馬來（西）亞華人因政治環境使然而在 1949 年 2 月創立
馬來（西）亞最大的華人政黨——馬來西亞華人公會（簡稱：「馬華公會」），
其目的是要促進華人的團結與效忠於馬來（西）亞，並與英國殖民政府充分合
作對抗共產主義的威脅。〔註10〕在創黨初期，馬華公會與國民黨有糾纏不清的
關係，當時馬華公會的掌權者多半是國民黨領袖或黨員，他們在很多時候的表
現仍突顯出國民黨黨員的身分延續性。不過，根據崔貴強在〈新馬華人政治認
同的轉變，1945～1957〉的說法：新、馬國民黨黨員在戰後的黨性不強，容易

〔註9〕　沈慕羽在〈六二回顧，細說從頭〉述：「戰前的馬六甲，流通於華人社會的語
　　　　言是福建話（閩南語）。福建話就是普通話，能聽華語的少之又少，更無論會
　　　　講華語了。記得有些從中國來的官員，在發表演說時，要通過翻譯成福建話；
　　　　抗戰時期，佛教訪問團到馬六甲，太虛法師在青雲亭的舞台上演講，由當時華
　　　　民事務官的幫辦曾泉源翻譯成福建話；而慈航法師在青雲亭弘法時，我用福建
　　　　話轉譯出來……。」參閱馬六甲晨鐘夜學編：《晨鐘夜學六二回顧特輯》（馬六
　　　　甲：晨鐘夜學，1995 年），頁 9。
〔註10〕　張祖興：〈英國殖民當局與馬華公會的成立〉，《華僑華人歷史研究》2009 年 3
　　　　月第 1 期，頁 54～55。

離心；一些死硬派的黨人，只對台灣政府（筆者按：中華民國）作表面上的效忠，他們對廣大的華人群眾沒有影響力。〔註11〕儘管如此，崔氏見解或只是局部的事實，不能以此推論來代表整個的情況。以 1955 年成立的馬華公會青年團（簡稱：「馬青團」）為例，其成立的宗旨是為了團結馬華青年的力量，爭取在馬來亞合法的政治地位和應享的權利，雖然首任團長由馬華公會首任總會長陳禎祿之子陳修信擔任，但真正的創辦者則是被後人稱為「馬青之父」的沈慕羽。〔註12〕沈慕羽是沈鴻柏之子，自幼時起自然免不了受到父親作為革命志士，對孫中山革命事業支持的耳濡目染。試問，一位成長在革命家庭，接受革命思想及三民主義教育薰陶，成年後極力推展新生活運動、三民主義青年團的國民黨活躍分子，又會以怎樣的觀念、領導模式去推動馬青團的發展方向與組織活動？這是一個值得深思與探討的問題。

圖 5.1.1　沈慕羽

圖片來源：沈慕羽書法文物館

1949 年國共內戰失敗後，中國國民黨元氣大傷，退守到臺灣，但依然與海外的僑領保持緊密聯繫，並對僑民所在國的僑情、社情給予建言。下圖 5.1.2 為黃珍吾在馬來西亞獨立前致沈慕羽的一封信函，字裡行間充滿著諄諄叮嚀：

〔註11〕 崔貴強：〈新馬華人政治認同的轉變，1945～1957〉，《南洋學報》第 32 卷第1、2 期（新加坡：南洋學會，1977 年），頁 59。

〔註12〕 沈慕羽在 1966 年因爭取華語列為馬來西亞官方語文而遭到馬華公會開除黨籍。

圖 5.1.2 〈黃珍吾致沈慕羽函〉

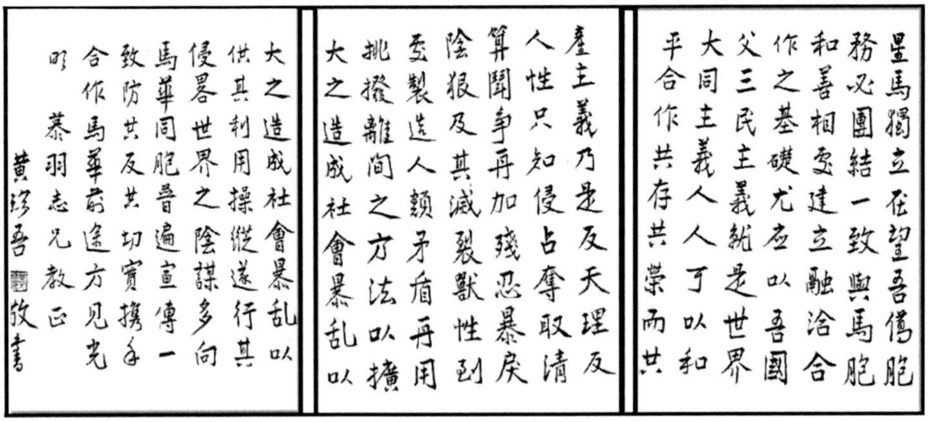

黃珍吾在馬來西亞獨立前致函沈慕羽。（圖片來源：《沈慕羽資料集（3）：沈慕羽通信錄（17）》）

　　黃氏在信中強調，共產主義對社會和平造成嚴重障礙，華人務必團結一致，與在地馬來民族和善相處，以實現孫中山所主張的三民主義，並呼籲沈氏在馬來（西）亞華人社會加強反共與防共的宣傳，齊心維護和平的方針。黃氏在這一封信中，多少流露出一股或濃或淡的鏟除共產黨在馬來亞潛在勢力之政治意味。

　　1950 年代中期，馬來（西）亞獨立在望，對於在當地的其他民族領袖又如何看待這個在新、馬地區扎根多時的中國國民黨？馬來亞國家黨〔註13〕（馬來語：Parti Negara）創辦人拿督翁嘉化（Dato Onn bin Ja'afar）在 1957 年 5 月 3 日於吉隆坡召開的特別大會上發表一段談話：

> ……支持馬華公會之一部份華籍商人，乃中國國民黨之支持者，這些國民黨份子的目的，是要把馬來亞變成「他們的第廿行者」。……數年前，余即已指出，支持馬華公會之一部份華商，乃中國國民黨之支持者，他們的效忠對象，是台灣，而不是馬來亞，余的演詞在報上發表後，馬華公會一領袖非常生氣，指余撒謊，今日連巫統主席東姑阿都拉曼亦承認，馬華公會內部，有國民黨份子，且認為這些國民黨份子，對馬來亞有害，今日，不但馬華公會承認此事，且欲進行清黨。……〔註14〕

〔註13〕馬來亞國家黨在 1950 年代，亦稱「馬來亞國民黨」。
〔註14〕〈馬國民黨代表會中　拿督翁重彈舊調　指馬華會中部分會員　為台灣國民黨主持者〉，《星洲日報》第 10 版，1957 年 5 月 6 日。

拿督翁嘉化的這一番話幾乎直接說明了中國國民黨與馬華公會之間的緊密關係，並質疑部分具有中國國民黨黨員身分之馬華公會會員對國家的效忠度，甚至認為他們擁有顛覆馬來亞主權的政治野心。

圖 5.1.3　〈馬國民黨代表會中　拿督翁重彈舊調　指馬華會中部分會員為台灣國民黨主持者〉剪報

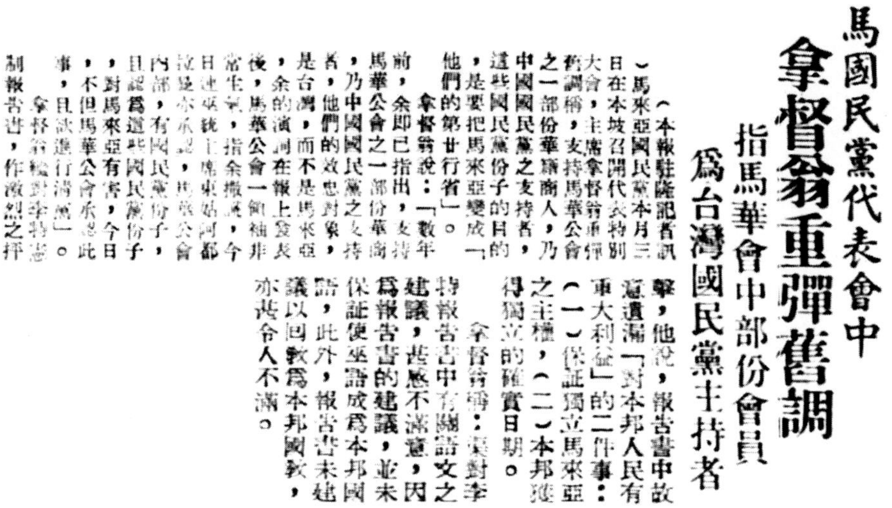

拿督翁嘉化在 1957 年 5 月 3 日的馬來亞國民黨特別大會上，指馬華部分黨員為中國國民黨主持者。（圖片來源：《星洲日報》第 10 版，1957 年 5 月 6 日）

雖然馬來亞各埠中國國民黨黨部自 1948 年以來已經取消「中國國民黨」之名稱，但當時馬來（西）亞的政局仍處在不穩定的狀況，倘若國外的政治黨團勢力還對當地政黨產生實際的影響力，實具敏感性，因此馬華公會與馬青團從 1950 年代末期便想方設法要「清黨」，期望能擺脫與中國國民黨的關係，以洗脫華人不效忠之說。儘管如此，馬華公會的「清黨」計畫最終不了了之，因為主張清黨派人士意識到倘若嚴厲執行肅清國民黨黨員及效忠台灣之會員，馬華公會內部必將掀起一波大動蕩且造成各埠分會領袖及會員的流失。當時在馬華公會內部擔任重要職務的領導多具有國民黨黨員身分，其中還包括：劉伯群（國民黨中央執監委員；馬華公會副會長、馬華公會霹靂分會會長）、王振相（國民黨支部常委；馬華公會副會長、馬華公會霹靂分會會長）、洪啟牘（國民黨支部執委；馬華公會雪蘭莪分會副會長）、曹堯輝（國民黨支部執委；馬華公會雪蘭莪分會移民組主任）、黃樹芬（國民黨支部執委；馬華公會副會長、馬華公會柔佛分會會長）、李國華（國民黨支部常委；

馬華公會柔佛分會副會長）、陳期岳（國民黨支部執委；馬華公會發起人）、
沈慕羽（國民黨支部執委、南洋總支部常委；馬六甲馬華青年團領袖）、王景
成（支部執委；馬華公會檳城分會副會長）〔註15〕等人。

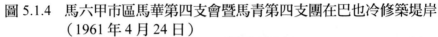

圖 5.1.4　馬六甲市區馬華第四支會暨馬青第四支團在巴也冷修築堤岸
　　　　　（1961 年 4 月 24 日）

1961 年 4 月 24 日，馬六甲市區馬華第四支會暨馬青第四支團在沈慕羽的帶領下，
前往巴也冷修築堤岸。活動現場豎立的不再是「青天白日」國民黨黨旗，而是與國
民黨黨旗相似的馬華公會會旗。（圖片來源：沈慕羽書法文物館）

　　儘管馬華公會及馬青團經過了數十年的「在地化」洗禮，並不斷地因應馬
來（西）亞政治作相應調整，如今已完全成為道道地地屬於馬來西亞華人的政
治組織，但在這兩個組織成立初期的架構規劃及所推展的活動中，仍可找尋到
一些與國民黨相關或相似的蛛絲馬跡，這些都是時代遺留下來的歷史痕跡。不
過，馬華公會在敘述黨部早期的歷史，或是在處理與國民黨有關的過往種種淵
源議題時，通常都會採模糊帶過或是避而不談的態度，似乎深怕對馬來西亞這
個國家的效忠程度再次受到質疑而引發不必要的政治風波。

　　綜觀而言，中國國民黨勢力至今雖已徹底退出了馬六甲這個古老的商

〔註15〕　張曉威：《「馬來西亞華人公會」與馬來西亞華人社會之研究》，（桃園市：國
　　　　　立中央大學歷史研究所，1998 年），頁 72～73。

－174－

埠，但其遺留下的一些思想與文化精髓經過歲月與在地化的淘洗後，亦逐漸
形成當地華人社會之特色。對上一輩人而言，或許只剩下一片殘缺的回憶；
對新一代年輕人來說，或許是一段不聞其詳的失落歷史，不過中國國民黨讓
原本閉塞的馬六甲華人社會風氣得以改變及提昇，這是一項不爭的事實。

參考文獻

壹、中文部份

一、古籍文獻

1. 【明】馬歡撰，《瀛涯勝覽》，嚴一萍選輯：《原刻景印百部叢書集成》紀錄彙編第 4 函，臺北縣：藝文印書館，1966 年，紀錄彙編卷 62。

2. 【明】張燮撰，《東西洋考》，嚴一萍選輯：《原刻景印百部叢書集成》惜陰軒叢書第 2 函，臺北縣：藝文印書館，1967 年，東西洋考卷 4。

3. 【明】黃衷撰，《海語》，嚴一萍選輯：《原刻景印百部叢書集成》嶺南遺書第 3 函，臺北縣：藝文印書館，1968 年，海語卷 1。

4. 【明】費信撰，《星槎勝覽》，嚴一萍選輯：《原刻景印百部叢書集成》紀錄彙編第 4 函，臺北縣：藝文印書館，1966 年，記錄彙編卷 61。

5. 【明】鞏珍著、向達校注，《西洋番國志、鄭和航海圖、兩種海道針經》，北京：中華書局，2000 年。

6. 【清】張廷玉等撰，《明史》第 28 冊，北京：中華書局，1995 年。

7. 黃彰健校勘，〈明太宗實錄〉卷 47，《明實錄附校勘記及附錄》第 2 冊，臺北市：中央研究院歷史語言研究所，1984 年。

二、檔　案

1. 國史館，《外交部》，典藏號：020-010607-0026，020-010699-0003，020-990900-0099。

2. 國史館，《軍事委員會委員長侍從室》，典藏號：129-120000-0205，129-200000-3987，129-070000-1115。

3. 國史館，《國民政府》，典藏號：001-014151-00001-028，001-018300-00001-027，001-018300-00001-036。

4. 中國國民黨傳播文化委員會黨史館，《會議檔案》，檔號：3.3/141.41，4.1/18.11，4.1/35.45，4.3/62.80，4.3/101.22，4.3/173.12，5.1/18.46，5.3/156.13，6.7/11.11。

5. 中國國民黨傳播文化委員會黨史館，《一般檔案》，檔案：395/179。

6. 中國國民黨傳播文化委員會黨史館，《環龍路檔案》，檔號：04857，04957，05057，07488。

7. 中央研究院近代史研究所郭廷以圖書館，《中國國民黨中央執行委員會海外部報告書》，1926 年 1 月 20 日。

8. 沈慕羽，〈慕羽自傳（劫餘慘稿）〉，馬六甲沈慕羽書法文物館收藏。

9. 〈翰川手稿〉，馬六甲沈慕羽書法文物館收藏。

10. 〈沈鴻柏一生〉手稿，馬六甲沈慕羽書法文物館收藏。

11. 〈黃珍吾致沈慕羽函〉（毛筆原件），馬六甲沈慕羽書法文物館收藏。

12. 〈陳毓輝致沈慕羽函〉（毛筆原件），馬六甲沈慕羽書法文物館收藏。

13. 沈慕羽、沈慕卿、沈慕周合編，《新加坡星洲日報駐馬六甲記者新聞紀念刊（四）》。

三、史料選輯

1. 中國第二歷史檔案館編，《中國國民黨中央執行委員會常務委員會會議錄（16）》，桂林：廣西師範大學出版社，2000 年。

2. 中國第二歷史檔案館編，《中國國民黨中央執行委員會常務委員會會議錄（32）》，桂林：廣西師範大學，2000 年。

3. 中國社會科學院近代史研究所中華民國史研究室、中山大學歷史系孫中山研究室、廣東省社會科學院歷史研究室合編，《孫中山全集》第 2 卷，北京：中華書局，1982 年。

4. 中國社會科學院近代史研究所中華民國史研究室、中山大學歷史系孫中山研究室、廣東省社會科學院歷史研究室合編，《孫中山全集》第 6 卷，北京：中華書局，1985 年。

5. 中國國民黨中央委員會第三組編，《中國國民黨在海外：各地黨部史料初

稿彙編》，臺北市：中國國民黨中央委員會第三組，1961年。

6. 中國國民黨中央委員會黨史委員會，《國父全集》第2冊，臺北市：黨史會，1973年。

7. 中國國民黨中央委員會黨史委員會，《國父全集》第4冊，臺北市：黨史會，1973年。

8. 中國國民黨中央委員會黨史委員會，《革命文獻》第41輯，臺北市：黨史會，1967年。

9. 中國國民黨中央委員會黨史委員會，《革命文獻》第45輯，臺北市：黨史會，1969年。

10. 中國國民黨中央委員會黨史委員會，《革命文獻》第48輯，臺北市：黨史會，1969年。

11. 中國國民黨中央委員會黨史委員會，《革命文獻》第54輯，臺北市：黨史會，1971年。

12. 中國國民黨中央委員會黨史委員會，《革命文獻》第65輯，臺北市：黨史會，1974年。

13. 中國國民黨中央委員會黨史委員會，《革命文獻》第69輯，臺北市：黨史會，1976年。

14. 中國國民黨中央委員會黨史委員會，《革命文獻》第79輯，臺北市：黨史會，1979年。

15. 中國國民黨中央委員會黨史委員會，《胡漢民先生文集》，臺北市：黨史會，1978年。

16. 李雲漢，《中國國民黨黨務發展史料：組織工作》（上）、（下），臺北市：中國國民黨中央委員會黨史委員會，1993年。

17. 李雲漢，《中國國民黨史述》第1、2、3、4、5編，臺北市：中國國民黨中央委員會黨史委員會，1994年。

18. 余定邦、黃重言等編，《中國古籍中有關新加坡馬來西亞資料匯編》，中國北京：中華書局，2002年。

19. 宋蘊璞，《南洋英屬海峽殖民地志略》第1部，中國北平：蘊興商行，1930年。

20. 李明峻編譯：《東南亞大事紀（1900~2004）》（臺北市：中央研究院人文社會科學研究中心亞太區域研究專題中心，2006年。

21. 金馬士沈慕羽紀念館彙整，《沈慕羽資料集（1）：古城第一世家》，馬來西亞金馬士：沈慕羽紀念館，年份不詳。

22. 金馬士沈慕羽紀念館彙整，《沈慕羽資料集（3）：沈慕羽通信錄（十七）》，馬來西亞金馬士：沈慕羽紀念館，年份不詳。

23. 金馬士沈慕羽紀念館彙整，《沈慕羽資料集（10）：日侵時期亞洲受害國（一）》，馬來西亞金馬士：沈慕羽紀念館，年份不詳。

24. 金馬士沈慕羽紀念館彙整，《沈慕羽資料集（10）：日侵時期亞洲受害國（二）》，馬來西亞金馬士：沈慕羽紀念館，年份不詳。

25. 金馬士沈慕羽紀念館彙整，《沈慕羽資料集（10）：日侵時期亞洲受害國（三）》，馬來西亞金馬士：沈慕羽紀念館，年份不詳。

26. 金馬士沈慕羽紀念館彙整，《沈慕羽資料集（16）：中國國民黨在馬六甲活動史料（一）》，馬來西亞金馬士：沈慕羽紀念館，年份不詳。

27. 林博愛編，《南洋名人集傳》第 1 集，檳城：點石齋印刷承印，1922 年。

28. 林博愛編，《南洋名人集傳》第 2 集上冊，檳城：點石齋印刷承印，1924 年。

29. 林博愛編，《南洋名人集傳》第 2 集下冊，檳城：點石齋印刷承印，1928 年。

30. 林博愛編，《南洋名人集傳》第 4 集，檳城：南洋民史纂修館，1939 年。

31. 林博愛編，《南洋名人集傳》第 5 集，檳城：南洋民史纂修館，1941 年。

32. 林養志、宋正儀編輯，《中國國民黨一百週年大事年表》，臺北市：中國國民黨黨史會，1994 年。

33. 南洋華僑籌賑祖國難民總會「大戰與南僑」編纂委員會編，《大戰與南僑》，馬來西亞：紀念日據時期殉難同胞工委會，2007 年。

34. 《馬來西亞福建人與學辦教史料集》工委會，《馬來西亞福建人與學辦教史料集》，馬來西亞：福建社團聯合會，1993 年。

35. 陳鵬仁主編、劉維開編輯，《中國國民黨黨務發展史料：海外黨務工作》，臺北市：近代中國，1998 年。

36. 華社資料研究中心，《歷史的跫音：三保山資料選輯》，馬六甲：中華總商會、中華大會堂，1989 年。

37. 孫承譯，《日本對南洋華僑調查資料選編（1925～1945）》第 2 輯，廣州：廣東高等教育出版社，2011 年。

38. 許雲樵原主編、蔡史君編修,《新馬華人抗日史料（1937～1945）》,新加坡:文史出版私人有限公司,1984 年。

39. 符和積,《海南文史資料》第 4 輯,海南:三環出版社,1991 年。

40. 黃文斌,《馬六甲三寶山墓碑集錄（1614～1820）》,吉隆坡:華社研究中心,2013 年。

41. 新馬僑友會編,《馬來亞人民抗日鬥爭史料選輯》,香港:香港見證出版有限公司,1996 年再版。

42. 僑務委員會僑民教育處指導科編,《僑民學校調查錄》第 1 集,1935 年 5 月。

43. 蔣永敬,《華僑開國革命史料》,臺北市:正中書局,1977 年。

44. 韓信夫、姜克夫主編,《中華民國大事記》第 1～4 冊,北京:中國文史,1997 年。

45. 錢鶴編,《南洋華僑學校之調查與統計》,上海:暨南大學南洋文化事業部,1930 年。

四、報　紙

1.《中國報》（1947、1998）

2.《中興日報》（1948）

3.《叻報》（1927）

4.《南洋商報》（1925～1950、1998）

5.《星洲日報》（1929～1941）

6.《振南日報》（1913）

7.《新國民日報》（1919～1933）

8.《總匯報》（1940～1941）

9.《總匯新報》（1937～1941）

10.《總匯新報晚版》（1938～1939）

五、雜誌、通訊、公報

1. 中國國民黨中央改造委員會第 3 組編印,《海外黨務通訊》,臺北市:中國國民黨中央改造委員會第 3 組,1951 年。

2. 中國第二歷史檔案館編,《中央黨務公報》,南京:南京出版社,1939、1940 年。

3. 《教育雜誌》，上海：商務印書館，1928 年 9 月、1931 年 2 月。

六、教科書

1. 王祖廉、黎錦暉、黎明、吳稚暉編，《新中華國語讀本》小學校初級第 1 冊，上海：中華書局，1930 年 9 月 78 版。

2. 王祖廉、黎錦暉、黎明、吳稚暉編，《新中華國語讀本》小學校初級第 2 冊，上海：中華書局，1930 年 5 月 64 版。

3. 王祖廉、黎錦暉、黎明、吳稚暉編，《新中華國語讀本》小學校初級第 5 冊，上海：中華書局，1930 年 9 月 44 版。

4. 王祖廉、黎錦暉、黎明、吳稚暉編，《新中華國語讀本》小學校初級第 6 冊，上海：中華書局，1930 年 6 月 33 版。

5. 王祖廉、黎錦暉、黎明、吳稚暉編，《新中華國語讀本》小學校初級第 7 冊，上海：中華書局，1932 年 6 月 68 版。

6. 王祖廉、黎錦暉、黎明、吳稚暉編，《新中華國語讀本》小學校初級第 8 冊，上海：中華書局，1932 年 4 月 53 版。

7. 朱文叔，《新中華國語讀本》小學校高級第 1 冊，上海：中華書局，1932 年 6 月 45 版。

8. 朱文叔，《新中華國語讀本》小學校高級第 2 冊，上海：中華書局，1932 年 6 月 39 版。

9. 朱文叔，《新中華國語讀本》小學校高級第 3 冊，上海：中華書局，1932 年 5 月 29 版。

10. 陸紹昌、劉傳厚，《新中華公民課本》小學校初級第 1 冊，上海：中華書局，1931 年 6 月 19 版。

11. 陸紹昌、劉傳厚，《新中華公民課本》小學校初級第 3 冊，上海：中華書局，1932 年 10 月 23 版。

12. 陸紹昌、劉傳厚，《新中華公民課本》小學校初級第 4 冊，上海：中華書局，1930 年 2 月第 9 版。

七、專　書

1. 今堀誠二著、劉果因譯，《馬來亞華人社會》，檳城：檳城加應會館，1974 年。

2. 王聿均、孫斌編輯，《朱家驊先生言論集》，臺北市：中央研究院近代史研究所，1977 年。

3. 毛禮銳、沈灌群主編,《中國教育通史》第 5 卷,山東省:山東教育出版社,1988 年。

4. 古鴻廷,《東南亞華僑的認同問題:馬來亞篇》,臺北:聯經出版社,1994 年。

5. 石滄金,《馬來西亞華人社團研究》,北京市:中國華僑出版社,2005 年。

6. 朱逸輝主編,《海南名人傳略》(上),廣州市:中山大學出版社,1992 年。

7. 朱逸輝主編,《海南名人傳略》(中),廣州市:廣東旅遊出版社,1993 年。

8. 宋哲美,《馬來西亞華人史》,香港:東南亞研究所,1966 年。

9. 吳華編著,《馬新海南族群史料匯編》,馬來西亞:海南會館聯合會,1999 年。

10. 《見證叢書》編委會編,《古城硝煙》,香港:足印出版社,2008 年。

11. 李恩涵,《東南亞華人史》,臺北:五南,2003 年。

12. 李業霖,《吉隆坡開拓者的足跡——甲必丹葉亞來的一生》,吉隆坡:華社研究中心,1997 年。

13. 邱格屏,《世外無桃源:東南亞華人秘密會黨》,北京:生活·讀書·新知三聯書店,2003 年。

14. 林孝勝,《新加坡華社與華商》,新加坡:新加坡亞洲研究學會,1995 年 3 月。

15. 林遠輝、張應龍合著,《新加坡馬來西亞華僑史》,廣州:廣東高等教育出版社,2008 年。

16. 卓正明編,《泉州市華僑志》,北京:中國社會出版社,2002 年。

17. 洪永宏編撰、陳共存口授,《陳嘉庚新傳》,新加坡:陳嘉庚國際學會、八方文化企業公司,2003 年。

18. 柯木林,《新華歷史人物列傳》,新加坡:教育出版私營有限公司,1995 年。

19. 柯林木、林孝勝合著,《新華歷史與人物研究》,新加坡:南洋學會,1986 年。

20. 柯木林主編,《新加坡華人通史》,新加坡:新加坡宗鄉會館聯合總會,2015 年。

21. 莊國土、劉文正合著,《東亞華人社會的形成和發展:華商網絡、移民與一體化趨勢》,廈門市:廈門大學出版社,2009 年。

22. 莊欽永，《新呷華人史新考》，新加坡：南洋學會，1990 年。

23. 陳烈甫，《華僑學與華人學總論》，臺北：臺灣商務印書館，1987 年。

24. 陳國華，《先驅者的腳印——海外華人教育三百年（1690～1990）》，
    Toronto: Royal Kingsway Inc., 1992 年。

25. 陳新政，《華僑革命史》，出版處及出版日期不詳。

26. 郭仁德，《馬新抗日史料：神秘萊特》，雪蘭莪：彩虹出版社，1999 年。

27. 華僑革命史編纂委員會編纂，《華僑革命史》下冊，臺北市：正中書局，
    1981 年。

28. 華僑志編纂委員會編印，《馬來亞華僑志》，臺北市：華僑志編纂委員會，
    1959 年。

29. 麥留芳，《方言羣認同：早期星馬華人的分類法別》，臺北市：中研院民族
    學研所，1985 年。

30. 許雲樵譯註，《馬來紀年》，新加坡：青年書局，2004 年。

31. 盛永華主編，《宋慶齡年譜（1893～1981）》，廣州：廣東人民出版社，2006
    年。

32. 張禮千，《馬六甲史》，新加坡：鄭成快先生紀念委員會，1941 年。

33. 程昭星、王新芒著，《瓊籍華僑與海南革命》，海口：海南出版社、南方出
    版社，2008 年。

34. 黃存燊著、張清江譯，《新馬華人甲必丹》，新加坡：亞洲研究學會，2006
    年。

35. 黃珍吾，《華僑與中國革命》，臺北市：國防研究院，1963 年。

36. 黃建淳，《晚清新馬華僑對國家認同之研究——以賑捐投資、封爵為例》，
    臺北市：中華民國海外華人研究學會，1993 年。

37. 黃警頑、羅次啟、黃宗漢、蔡穎芳、王熙卿、劉湘英編：《南洋霹靂華僑
    革命史蹟》，上海：文華美術圖書公司，1933 年 2 月。

38. 曾衍盛，《馬來西亞最古老廟宇——青雲亭個案研究》，馬六甲：青雲亭
    機構，2011 年。

39. 楊進發，《戰前星華社會結構與領導層初探》，新加坡：南洋學會，1977
    年。

40. 楊進發，《新馬華族領導層的探索》，新加坡：新加坡青年書局，2007 年。

41. 楊進發、李發沉譯，《陳嘉庚——華僑傳奇人物》，美國：八方文化企業公

司，1990 年。

42. 楊建成，《南洋華僑抗日救國運動始末（1937～1942）》，臺北：中華學術院南洋研究所，1983 年。

43. 《廈門華僑志》編委員編，《廈門華僑志》，廈門：鷺江出版社，1991 年。

44. 葉奇思，《赤子丹心》，北京：中國華僑出版社，1998 年。

45. 廖文輝，《沈慕羽事蹟繫年》，馬來西亞吉隆坡：華校教師會總會，1997 年。

46. 維多‧巴素（Victor Purcell）著、劉前度譯，《馬來亞華僑史》，檳榔嶼：光華日報，1950 年。

47. 鄧澤如，《中國國民黨二十年史蹟》，上海：正中書局，1948 年。

48. 鄭百年，《青雲傳奇：三百年前華族領袖甲必丹李為經傳》，香港：香港中文大學海外華人研究社，1994 年。

49. 鄭良樹，《馬來西亞華文教育發展史》第 1 分冊，吉隆坡：馬來西亞華校教師會總會，1998 年。

50. 鄭良樹，《馬來西亞華文教育發展史》第 2 分冊，吉隆坡：馬來西亞華校教師會總會，1999 年。

51. 劉士木等編，《華僑教育論文》第 1 集，上海：國立暨南大學南洋文化事業部，1929 年。

52. 潘醒農編著，《馬來亞潮僑概況》，新加坡：南島，1950 年。

53. 錢平桃、程顯泗，《東南亞歷史舞臺上的華人與華僑》，太原市：山西教育出版社，2001 年。

54. 顏清湟著、李恩涵譯，《星馬華人與辛亥革命》，臺北：聯經，1982 年。

55. 顏清湟，《海外華人史研究》，新加坡：新加坡亞洲研究學會，1992 年。

八、學校刊物、社團刊物

1. 匡光照，《英屬馬六甲華僑公立培風學校二十週年紀念刊》，馬六甲：馬六甲華僑公立培風學校，1935 年。

2. 李福祥、許萬忠，《馬六甲海南會館千禧年紀念特刊》，馬六甲：海南會館，2001 年。

3. 馬六甲培風中學，《培風校刊》第 3～8 期及第 10 期，馬六甲：培風中小學校，年份不詳。

4. 馬六甲培風中學，《培風特刊：十二週年紀念號》，馬六甲：馬六甲華僑公

立培風學校，1925 年。

5. 馬六甲培風中學，《培風中學七十週年紀念特刊》，馬六甲：培風中學，
   1983 年。

6. 馬六甲培風中學，《培風中學雙慶特刊》，馬六甲：培風中學，1995 年。

7. 馬六甲晨鐘夜學，《晨鐘夜學六二回顧特輯》，馬六甲：晨鐘夜學，1995
   年。

8. 明星慈善社追悼殉難職員社友大會哀思錄編委會：《馬六甲明星慈善社殉
   難社員哀思錄》，馬六甲：明星慈善社，1949 年。

9. 《馬六甲明星慈善社鑽禧特刊》編委，《馬六甲明星慈善社鑽禧特刊》，馬
   六甲：馬六甲明星慈善社，1998 年。

10. 馬六甲華校教師公會，《馬六甲華校教師公會五十年回顧紀念特刊（1940
    ～1990）》，馬六甲：馬六甲華校教師公會，1990 年。

11. 馬六甲瓊州會館，《馬六甲瓊州會館九十一週年紀念特刊》，馬六甲：馬六
    甲瓊州會館，1960 年。

12. 馬六甲福建會館，《馬六甲福建會館創館一百八十一週年紀念刊（1801～
    1981）》，馬六甲：福建會館，1981 年。

13. 馬六甲晉江會館，《馬六甲晉江會館四慶一期特刊》，馬六甲：馬六甲晉
    江會館，1982 年。

14. 馬六甲雷州會館編，《馬六甲雷州會館慶祝成立九十一週年紀念特刊》，
    馬六甲：雷州會館，1990 年。

15. 馬六甲永春會館，《馬六甲永春會館重修百週年紀念特刊》，馬六甲：永
    春會館，1975 年。

16. 《培風金禧紀念特刊》編輯委員會，《培風五十年：培風金禧紀念特刊》，
    馬六甲：培風中學，1963 年。

17. 黃月光主編，《馬六甲潮州會館慶祝成立一百七十週年紀念》，馬六甲：
    潮州會館，1993 年。

九、論　文

（一）學位論文

1. 李寶鑽，《馬來西亞華人涵化之研究——以馬六甲為中心》，臺北市：臺
   灣師範大學歷史研究所，1998 年。

2. 陳哲維，《殖民與移民：史密斯、金文泰總督與新加坡華人社團》，南投

縣：國立暨南國際大學，2011 年。

3. 張洪雲，《南洋華僑教育研究（1927～1949）》，河南：河南大學，2011 年。

4. 張曉威，《「馬來西亞華人公會」與馬來西亞華人社會之研究》，桃園市：國立中央大學歷史研究所，1998 年。

5. 黃辰濤，《爭取海外力量：中華民國外交、僑務、黨務在新馬的運作（1945～1957）》，南投縣：國立暨南國際大學，2008 年。

6. 劉政寬，《馬六甲華人歷史街區的空間構成》，臺南市：國立成功大學，2010 年。

（二）專書論文

1. 朱浤源，〈中國國民黨在新馬：戰前與戰後的比較〉，收錄於李元瑾主編，《新馬華人：傳統與現代的對話》，新加坡：南洋理工大學、亞洲研究學會、南洋大學畢業生協會，2002 年，頁 201～258。

2. 林開忠，〈從叛徒到英雄：英雄紀念碑與砂勞越國族論述〉，收錄於蕭新煌、顧長永編，《新世紀的東南亞》，臺北市：五南，2002 年，頁 191～202。

3. 哥岡，〈「樹膠大王」郭巨川〉，《海口文史資料》第 8 輯，海口市：中國人民政治協商會議海南省海口市委員會文史資料委員會，1992 年 10 月，頁 149～156。

4. 陳是呈，〈吳鐵城的南洋之行（1940～1941）：以在馬來亞的活動為討論中心〉，收錄於陳鴻瑜主編，《吳鐵城與近代中國》，臺北：華僑協會總會，2012 年 12 月，頁 89～118。

5. 楊進發，〈辛亥革命與星馬華族的國民黨運動（1912～1925）〉，《辛亥革命與南洋華人研討會論文集》，臺北市：國立政治大學國際關係研究中心，1986 年，頁 110～122。

6. 鄭良樹，〈試探馬六甲青雲亭領導層對辛亥革命的態度〉，《辛亥革命與南洋華人研討會論文集》，臺北市：國立政治大學國際關係研究中心，1986 年，頁 178～191。

（三）期刊論文

1. 包愛芹，〈1925～1945 年國民政府僑務政策及工作述論〉，《華僑華人歷史研究》2000 年第 2 期（總第 50 期），頁 43～48。

2. 李盈慧，〈海外華人認同的三種論述：評顏清湟、古鴻廷、王賡武的三部

　　著作〉,《東南亞學刊》第 1 卷第 1 期,埔里：暨大東南亞研究中心,2004
　　年 3 月,頁 101～104。

3. 林祖泉,〈辛亥革命志士林師肇〉,《炎黃縱橫》2019 年 6 期,福建：福建
　　省炎黃文化研究會,2019 年,頁 36～37。

4. 莊欽永,〈馬六甲華人甲必丹補遺〉,《亞洲文化》1986 年 4 月第 7 期,頁
　　100～101。

5. 莊欽永,〈「甲政曾振耀考」補遺〉,《亞洲文化》1988 年 6 月第 11 期,頁
　　115～117。

6. 莊欽永,〈甲必丹曾有亮墓之發現〉,《亞洲文化》1988 年 6 月第 11 期,
　　頁 118～119。

7. 陳國威,〈1932～1945 年國民政府僑務委員會述論〉,《華僑華人歷史研
　　究》2010 年 12 月第 4 期,頁 64～73。

8. 陳鴻瑜,〈明朝與馬六甲王朝之關係：戰略前沿的建立和喪失〉,《漢學研
　　究》第 28 卷第 4 期,2010 年 12 月,頁 139～169。

9. 陳亞才,〈馬來西亞宗鄉社團發展動向的觀察與探討〉,《華僑華人資料：
　　報刊剪輯》1994 年第 3 期（總第 47 期）,頁 2～8。

10. 陳育崧,〈新加坡華文碑銘集錄緒言〉,《南洋學報》第 26 卷第 2 期,新
　　加坡：南洋學會,1991 年,頁 15～30。

11. 陳建仁,〈忠勇儒將　黃珍吾〉,《廣東文獻》第 20 卷第 2 期,臺北市：
　　臺北室廣東同鄉會,1990 年 6 月 30 日,頁 20～26。

12. 陳毓輝,〈陳毓輝自述〉,《福建文獻》第 11 期,臺北市：福建文獻雜誌
　　社,1970 年 9 月,頁 24～32。

13. 崔貴強,〈新馬華人政治認同的轉變,1945～1957〉,《南洋學報》第 32 卷
　　第 1、2 期,新加坡：南洋學會,1977 年,頁 53～63。

14. 許春媚,〈文昌郭氏兄弟：籌鉅款鼎力助革命〉,《海南週刊》特稿 B5,
　　2011 年 9 月 26 日。

15. 張禮千、李也止,〈馬六甲空前之盛舉〉,《南洋研究》1928 年第 2 卷第 4
　　號,頁 117～120。

16. 張禮千,〈鄭成快傳〉,《南洋學報》第 2 卷第 2 輯,新加坡：南洋學會,
　　1941 年 6 月,頁 179～181。

17. 張祖興,〈英國殖民當局與馬華公會的成立〉,《華僑華人歷史研究》2009

年 3 月第 1 期，頁 53～60。

18. 鄭良樹，〈馬六甲華人甲必丹補義〉，《亞洲文化》1984 年 4 月第 3 期，頁 2～7。

19. 鄭良樹，〈亭主時代的青雲亭及華族社會〉（上），《亞洲文化》第 4 期，新加坡：新加坡亞洲研究學會，1984 年 10 月，頁 24～34。

20. 劉堅、丁賢勇，〈第一任浙江都督湯壽潛〉，《杭州師範學院學報》1989 年 5 月第 4 期，頁 45～50。

21. 關志昌，〈陳齊賢（1871～1916）〉，《傳記文學》第 73 卷第 1 期，臺北市：傳記文學雜誌社，1998 年，頁 135～136。

22. 饒宗頤，〈星馬華文碑刻繫年（紀略）〉，《書目季刊》第 5 卷第 2 期，臺北：書目季刊社，1970 年 12 月，頁 3～33。

（四）研討會論文

1. 黃文斌，〈馬六甲三寶山與青雲亭原始資料編纂芻議〉，發表於「海外華人之文化變遷與文物維護」國際學術研討會，中央研究院人文社會科學研究中心：中華民國僑務委員會、中央研究院人文社會科學研究中心海華文教基金會、中華民國海外華人研究學會，2008 年 12 月 13 日～2008 年 12 月 14 日，頁 183～196。

十、圖片集

1. 李亞遨主編，《圖說沈慕羽》，雪蘭莪：馬來西亞華校教師會總會，2009 年第 2 版。

2. 馬來西亞抗日紀念碑編輯委員會，《馬來西亞抗日紀念碑圖片集》，馬來西亞：雪隆區紀念日據時期殉難同胞委員會，1999 年。

3. 畢觀華、林源福、王麗萍等編，《昭南時代：新加坡淪陷三年零八個月展覽圖集》，新加坡：新加坡國家檔案館，2006 年。

4. 21 世紀出版社編輯部編，《馬來亞共產黨歷史畫冊》，吉隆坡：21 世紀出版社，2012 年。

貳、英文部份

一、Published Records

1. Bort, Balthasar, M. J. Bremner & C. O. Blagden. 'Report of Governor

Balthasar Borton Malacca, 1678'. *Journal of the Malayan Branch of Royal Asiatic Society*. Singapore: Methodist Publishing House, 1927.

2. S. S., Legislative council. Proceedings of the Legislative Council of the Straits Settlements, 1932, B145.

二、Books

1. Bird, Isabella L. *The Golden Chersonese and the Way Thither*. New York: Cambridge University Press, 2010.

2. C. F. Yong. *Chinese Leadership and Power in Colonial Singapore*. Singapore: Times Academic Press, 1994.

3. C. F. Yong. & R. B. McKENNA. *The Kuomintang Movement in British Malaya, 1912～1949*. Singapore University Press, 1990.

4. Hoyt, Sarnia Hayes. *Old Malacca*. New York: Oxford University Press, 1996.

5. J. Kennedy. *A History of Malaya, A.D. 1400～1959*, St. Martin's Press, 1962.

三、Articles

1. Png Poh Seng. 'The Kuomintang in Malaya, 1912～1941'. *Journal of Southeast Asian* History, Vol. 2, No. 1,（1961）: 1～32.

2. Purcell, Victor. 'Chinese Settlement in Malacca', *Journal of the Malayan Branch of the Royal Asiatic Society*, Vol.XX, Pt.1,（1947）: 115～125.

3. Stephen Leong, "The Kuomintang-Communist United Front in Malaya during the National Salvation Period, 1937～1941", *Journal of Southeast Asian Studies*, Vol. VIII. No.1（Singapore: National University of Singapore, 1977）, p.31～47.

附　錄

附錄一　革命黨在新、馬之大事年表（1894～1942）

年　代		滿清／中國	新、馬英殖政府	新、馬華社	馬六甲華社
年	月				
1894	11月	24日，興中會於檀香山火奴魯魯成立。			
1895	2月	21日，興中會總部在香港成立。			
	4月	17日，中日《馬關條約》簽訂。			
	5月	1日，康有為發動「公車上書」。			
	7月		1日，馬來聯邦四州府成立。		
	10月	26日，興中會在廣州發動起義。			
1897					成立「救國十八友」。
1898	5月			26日，《天南新報》出版，邱菽園擔任主編。	（閏三月）馬六甲五邑會館成立。

	9月	21日，戊戌政變，「百日維新」失敗，慈禧太后臨朝聽政，康有為與梁啟超逃亡海外。 23日，光緒皇帝被慈禧太后幽禁於南海瀛台。			
1899	7月	20日，康有為在加拿大維多利亞組織保皇會。			
	10月			5日，林文慶創辦《日新報》。	
1900	2月	14日，清廷懸賞緝拿康有為、梁啟超。	英國殖民部下令保護康有為的安危。	2日，康有為在邱菽園協助下抵達新加坡。	
	6月			29日，宮崎寅藏和清水抵達新加坡，企圖促成保皇和革命兩派合作。	
	7月		6日，新加坡總督下令逮捕宮崎寅藏和清水。	5日，康有為獲知宮崎寅藏和清水的意圖，通知新加坡警方。 9日，孫中山抵達新加坡營救宮崎寅藏和清水。 12日，孫中山、宮崎寅藏和清水被驅逐出境，五年不得入境。	
	8月	14日，八國聯軍攻進北京。 15日，慈禧太后與光緒皇帝逃往西安。		17日，海峽英籍華人公會在新加坡成立。	
	10月	6日，發生惠州起義。		海峽英籍華人公會馬六甲分會成立。	

1901	1 月	10 日，革命党人楊衢雲在香港遇刺。			
	2 月		18 日，瑞天咸爵士上任海峽殖民地總督。		
	7 月		2 日，《1889 年社團（修訂）條例（第 X 號）》生效施行。		
	9 月	7 日，清廷與 11 國公使簽訂《辛丑條約》。17 日，八國聯軍撤出北京。			
1902	1 月	8 日，慈禧太后與光緒帝返回北京。			
1903	3 月			星洲書報社在新加坡成立。	
	7 月	7 日，上海《蘇報》被封，章炳麟、鄒容在租界被拘捕。		陳楚楠和張永福以「小桃源俱樂部」名義電文英國駐上海領事館，要求援保護國事犯條例，不要將章炳麟、鄒容引渡給清廷。	
	11 月	在檀香山創立中華革命軍。			
				第一所清廷控制的商會在檳榔嶼成立，稱「中華總商會」。	
1904	1 月	11 日，清廷頒布《商會簡明章程》。13 日，清廷頒布《癸卯學制章程》。		年初，陳楚楠和張永福創辦《圖南日報》。	

	4月		15日，安德遜爵士上任海峽殖民地總督。		
1905	1月			張永福創辦《南洋總匯新報》。	
	6月			孫中山在新加坡晤陳楚楠、張永福等，計畫革命運動。	
	8月	20日，中國同盟會在日本東京成立。			
	10月	香港同盟會分會成立。			
	11月			新加坡同盟會分會（結盟組織形式）成立。	
1906	1月			1日，中華革命政府公債券開始在南洋發行。	
	4月			6日，孫中山抵晚晴園，同盟會新加坡分會開會，重組會務。8日，新加坡中華商務總會成立，吳壽珍、陳云秋擔任正、副會長。	
	5月	6日，同盟會東京總會改訂《中國同盟會總章》。			
	7月			17日，孫中山在芙蓉埠礦物會館會見志同道合的僑胞。	
	8月			7日，孫中山抵吉隆坡，寄居在維商俱樂部。	

			21日，吉隆坡同盟會分會成立，公推陸秋傑為會長，王清江為副會長。	
	9月		孫中山抵庇能（現稱「檳城」），設立庇能同盟會分會，推吳世榮為會長，黃金慶為副會長。	
	10月	16日，孫中山致函同盟會新加坡分會副會長張永福，促其在新加坡連印《革命軍》。		
1907	5月	22日，廣東潮州黃岡起義。		
	6月	2日，廣東惠州七女湖起義。		
	8月	21日，清廷成立南洋華僑商會，派楊士琦往南洋各埠考察商務。	20日，《中興日報》創刊，田桐、王斧任編輯。	
	9月	1～17日，欽廉防城起義。		
	12月	1～8日，廣西鎮南關起義。	21日，汪精衛、鄧子瑜到瓜拉庇勝組織同盟會分會，鄧澤如當選會長。	
			芙蓉同盟會分會成立。	馬六甲同盟會分會成立。
1908	2月		7日，總督安德遜會見孫中山，予以警告並下令警方監視其行動。	
	3月	27日，欽廉上思之役發生。		

4月	30日，雲南河口起義發生。		
8月			4日，新加坡星洲閱書報社舉行演說會，胡漢民與汪精衛為講者。
9月			同盟會南洋支部在新加坡成立，胡漢民為支部長。
10月			28日，孫中山、胡漢民、汪精衛等人自新加坡抵芙蓉。次日，抵吉隆坡商籌赴法旅費。
11月	14日，光緒皇帝駕崩。15日，慈禧太后病逝。	英国殖民政府請孫中山布告，約束黨眾。孫中山請張永福於27日張貼告示，要求部下不可有報復之舉。	2日，孫中山等人自吉隆坡抵達怡保。3日，孫中山等人在怡保致函鄧澤如等，謀改良擴充吉隆坡團體。5日，孫中山等人抵庇能，8日返回新加坡。19日，新加坡保皇黨為追悼光緒皇帝及慈禧太后，與革命黨人發生衝突。
12月			6日，檳城平章會館宣布成立檳城閱書報社，並於翌年1月10日舉辦成立典禮。
			馬六甲中華書報社成立。

1909	3月	28日，清廷公布《大清國籍條例》。	10日，英國與暹羅在曼谷簽訂《1909 年英國——暹羅條例》，吉打、吉蘭丹、玻璃市、登嘉樓的宗主權轉讓給英國。		
	8月			16日，《星洲晨報》創刊。	
	10月	同盟會南方支部在香港成立，胡漢民為支部長。			
	11月		11日，英國設置聯合參事會議，強化海峽殖民總督的權限。		
	12月		13日，《1909年社團條例》生效實施。		
1910	2月	12日，廣州新軍起義發生。			
	10月			同盟會南洋支部從新加坡遷往檳城。	
	11月			13日，孫中山在庇能召開會議，決議籌款發動廣州起義。	
	12月		英國殖民政府配合清廷對孫中山的通緝，以「妨礙地方治安罪名」將他驅逐出境。	2日，《光華日報》創刊。	
1911	2月			溫生財等人赴廣州參加起義。	
	4月	27日，廣州黃花崗起義發生。			

	7 月	31 日，中國同盟會中部總會在上海成立。		
	9 月		9 日，阿特楊爵士上任海峽殖民地總督。	
	10 月	10 日，武昌起義發生。		
	12 月		9 日，《1909 年社團（修訂）條例（第 XXII 號）》施行。	
			馬六甲華民副護衛司署成立。	
1912	1 月	1 日，中華民國南京臨時政府成立，孫中山擔任第一任臨時大總統。		南洋勸募公債總理湯壽潛在林文慶陪同下到訪馬六甲，鼓勵創設培風學校。
	2 月	12 日，溥儀皇帝辭位，清王朝宣告結束。	孫中山派同盟會在新加坡創立南洋華僑總商會。	
	3 月	10 日，袁世凱在北京就任臨時大總統，北洋軍閥統治開始。		
	4 月	2 日，南京臨時參議院議決臨時政府遷往北京。		
	8 月	13 日，中國同盟會發布改組為國民黨宣言。 25 日，中國同盟會、統一共和黨、國民公進會、國民公黨、共和實進會正式改組成國民黨。		

	9月	28日，袁世凱公布參議院議決國慶日紀念日案，規定10月10日為國慶日。		21日，胡惟賢被任命為中華民國駐新加坡總領事。 呂天民與邱繼顯南來辦理同盟會改組事宜。	
	12月			23日，新加坡國民黨北京交通部獲得殖民地政府核准註冊為合法政黨。	
1913	3月	20日，宋教仁在滬寧路上海站遭到刺殺。 22日，宋教仁不治身亡。		31日，國民黨新加坡交通部發電文向北京大總統國務院表示：「宋純初君被刺，同人哀憤，請嚴法究辦」。	
	5月	30日，南京國民黨機關被查封。			
	7月	12日，李烈鈞在江西湖口舉兵討袁，「二次革命」爆發。		林文慶抵達柔佛麻坡組織國民黨分部。	7日，培風學校正式開學。 25日，馬六甲國民黨支部註冊為合法組織。
	9月	27日，孫中山在日本東京籌組中華革命黨，親自擬定入黨誓約。			
	10月	6日，袁世凱當選第一任正式大總統。			
	11月	4日，袁世凱下令解散北京國民黨總部。		23日，中國教育部頒布領事管理學校規程，委任新加坡總領事管理僑校。	
1914	5月			20日，《國民日報》創刊。	

6月		30日，頒布禁止契約華工移民。	
7月	8日，孫中山在東京召開中華革命黨成立大會，並宣誓就任總理。 29日，孫中山致書南洋洪門同志，望「固結團體，振起精神，再做革命工作」。	28日，第一次世界大戰爆發。	
8月			25日，新加坡國民黨支部被吊銷註冊，以「南洋工業公司」名義存在。
9月	1日，孫中山發表《中華革命黨宣言》，通告海內外，宣布中華革命黨成立，所有海外國民黨組織一律改組為中華革命黨。		
10月			馬六甲中華革命黨第一批黨員在中華書報社宣誓入黨。
11月			30日，馬六甲國民黨支部被殖民政府吊銷註冊。〔註1〕
			培新學校成立。

〔註1〕楊進發《新馬華族領導層的探索》（頁160）之「表一：馬來亞國民黨支部，1912～1925」記載，馬六甲國民黨「解散/衰亡」於「30.11.1914」；方寶成（Png Poh Seng）於"The Kuomintang in Malaya, 1912～1941"一文中謂，馬六甲國民黨支部被吊銷其註冊於1914年12月4日。上表採用楊氏的說法。

1915	1 月	18 日，日本駐華公使向袁世凱提出「二十一條」要求。			
	3 月	10 日，孫中山命黨務部揭發日本「二十一條要求」交涉真相，通告黨員積極討袁。			
	5 月	9 日，袁世凱接受日本「二十一條要求」。	12 日，阿特楊〔註 2〕總督在一封致殖民部電報中指出：「政府不應該鼓勵殖民地的華人，認同於中國政治，或被中國的公債券等事務所纏繞」。		
	9 月	30 日，孫中山委派鄧鏗、許崇智赴南洋各埠籌討袁軍餉。			
	11 月				15 日，南洋各埠籌款局委員鄧澤如、許崇智、鄧鏗到馬六甲進行勸募。
	12 月	12 日，袁世凱接受帝制，改國號為「中華帝國」，並宣布 1916 年為「洪憲元年」。25 日，蔡鍔在雲南發起討袁護國運動，組織護國軍。			

〔註 2〕楊進發在《新馬華族領導層的探索》中將海峽殖民地總督 Sir Arthur Young 翻譯成「亞瑟楊格」。

1916	3月	22日，袁世凱宣布取消帝制，復任中華民國大總統。			
	6月	6日，袁世凱在北京病逝。			
1917	5月				7日，培德女學校成立。
	7月	17日，孫中山在廣州倡導「護法運動」。			
	9月	1日，護法軍政府成立，誓師北伐。20日，北京政府成立僑工事務局，隸屬國務院。			
1918	4月	北洋政府頒布《僑工出洋條例》。			
	10月			22日，羅昌被任命為中華民國駐新加坡總領事。	
	11月		11日，第一次世界大戰結束。		
1919	1月			25日，伍璜被任命為中華民國駐新加坡總領事。	
	4月	30日，巴黎和會允許日本繼承德國在山東權利。			
	5月	4日，北京爆發「五四運動」。			
	6月	3日，上海工人發起大規模政治罷工。	20日，海峽殖民地總督阿特楊發布軍法令及戒嚴令，以應付暴動的混亂局勢。	19日，新加坡學生與群眾搗毀牛車水路賣日貨的華人商店。21日，檳城市民搗毀日人和漢奸的商店。	

	7月		29日，英國殖民政府逮捕領導抵制日貨活動的宋木林、趙士池、黎希孟、楊耀光、楊劍虹、吳純民等六人。	
	10月	10日，中華革命黨改組為中國國民黨。		
	11月			15日，宋木林、趙士池、黎希孟、楊耀光、楊劍虹、吳純民等六人被驅趕出境，理由為「危險人物」、「妨礙地方治安」。	
1920	2月		3日，基里瑪爵士上任海峽殖民地總督。		1日，馬六甲通俗夜校成立。
	3月		1日，《印刷機出版條例》實施，加強管制出版品。	新、馬中華革命黨支分部收到中國國民黨海外支部通則，開始依章改組。	
	5月		31日，《1920年學校註冊條例》首讀通過。		
	7月	14日，直皖戰爭爆發。	5日，《1920年學校註冊條例》二讀通過。	新、馬華社積極反對《學校註冊條例》。是月2日，「英屬華僑學務維持處」成立，成為反對《學校註冊條例》之領導機構。24日，莊希泉被拘捕；25日，陳壽民被拘捕。	

	10 月		13 日，《1920 年學校註冊條例》三讀定案。		
	11 月	中國國民黨修改總章，增設宣傳部。		22 日，星洲國民黨支部設立二個分部。	
	12 月	21 日，廈門暨南總局教育會、總商會等團體致電華僑聯合會，僉懇協力電請政府向英國大使交涉取消《學校註冊條例》，並懇各團體報館作僑胞後盾。		23 日，新加坡華僑代表向北京政府請願，希望政府與英國交涉，取消《學校註冊條例》。 27 日，余佩皋赴中國為《學校註冊條例》請願。	
1921	1 月		18 日，《學校註冊條例》正式實行。		
	2 月				28 日，中國國民黨馬六甲支部成立。
	3 月			軍政府特派南洋華僑宣慰大使方瑞麟抵檳城，展開慰問新、馬華僑工作。	
	4 月	2 日，國會議決取消軍政府，建立新政府。			
	5 月	5 日，孫中山在廣州就職非常大總統。		5 日，新、馬華人社會慶祝孫中山就職非常大總統。	5 日，培風與培德學校舉行孫中山就職非常大總統慶祝大會。
	6 月				南洋華僑宣慰大使方瑞麟到訪馬六甲。
	7 月	23 日，中國共產黨於上海成立。		鍾樂臣及吳源和為《學校註冊條	

				例》赴英國倫敦，直接向英國殖民部上訴請願。
	9 月			21 日，羅昌被任命為中華民國駐新加坡總領事。
				益智學校成立。
1922	2 月	3 日，孫中山下令北伐。		6 日，華南半夜學校成立。
	4 月			3 日，永春會館創立育民學校，並於 7 月 16 日舉辦成立典禮。16 日，平民學校成立。
	6 月	16 日，陳炯明在廣州叛變，圍攻總統府。25 日，中國國民黨海外同志非常通訊處主任陳樹人通告海外，有關陳炯明叛亂之罪狀，呼籲華僑踴躍捐款，支持討賊救國。		
				寶蘭學校成立，1933 年改名為養賢學校。
1923	1 月	4 日，孫中山通電討伐陳炯明；北京政府改組。		
	2 月	21 日，孫中山在廣州設大本營，以大元帥名義統帥軍政。		
	6 月			馬六甲明星慈善社獲得殖民政府批准註冊為合法社團。

	7 月			廣州國民黨總部制定條規，整理海外黨部，擬建立南洋總支部於新加坡。	
	9 月			6 日，陳嘉庚獨資創辦《南洋商報》。	
	10 月				10 日，馬六甲明星慈善社舉辦開幕典禮。
	11 月			13 日，周國賢被任命為中華民國駐新加坡總領事。	
	12 月	孫中山將國民黨仿照蘇聯共產黨形式徹底改組。	31 日，《1923 年刑法修正案（第 25 號）》施行。		
1924	1 月	20～30 日，中國國民黨第一屆全國代表大會在廣州舉行。		森美蘭國民黨員蕭振堂赴廣州參加第一屆黨代表大會。	
	2 月	6 日，中國國民黨中央執行委員會第三次會議決議增設海外部，推舉林森為部長。			
	3 月			30 日，南洋總支部成立，朱赤霓為南洋總支部部長。	
	4 月		24 日，馬來屬邦聯合參事會議開始分權化。		
	6 月	16 日，中國國民黨陸軍軍官學校在廣州黃埔成立。			

	9月	12日，大元帥大本營移設韶關，孫中山親往督師北伐。			10日，醒僑劇社開幕。 13日，人力車夫為了反對工局部而發動罷工風潮。
	11月			22日，馬廷亮被任命為中華民國駐新加坡總領事。	
					馬六甲晉江會館成立。 三育學校成立。
1925	1月		23日，吉隆坡華民政務司署發生炸彈案。	19日，賈文燕被任命為中華民國駐新加坡總領事。	
	3月	12日，孫中山在北京病逝。			
	4月			新、馬華人舉辦孫中山追悼會。	11日，野新埠培新學校舉辦孫中山追悼大會。 12日，馬六甲市舉辦追悼孫中山大會。
	5月	30日，有二千餘名學生在英租界演講以援助罷工的工人，警察以武力干預，釀成「五·卅慘案」。			
	6月	23日，英國士兵開槍鎮壓廣州游行隊伍，釀成「沙基慘案」。			
	7月	1日，南方政府在廣州成立中華民國國民政府。	1日，英國內閣同意「海峽殖民地總督允准採取必要步驟，鎮壓馬來亞國民黨支部」。		

	8月		發布解散國民黨明令。	
	9月		7日，《1925年學校註冊（修訂）條例》實施。	國民黨星洲支部重要職員陸續被控訴與拘留。	
	10月			馬來聯邦的國民黨黨部陸續被吊銷註冊。	
					育新學校成立。培華學校成立。
1926	1月	1～19日，中國國民黨第二屆全國代表大會在廣州召開。			
	2月			4日，馮祥光被任命為中華民國駐新加坡總領事。	
	3月	18日，北京發生「三‧一八」慘案。20日，「中山艦事件」發生。			
	5月			南洋總工會在新加坡成立，是廣州中華全國總工會的分支。	
	7月	9日，國民政府成立國民革命軍，蔣中正擔任總司令，誓師北伐。		19日，歐陽祺被任命為中華民國駐新加坡總領事。	
	9月		15日，《1926年學校註冊條例（第8號）》實施。		
	10月	廣州國民政府在南京設立僑務委員會。		中國共產黨南洋臨時委員會在新加坡成立。	
					謙光女子學校成立。僑南學校成立。

1927	1月				惠民學校成立。
	3月	24日,共黨分子煽動匪徒搶劫外國領事署、機關、住宅等,釀成「南京事件」。		12日,新加坡發生「牛車水事件」〔註3〕。	
	4月	18日,南京國民政府成立,全面清黨。			
	5月			26日,李駿被任命為中華民國駐新加坡總領事。	
	6月		3日,克利福爵士上任海峽殖民地總督。		
	12月			南洋共產青年團在黃成業督導下成立。	
1928	1月			南洋共產黨在新加坡成立。	
	2月			8日,中國共產黨派張玉階到新加坡暗殺外交官伍朝樞、孫科、胡漢民等人,林文慶被誤傷。	
	4月			中國國民黨重組,南洋總支部關閉。	
	5月	3日,濟南慘案發生。7日,國民黨上海市黨員與21個團體舉辦會議,決定建立上海各界反對日軍暴行委員會。	7日,通過《移民限制條例》,限制華工移入。	新、馬華社成立山東慘禍籌賑會,開始進行勸募活動。	17日,馬六甲華僑籌賑山東難民義捐會成立。

〔註3〕新加坡海南籍的華校師生為了紀念孫中山逝世二週年而遊行示威,後與警察發生衝突,導致警察開槍造成六人死亡、十四人受傷的慘案。

	8 日，國民黨中央執行委員會通過《五三慘案應付方案》和《對日經濟絕交辦法大綱》。		
6 月	15 日，國民政府對外宣言：「軍事時期將告終結，國民政府正從事整頓與建設，謀求完成建設新國家之目的」。		國民黨中央宣傳部總幹事姚定塵從南京南下新加坡協助重組新、馬支部。	
9 月	15 日，國民政府財政部長宋子文致函新加坡中華總商會，將委派林天吉、林超南二人南下勸募短期善後公債。			
10 月			新、馬華人社會響應國民政府善後短期公債。	20～27 日，馬六甲華僑籌賑山東難民義捐會舉辦慈善游藝會。
11 月			國民政府財政部南洋勸銷公債特派員林天吉、林超南抵達新、馬勸募。	20 日，林超南赴馬六甲勸募短期善後公債。馬六甲國民黨黨報《僑民週報》出版。
12 月	17 日，國民政府公布《中華民國國徽國旗法》。29 日，張學良、張作相、萬福麟、翟文選、常蔭槐聯名宣布東三省易幟。北伐結束，國民政府完成統一。			

					培智學校成立。公益學校成立。野新育賢學校成立。
1929	1月			15日，胡文虎獨資創辦《星洲日報》。19日，中國國民黨駐南洋英屬總支部成立。	
	2月			中央特派員謝作民南來視察黨務、慰問華僑及籌賑西北災黎。	
	3月	15～28日，中國國民黨第三次全國代表大會在南京召開。			
	5月	28日，孫中山靈柩抵南京，各國機關及停泊船舶一律下半旗致哀。		26日至6月1日，新、馬華人社會舉辦孫中山奉安大典哀悼，一連七天停止宴樂，各民眾臂纏黑紗，下半旗七天。新、馬僑團代表赴南京參加孫中山奉安大典。	18日，馬六甲中華總商會在僑民報社舉辦孫中山奉安典禮籌備會議。26日至6月1日，響應孫中山奉安大典哀悼。馬六甲晨鐘勵志社成立，並於10月10日舉辦開幕典禮。沈鴻柏與張永福、鄭螺生等人赴南京參加孫中山奉安大典。
	6月	1日，孫中山奉安大典，長眠南京中山陵。		1日，新、馬各埠華團舉辦紀念孫中山奉安大典。	1日，在壹景園舉辦紀念孫中山奉安大典。
	9月				7日，馬六甲華僑東北救災會成立。

	12 月		31 日，唐榴被任命為中華民國駐新加坡總領事。	
1930	2 月	5 日，金文泰爵士上任海峽殖民地總督。14 日，金文泰總督召開緊急會議討論國民黨事宜。	4～7 日，南洋英屬總支部召開第二次代表會。20 日，金文泰總督召見南洋英屬總支部執、監委員，明令解散、禁止國民黨活動。	20 日，胡少炎和何選民代表馬六甲國民黨出席金文泰總督與南洋英屬總支部的會議。
	4 月		20 日，發生馬來聯邦鐵路工潮。30 日，馬來亞共產黨在森美蘭州瓜拉庇勝成立。	
	7 月		國民黨領袖方之楨與鄭螺生二人被驅逐出境。	
	8 月	1 日，因經濟惡化，根據《1928年限制移民入境條例》，頒布限制每月華工入境配額。		
	9 月	汪精衛的改組派被驅逐出中國國民黨。	南洋共產青年團改成馬共青年團。	
	10 月		1 日，陳長樂被任命為中華民國駐新加坡總領事。	
	11 月	南京國民政府外交部長王正延開始與英駐華公使藍浦森就國民黨在新、馬地區的自由活動進行商議。		

	12 月	2 日，國民政府頒布《整飭綱紀令》。		
				僑民學校成立。革成學校成立。
1931	1 月			20 日，馬六甲發生工潮，約 300 名華工結隊游行，與警察起衝突。
	2 月	28 日，胡漢民與蔣中正產生矛盾，被軟禁於湯山。	藍浦森訪問新加坡，與總督署官員討論國民黨事宜。	
	4 月	國民黨粵方監察院四位監察委員以蔣非法扣留胡漢民為由，通電彈劾蔣。	藍浦森與王正廷來往換文，針對國民黨在新、馬地區的活動交換意見。	18 日，馬六甲直屬支部成立，籌備委員宣誓就職。亞羅牙也埠平智學校成立。
	5 月	28 日，汪精衛、李宗仁等人在廣州另立國民政府。	11 日，海峽殖民政府華民政務司（官）兀敏在立法會議動議修改《社團條例》。	張永福、林義順等致電廣州國民黨要員，支持反蔣、倒蔣運動。
	8 月			29 日，成立馬六甲華僑籌賑中國慘災會。
	9 月	18 日，日本關東軍與國民革命軍東北邊防軍在瀋陽北大營起衝突，史稱「九·一八事變」。		22 日，新加坡中華總商會因東北慘禍召開緊急會議，致電要求國民政府全力抗日，並呼籲國際聯盟會及英國政府主持公理。
	10 月	南京、上海與廣州社團出版宣傳日本入侵東北的《田中奏摺》。	2 日，《社團（修訂）條例（第 14 號）》施行。	《叻報》、《南洋商報》、《星洲日報》分別以大篇幅連載《田中奏摺》。

	11月	12～23日，蔣派在南京召開中國國民黨第四次全國代表大會。中央監察委員會兼僑務委員會常務委員黃吉宸提案「請飭令外交部速向英使取消締約馬來亞黨部之協定案」。		新加坡《海峽時報》轉載倫敦《晨報》刊登《田中奏摺》的報導，以及日本外交部否認《田中奏摺》的新聞。	19日，沈鴻柏代表馬六甲國民黨直屬支部在中國國民黨第四次全國代表大會上報告黨務。24日，馬六甲華僑籌賑會匯助馬占山將軍國幣 5,000 元。
	12月	11月18日至12月5日，廣州方面由孫科主持中國國民黨第四次全國代表大會。7日，國民政府公布《僑務委員會組織法》，取消僑務局，成立行政院僑務委員會。			
					新民學校成立。
1932	1月	28日，日軍進攻上海，史稱「一·二八」事變。		3日，《星洲日報星期刊》創刊。	
	2月			新、馬各地華人團體紛紛成立難民救災會，為上海兵災籌賑。	
	3月	9日，偽「滿州國」在長春成立。			
	4月	16日，國民僑務委員會改組，隸屬行政部。			
	11月		10日，英國殖民部副大臣威爾遜爵士抵達檳城，展開新、馬各地區政務視察。		30日，成立馬六甲華僑籌賑祖國東北難民委員會。
					光亞學校成立。

1933	1月		1日，頒布《外僑條例》，控制外來移民人數。		
	2月				24～26日，馬六甲舉辦籌賑東北難民遊藝會。
	6月		華民政務司(官)規定八條東北籌賑會禁止辦法。		
	8月				22日，何葆仁與黃肖岩（星洲代表）等代表馬來亞閩僑救鄉會回中國考察。
	9月			30日，刁作謙被任命為中華民國駐新加坡總領事。	
1934	2月	19日，蔣中正在南昌發起「新生活運動」。			
	9月			中央執行委員張貞、陸軍上校林思溫和黃澄淵、前陸軍第49師補充團團長張式玉、前思明縣教育局局長林德曜等一行人前來新、馬考察僑況。	12日，張貞等一行人到馬六甲考察僑況。
	10月				3日，馬六甲國民黨直屬支部召集第一次代表大會，選出第一屆執監委員。
					敦化學校成立。
1935	11月	12～22日，中國國民黨第五次全國代表大會在南京召開。			何選民代表馬六甲國民黨直屬支部出席中國國民黨第五次全國代表大會。

	12 月		19 日,《社團（修訂）條例（第 61 號）》生效施行。	
				啟牖學校成立。
1936	2 月	1 日,中華民族解放先鋒隊在北平成立。		
	3 月	發動籌購飛機為蔣中正五十壽祝賀。		
	7 月		新、馬華僑團體響應購機壽蔣活動。	
	9 月		3 日,高凌百被任命為中華民國駐新加坡總領事。	
	11 月		14 日,吉隆坡四十英里煤炭山馬來亞煤礦公司發生工潮。	
	12 月	12 日,張學良、楊虎城等人在西安劫持蔣中正。25 日,蔣中正脫險,飛抵洛陽。	22 日,新加坡僑團組織新加坡華僑救國援蔣大會委員會。	
				文化學校成立。
1937	6 月		19 日,新加坡總領事館頒發公民（國代候選人）登記辦法。	
	7 月	7 日,日軍進攻盧溝橋。		13 日至 8 月 16 日,馬六甲中華總商會聯合各會館辦理公民登記。19 日,明星慈善社電請國民政府抗戰保土,並匯款華北兵災國幣二千元。

	8 月	13 日，淞滬戰爭爆發。		新、馬各埠紛紛組織華僑籌賑祖國難民委員會。是月 15 日，馬來亞新加坡華僑籌賑祖國傷兵難民大會委員會成立。 馬來亞華僑各界抗敵後援會成立。	10 日，馬六甲華僑籌賑祖國難民委員會成立。
	9 月	22 日，中央通訊社發表《中共中央為公布國共合作宣言》。 23 日，蔣中正發表關於國共合作的談話，國共二次合作的戰線形成。		18 日，中華民族解放先鋒隊在新加坡建立分隊。	
	11 月	20 日，國民政府宣布遷都重慶。			
	12 月	14 日，偽中華民國臨時政府在北平成立。			
					鼎華學校成立。 養民學校成立。
1938	1 月	5 日，華僑抗敵動員總會在廣州成立。			
	2 月			林謀盛、莊惠泉等人到龍運鐵礦發動華工舉行總罷工。	26 日，馬六甲華校教師組織校聯部成立。
	3 月	29 日至 4 月 1 日，中國國民黨臨時全國代表大會在武昌召開。		華僑抗敵動員總會專員梁偉華、黃精一、章公劍等到新、馬進行宣傳及籌募工作。	29 日，黃精一抵馬六甲。

	4 月	中國國民黨中央恢復設立海外部。		
	5 月			7 日，發生「22名華裔青年被捕案」。 15 日，馬六甲廣東會館成立。
	7 月	9 日，三民主義青年團臨時團部幹事會在武昌成立。		
	10 月	28 日至 11 月 6日，國民參政會第一屆第二次大會在重慶舉行。	10 日，南洋華僑籌賑祖國難民總會在新加坡成立。 28 日，陳嘉庚以參政身分「電報提案」：「敵人未退出國土以前，公務員談和平便是漢奸國賊」。	
	12 月	29 日，汪精衛發表「艷電」，主張對日本求和。	中國武漢合唱團抵達新加坡，在新、馬各埠開展救亡籌賑巡迴演出。	
				南華學校成立。 培民學校成立。
1939	1 月	1 日，汪精衛遭國民黨中央常務委員會開除黨籍。	新、馬各埠僑團紛紛通電聲討，請求中央嚴緝汪精衛。	7 日，馬六甲籌賑會電請中央通緝汪精衛，並將其依法嚴辦。
	2 月		18 日，第一批南僑機工從新加坡出發赴昆明。	
	3 月	11 日，國防最高委員會頒布《國民精神總動員綱領》及《國民精神總動員實施辦法》。		

	12日，蔣中正宣布實行國民精神總動員。		
5月	1日，國民精神總動員開始實施。		5日，馬六甲培風校友會成立。 25日，馬六甲客屬公會獲得註冊，並於翌年6月1日舉行成立大會。
6月			中國武漢合唱團在馬六甲野新、亞沙漢、馬接、雙溪南眉、萬里望、亞羅牙也、淡邊、八丁馬六甲等地巡迴演出，宣傳籌款救國工作。
7日	24日，英國與日本在東京談判達成初步協議，簽訂《有田——克萊琪協議》。	新、馬各埠僑團反對英日妥協，致電中央擁護抗戰到底。	馬六甲七十餘個華團擁護南僑總會主張，反對英日妥協，擁護抗戰到底。
9月		新加坡民先隊被英國殖民政府取締，侯西反等人被驅逐出境。	馬六甲籌賑會發出通告，籲請社團、學校、籌款賑分會等各機構在每月第一週舉辦月會，實行國民精神總動員綱領。
12月		22日，英國殖民政府發出驅逐侯西反出境通知，並限令其在1940年1月1日前出境。	4日，南僑總會倡組「南洋各屬華僑籌賑會回國慰勞團」。 10日，中國回教南洋訪團抵達新加坡，在新、馬開展長達數個月的訪問。

				立人學校成立。中國公學成立。
1940	1月			31日,中國回教南洋訪團到馬六甲訪問。
	2月	28日,《社團（修訂）條例（第5號）》生效施行。	廣東省政府特派陳卓雄、許觀之、曾同春、姚伯龍等四專員到訪新、馬宣慰華僑。	17日,陳卓雄、許觀之、曾同春、姚伯龍等四專員到訪馬六甲。同日,馬六甲華校教師聯合會召集發起人大會。
	3月	30日,南京偽中央政府成立,汪精衛擔任國民政府代主席及行政院院長。	6日,南僑回國慰勞團從新加坡出發。國民政府特派海外部第一處長兼僑務委員專員黃天爵南下指導黨務。	17日,馬六甲華校教師聯合會舉行成立大會。24日,黃天爵抵達馬六甲。馬六甲區代表李君俠隨南僑慰勞團回中國訪問,並慰勞前線將士。
	4月	17日,南洋華僑慰勞團一行45人抵達重慶。		21～22日,馬六甲華人援英游藝大會在極樂閣舉行。
	5月		1日,馬來亞共產黨在新加坡發動工人游行示威,共有五萬人參與。	1日,馬六甲夏巴、南益、英老便、豐安、巴十盾、協和美等樹膠工廠工人舉行罷工。
	9月			21～28日,馬六甲援英義捐會華人組在極樂園及大海埮舉辦各民族援英游藝會。
	10月			3日,新中國劇團一行人抵達馬六甲,為抗戰募捐。

	11月			27日至12月18日，海外部部長吳鐵城到新、馬視察慰問。	30日至12月2日，吳鐵城在馬六甲視察。
					僑智學校成立。
1941	1月	4～14日，皖南新四軍叛變。			
	5月	中條山之戰全面展開，國共關係惡化。			馬六甲籌賑會聯合當地四十六個華團致電促請第十八集團軍服從中央命令，團結一致，抗戰到底。
	6月			16日，《南洋商報》發動「七·七簽名運動」，向蔣中正委員長致敬，並慰問抗戰軍民。	馬六甲廿五個華團積極響應「七·七簽名運動」；馬六甲籌賑會則認為簽名之舉，手續麻煩，函請南僑總會在「七·七」四週年紀念日致電向林森、蔣中正及前綫將士致敬，並促各區會一致進行。
	7月				7日，馬六甲籌賑會在極樂園游藝場舉辦精神總動員二週年紀念大會。
	8月			南僑總會發起援英運動，新、馬各埠僑團紛紛響應。	
	9月			25日，英國殖民政府允許美軍使用新加坡基地。 6日，南僑總會主席陳嘉庚、林文慶二人代表僑界獻「V」旗予馬來亞陸軍司令白思華中將及遠東	1日，馬六甲籌賑會響應南僑總會援英運動，印發《告僑胞書》。 18日，馬六甲業餘互助社、鵝城

				空軍司令浮爾特中將。	會館、煙業女工互助會、建築工友公會、磚業工友互助會等五團體，特於「九·一八紀念日」發出代電，呼籲釋放張學良。26 日，僑務會教育處長余俊賢抵馬六甲視察僑教。
	11 月			10 日，日本空軍擊沉在檳城外海的英軍戰艦威爾斯王子號。19 日，英國軍官撤出檳城。	
	12 月	9 日，國民政府發布文告，正式向日本、德國、意大利宣戰。	1 日，英國殖民政府宣布馬來亞全境進入緊急狀態。18 日，英國殖民政府承認馬共為合法政黨，釋放在監禁的馬共黨員及左翼政治扣留者，並同意給予馬共選派人員軍事訓練。25 日，英國殖民政府要求華人組織義勇軍。	8 日，日軍從馬來亞吉蘭丹哥打峇汝（Kota Bahru）海灘登陸馬來亞。10 日，馬來亞共產黨發出戰鬥號召：「行動起來、武裝起來、抗日衛馬」。28 日，新加坡華僑抗敵動員總會成立。	
1942	1 月		10 日，英國參政司（官）拜倫逃離馬六甲。11 日，英軍司令華維爾將軍投降。	1 日，新加坡華僑抗敵動員總會成立民眾武裝部，招募義勇軍成員。同日，馬來亞人民抗日軍第一獨立隊成立。	15 日，馬六甲淪陷。

| | | | | 11 日，馬來亞人民抗日軍第二獨立隊成立。20 日，馬來亞人民抗日軍第三獨立隊成立。30 日，馬來亞人民抗日軍第四獨立隊成立。 | |
| 2月 | | | 15 日，駐新加坡英軍宣布投降。 | 1 日，馬來亞人民抗日軍第五獨立隊成立。〔註4〕15 日，日軍攻陷新加坡。 | |

注：本表根據以下各書資料另行彙編。

資料來源：

①林養志、宋正儀編輯：《中國國民黨一百週年大事年表》（臺北市：中國國民黨黨史會，1994 年），頁 1～388。

②李恩涵：《東南亞華人史》，頁 429～453。

③匡光照主編：《英屬馬六甲華僑公立培風學校二十週年紀念刊》（記述之部）（馬六甲：馬六甲華僑公立培風學校，1935 年），頁 13、17、23、25。

④楊進發：《新馬華族領導層的探索》（新加坡：新加坡青年書局，2007 年），頁169、175～176、180～181、187、201、365、367。

⑤柯木林主編：《新加坡華人通史》（新加坡：新加坡宗鄉會館聯合總會，2015 年），頁 731～733。

⑥韓信夫、姜克夫主編：《中華民國大事記（第一冊至第四冊）》（北京：中國文史出版社，1997 年）。

⑦21 世紀出版社編輯部：《馬來亞共產黨歷史畫冊》（吉隆坡：21 世紀出版社，2012 年），頁 25、32、33、34、38。

⑧李明峻編譯：《東南亞大事紀（1900～2004）》（臺北市：中央研究院人文社會科學研究中心亞太區域研究專題中心，2006 年），頁 47～52、149～151。

⑨《馬六甲華校教師公會五十年回顧紀念特刊（1940～1990）》，頁 115～116。

〔註4〕本年表僅處理到 1942 年，因此馬來亞人民抗日軍第六獨立隊（1943.8.13）、第七獨立隊（1943.9.1）、第八獨立隊（1943.8 月初）不列在此表。

附錄二　中華革命黨馬六甲支部會員一覽表（1914～1916）

序	誓約號數	姓　名	別號	原　籍	年齡	介　紹	主　盟	入會年月	入會所在
1	7801	沈鴻栢	德周	福建思明	41	劉有漢	鄭荊召	1914.10	馬六甲書報社
2	7802	施永命	兆福	福建思明	27	沈鴻栢	沈鴻栢	1914.10	馬六甲書報社
3	7803	何綱	振文	廣西茶城	31	沈鴻栢	沈鴻栢	1914.10	馬六甲書報社
4	7804	龍道舜	哲華	廣東瓊山	26	沈鴻栢	鄭荊召	1914.10	馬六甲書報社
5	7805	郭時文		廣東瓊山	39	龍道舜	鄭荊召	1915.02	馬六甲書報社
6	7806	許玉土	漢生	福建南安	39	沈鴻栢	鄭荊召	1914.10	馬六甲書報社
7	7807	陳炳坤	世英	福建金門	45	鄭荊召	沈鴻栢	1914.10	馬六甲書報社
8	7808	洪英豪	育才	福建金門	25	陳炳坤	沈鴻栢	1914.10	馬六甲書報社
9	7809	曾華安		福建思明	24	許玉土	沈鴻栢	1915.02	馬六甲志發成
10	7810	林萬敏	雲捷	福建永春	21	鄭荊召	沈鴻栢	1914.10	馬六甲書報社
11	7811	周文熾	卿昌	福建永春	23	鄭美金	鄭荊召	1914.10	馬六甲書報社
12	7812	鄭清德	世英	福建永春	23	鄭荊召	鄭荊召		馬六甲書報社
13	7813	邱瑞昔		福建永春	24	鄭荊召	鄭荊召	1915.03	馬六甲競真相店
14	7814	鄭廷彩	聯徐	福建德化	57	鄭荊召	鄭荊召	1915.03	馬六甲競真相店
15	7815	鄭兆色	美金	福建永春	36	鄭美懷	鄭荊召	1914.10	馬六甲書報社
16	7816	鄭清治	美懷	福建永春	37	周卿昌	鄭荊召	1914.10	馬六甲書報社

17	7817	林雲琯	祖怡	福建金門	28	鄭荊召	鄭荊召	1915.03	馬六甲競真相店
18	7818	吳朝安		福建德化	29	鄭荊召	鄭荊召	1914.10	馬六甲競真相店
19	7819	吳聯	慶豐	福建德化	38	鄭荊召	鄭荊召	1914.10	馬六甲競真相店
20	7820	鄭炳南	荊召	福建德化	31	陳炳坤	沈鴻栢	1914.10	馬六甲書報社
21	7821	張昌魯	競亞	江蘇上元	22	沈鴻栢	鄭荊召	1915.03	馬六甲中華學校
22	7822	王霖	雨蒼	浙江杭州	30	沈鴻栢	鄭荊召	1915.03	馬六甲志發成
23	7823	符名卿	書雲	廣東瓊州	39	龍道舜	龍道舜	1915.03	馬六甲裕豐棧
24	7824	龍歷雙	衛青	廣東瓊州	27	龍道舜	龍道舜	1915.03	馬六甲裕豐棧
25	7825	袁修明	康濟	廣東東莞	42	鄭荊召	鄭荊召	1915.05	馬六甲競真相店
26	7826	楊鏡田	子華	廣東大埔	29	劉翼鵬	鄭荊召	1915.06	馬六甲華羣公司
27	7827	郭成	巨川	廣東文昌	40	龍道舜	龍道舜	1915.03	馬六甲裕豐棧
28	7828	沈翰卿		福建思明	24	王漢忠	鄭荊召	1915.03	馬六甲志發成棧
29	7829	曾國頂		福建思明	35	沈鴻栢	鄭荊召	1915.03	馬六甲書報社
30	7830	劉漢香	翼鵬	廣東大埔	39	沈鴻栢	鄭荊召	1914.11	馬六甲書報社
31	7831	林晉烘	一郎	福建永春	34	沈鴻栢	鄭荊召	1915.03	馬六甲競真相店
32	7832	游桂	雨棠	廣東歸善	48	吳六奇	鄭荊召	1915.03	馬六甲競真相店
33	7833	黃子銘	漢英	廣東大埔	39	劉翼鵬	鄭荊召	1915.07	馬六甲華羣公司
34	7834	吳六奇	榮江	廣東海陽	32	程文岳	鄭荊召	1915.03	馬六甲志發成棧
35	7835	程文岳	松錦	廣東海陽	48	鄭荊召	鄭荊召	1914.10	馬六甲書報社

36	7836	康呈芳	鳳山	福建永春	24	洪英豪	鄭荊召	1915.03	馬六甲志發成棧
37	7837	何捷得	月溪	廣東大埔	32	鄭荊召	鄭荊召	1915.03	馬六甲競真相樓
38	7838	石戀烈	昭陽	福建思明	42	沈鴻栢	鄭荊召	1915.04	新嘉坡
39	7839	張文朝	慶彬	廣東大埔	42	沈鴻栢	鄭荊召	1915.07	馬六甲競真相樓
40	7840	曾國辦	園信	福建思明	40	沈鴻栢	陳炳坤	1914.10	馬六甲書報社
41	7841	鄭快	亦良	福建永春	42	鄭荊召	鄭荊召	1914.10	馬六甲書報社
42	7842	王振南		福建永春	43	鄭荊召	鄭荊召	1915.03	馬六甲競真相店
43	7843	鄭世焜	泰玉	福建永春	21	林萬敏	鄭荊召	1914.10	馬六甲書報社
44	7844	邱仰峰	成文	福建南安	33	沈鴻栢	鄭荊召	1914.10	馬六甲書報社
45	7845	王漢忠	金環	福建思明	29	沈鴻栢	鄭荊召	1914.10	馬六甲書報社
46	7846	黃廷和	仕元	廣東潮州	34	沈鴻栢	鄭荊召	1915.03	馬六甲新興棧
47	7847	楊焜郡		福建晉江	40	沈鴻栢	鄭荊召	1915.03	馬六甲書報社
48	7848	張成功	順吉	福建思明	36	邱仰峰	鄭荊召	1914.10	馬六甲書報社
49	7849	陳篤礦		福建思明	43	沈鴻栢	鄭荊召	1915.03	馬六甲競真相店
50	7850	柯子安		福建永春	22	鄭美懷	鄭荊召	1915.03	馬六甲競真相店
51	7851	范仕卿		廣東梅縣	29	蔡石泉	鄭荊召	1915.07	馬六甲競真相店
52	7852	顏穆聞	仲昭	福建永春	36	蔡石泉	鄭荊召	1915.07	馬六甲競真相店
53	7853	林友三	漢雄	廣東大埔	33	蔡石泉	鄭荊召	1915.07	馬六甲競真相店
54	7854	吳禮庭	詢史	廣東大埔	35	鄭荊召	鄭荊召	1915.07	馬六甲競真相店

55	7855	蔡石泉	慎源	福建德化	32	林雲琯	鄭荆召	1915.07	馬六甲競真相店
56	7856	霍蓮波	雨材	福建南海	22	蔡石泉	鄭荆召	1915.07	馬六甲競真相店
57	7857	周舟復	卿來	福建永春	24	劉翼鵬	鄭荆召	1915.07	馬六甲競真相店
58	7858	陳兩儀	復生	福建思明	31	鄭荆召	鄭荆召	1915.07	馬六甲競真相店
59	7859	張祖禎	白虹	廣東大埔	30	蔡石泉	鄭荆召	1915.07	馬六甲競真相店
60	7860	蕭湘	子垣	廣東大埔	36	鄭荆召	鄭荆召	1915.07	馬六甲競真相店
61	7861	李逎田	德畯	福建德化	32	林雲琯	鄭荆召	1915.07	馬六甲競真相店
62	7862	薛文明	鼎憶	福建永春	51	鄭快	鄭荆召	1915.07	馬六甲競真相樓
63	7863	姚金溪	清水	福建永春	37	蔡石泉	鄭荆召	1915.07	馬六甲競真相樓
64	7864	張招漢	星垣	廣東文昌	33	蔡石泉	鄭荆召	1915.07	馬六甲競真相樓
65	7865	郭燮亨	子雲	廣東大埔	27	黃子銘	鄭荆召	1915.07	馬六甲華羣公司
66	7866	陳尚饒	道鴻	廣東大埔	19	林友三	鄭荆召	1915.07	馬六甲華羣公司
67	7867	楊炳緒	煜南	廣東大埔	21	黃子銘	鄭荆召	1915.07	馬六甲華羣公司
68	35301	丘鴻務		廣東梅縣	26	熊崧生	吳六奇	1915.11	馬六甲
69	35302	林登瀛	傅洲	福建閩侯	38	劉翼鵬	吳六奇	1915.11	馬六甲
70	35303	林旭書	柏薰	廣東海陽	27	程文岳	吳六奇	1915.11	馬六甲
71	35304	李信三		廣東大埔	47	賴玉生	吳六奇	1915.11	馬六甲
72	35305	劉漢屏	維之	廣東大埔	33	劉翼鵬	吳六奇	1915.11	馬六甲
73	35306	唐士珍	提袁	廣東大埔	28	黃國士	程文岳	1915.11	馬六甲
74	35307	蕭鏡川		廣東大埔	34	林友山	吳六奇	1915.11	馬六甲
75	35308	熊崧生		廣東梅縣	41	范仕卿	吳六奇	1915.11	馬六甲
76	35309	許少廷		廣東海陽	40	林友三	吳六奇	1915.11	馬六甲
77	35310	李筱石	達時	廣東大埔	25	霍蓮波	吳六奇	1915.11	馬六甲

78	35311	熊葵寶		廣東梅縣	48	熊崧生	吳六奇	1915.11	馬六甲
79	35312	熊長裕		廣東梅縣	39	熊崧生	吳六奇	1915.11	馬六甲
80	35313	熊幹修		廣東梅縣	38	熊崧生	吳六奇	1915.11	馬六甲
81	35359	陳治朝	伯源	廣東文昌	26	林澤齋	吳禮庭	1915.11	馬六甲
82	35360	羅伯琳		廣東大埔	54	劉翼鵬	吳六奇	1915.11	馬六甲
83	35361	陳思陞		廣東大埔	42	林友三	吳六奇	1915.11	馬六甲
84	35362	侯煜如		廣東梅縣	29	熊幹修	吳六奇	1915.11	馬六甲
85	35363	陳曉五	學富	廣東文昌	41	褟善庭	吳禮庭	1915.11	馬六甲
86	35354	陳德隆		廣東瓊山	39	郭曉村	吳六奇	1915.11	馬六甲
87	35365	黃玉泗		廣東梅縣	45	熊崧生	吳六奇	1915.11	馬六甲
88	35366	藍洲仿	肇森	廣東大埔	33	黃國士	吳六奇	1915.11	馬六甲
89	35367	曹本彰		廣東大埔	38	賴玉生	吳六奇	1915.11	馬六甲
90	35368	吳權劍	青剛	廣東海陽	29	吳六奇	程文岳	1915.11	馬六甲
91	35369	曹蘭生		廣東大埔	42	賴玉生	吳六奇	1915.11	馬六甲
92	35370	吳福南		廣東豐順	34	李信三	吳六奇	1915.11	馬六甲
93	36122	溫波貴		福建德化	21	吳朝安	吳六奇	1915.11	馬六甲
94	36123	張少懷		廣東大埔	35	郭曉村	吳六奇	1915.10	亞沙漢
95	36124	曹文慶		廣東大埔	26	郭曉村	吳六奇	1915.10	亞沙漢
96	36125	郭友棠		廣東大埔	40	郭曉村	吳六奇	1915.10	亞沙漢
97	36126	陳仁和	南初	廣東大埔	34	林友三	吳六奇	1915.12	馬六甲
98	36127	張鑄魂		廣東大埔	34	張文朝	吳六奇	1915.12	馬六甲
99	36128	蕭德	子翼	廣東大埔	31	林友三	吳六奇	1915.11	馬六甲
100	36129	張振	惜羣	廣東大埔	30	黃子銀	吳六奇	1915.11	亞沙漢
101	36130	雷綿萍		福建南安	32	張振	吳六奇	1915.11	亞沙漢
102	36131	陳洪成		福建南安	36	陳寬琛	吳六奇	1915.11	亞沙漢
103	36132	楊子芙		廣東大埔	38	鄭荊召	吳六奇	1915.12	馬六甲
104	36133	饒作燊	集成	廣東梅縣	27	李筱石	吳六奇	1915.12	馬六甲
105	36134	鍾鏗昌	杰賓	廣東梅縣	18	熊長裕	吳六奇	1915.12	馬六甲
106	36135	何漢燊	雨春	廣東大埔	26	林友三	吳六奇	1915.12	馬六甲
107	36136	何鏡波	藕蓮	廣東大埔	24	林友三	吳六奇	1915.12	馬六甲
108	37104	吳榜	世成	福建德化	33	鄭荊召	吳六奇	1915.11	馬六甲
109	37105	任仕俊		福建鶴山	26	鄭荊召	吳六奇	1915.12	馬六甲
110	37106	唐榮春		福建龍溪	33	陳咸亨	陳寬琛	1915.12	馬六甲

111	37107	許競雄	銘元	廣東文昌	26	陳清通	吳六奇	1915.12	馬六甲
112	37108	許炳均	賓南	廣東文昌	31	陳清通	吳六奇	1915.12	馬六甲
113	37109	林武院		福建同安	50	鄭荊召	吳六奇	1915.12	馬六甲
114	37110	林見妥	崑山	福建安溪	47	鄭荊召	吳六奇	1915.12	馬六甲
115	37111	褟樹熙	裕廷	廣東文昌	26	褟善庭	吳禮庭	1915.12	馬六甲
116	37112	陳學堯		廣東文昌	20	褟善庭	吳禮庭	1915.12	馬六甲
117	37113	龍漢成	程鳳	廣東瓊山	27	張招漢	吳六奇	1915.12	馬六甲
118	37114	李受卿	世傳	廣東文昌	38	鄭荊召	吳六奇	1916.01	馬六甲
119	37115	林猷績	孟傳	廣東文昌	27	龍程鳳	吳六奇	1916.01	馬六甲
120	37116	嚴尊吾	益新	廣東文昌	45	符粵山	吳六奇	1916.02	馬六甲
121	37117	林其列		福建大田	37	陳咸亨	吳六奇	1916.02	馬六甲
122	37283	陳江河		福建安溪	23	鄭荊召	程文岳	1916.03	馬六甲
123	37284	周英炘		福建永春	44	鄭荊召	程文岳	1916.03	馬六甲
124	37285	周英美	子純	福建永春	47	鄭荊召	程文岳	1916.03	馬六甲
125	37286	宋天三	啓厚	福建永春	53	鄭荊召	程文岳	1916.03	馬六甲
126	37287	梁扶漢		廣東南海	24	鄭荊召	程文岳	1916.03	馬六甲
127	37288	鄭良口		福建德化		鄭荊召	程文岳	1916.03	馬六甲
128	37289	林耀添	世德	福建永春	19	鄭荊召	程文岳	1916.03	馬六甲
129	37290	呂文萊	世昌	福建思明	38	鄭荊召	程文岳	1916.03	馬六甲
130	37291	楊宏遠	夢臣	廣東海陽	25	鄭荊召	吳六奇	1915.12	馬六甲
131	37292	林世助		福建思明	27	鄭荊召	吳六奇	1915.12	馬六甲
132	37293	鄭長漱	揚輝	福建德化		鄭荊召	陳文岳	1915.12	馬六甲
133	37294	林鴻瀛		廣東文昌	20	鄭荊召	陳文岳	1916.03	馬六甲
134	37295	譚樸齋	應純	廣東高要	24	鄭荊召	陳文岳	1916.03	馬六甲
135	37296	李松金			22	鄭荊召	陳文岳	1916.03	馬六甲
136	37297	鄭興淼		福建德化		鄭荊召	陳文岳	1916.03	馬六甲
137	37298	劉卿章		福建永春	20	鄭荊召	陳文岳	1916.03	馬六甲
138	37299	溫澤榮		廣東鶴邑	22	鄭荊召	吳六奇	1915.12	馬六甲
139	37300	梁榮楷		廣東鶴邑	21	鄭荊召	吳六奇	1915.12	馬六甲
140	37301	鄭開杉	美達	福建永春	26	鄭荊召	吳六奇	1915.11	馬六甲
141	37302	陳福仁	海山	廣東新寧	40	蕭湘	程文岳	1916.03	馬六甲
142	37303	林萬秉	雲均	福建永春	34	鄭荊召	程文岳	1916.03	馬六甲
143	37304	陸德春		福建永春		鄭荊召	程文岳	1916.03	馬六甲

144	37619	陳鵬志		廣東文昌	48	林采堯	鄧澤如	1916.04	馬六甲
145	37620	嚴陞臣		廣東文昌	47	林采堯	鄧澤如	1916.04	馬六甲
146	37621	吳德顯		廣東瓊山	42	林采堯	鄧澤如	1916.04	馬六甲
147	37622	詹受天	炳光	廣東文昌	37	許競雄	鄧澤如	1916.04	馬六甲
148	37623	陳利民	汝舟	廣東文昌	35	許登瀛	鄧澤如	1916.04	馬六甲
149	37624	梁秀英	玉卿	廣東文昌	25	許競雄	鄧澤如	1916.04	馬六甲
150	37744	陳華新		廣東文昌	48	潘岐鳳	林照英	1916.04	馬六甲
151	37911	鄭廷麵		福建德化	56	鄭荊召	程文岳	1916.05	馬六甲
152	37912	符福京	師庭	廣東文昌	42	李受卿	程文岳	1916.04	馬六甲
153	37913	韓定中		廣東文昌	22	劉冠支	程文岳	1916.05	馬六甲
154	37914	陳昌儀	□明	廣東文昌	43	林壽軒	程文岳	1916.05	馬六甲
155	37915	符鴻琇		廣東會同	41	周克熾	程文岳	1916.05	馬六甲
156	37916	陳高山	漢忠	廣東瓊山	29	陳協熙	陳寬琛	1916.04	馬六甲
157	37917	李辰桐	同華	廣東瓊山	44	陳協熙	陳寬琛	1916.04	馬六甲
158	37918	陳耀書		廣東文昌	45	周漢炳	程文岳	1916.04	馬六甲
159	37919	陳篤初		廣東文昌	34	周漢炳	程文岳	1916.04	馬六甲
160	37920	褟樹川	貴彩	廣東文昌	35	吳禮庭	程文岳	1916.04	馬六甲
161	37921	陳時卿		廣東文昌	29	林善孚	吳禮庭	1916.04	馬六甲
162	37922	施祖輝	典五	廣東瓊東	38	褟善庭	吳禮庭	1916.04	馬六甲
163	37923	林壽軒	騰波	廣東文昌	26	符昕	程文岳	1916.04	馬六甲
164	37924	鄭有光	漢東	廣東文昌	26	符昕	程文岳	1916.04	馬六甲
165	37925	邢詔順		廣東文昌	27	符昕	程文岳	1916.04	馬六甲
166	37926	韓章翼	應星	廣東文昌	37	符昕	程文岳	1916.04	馬六甲
167	37927	符大喜		廣東文昌	25	符昕	程文岳	1916.04	馬六甲
168	37928	劉冠支	瑞雲	廣東文昌	24	符昕	程文岳	1916.04	馬六甲
169	37929	葉爾炳	華奐	廣東定安	50	陳協熙	陳寬琛	1916.04	馬六甲
170	37930	龍興隆		廣東瓊山	25	符昕	程文岳	1916.04	馬六甲
171	37931	鄭漢東	保	廣東文昌	32	符昕	程文岳	1916.04	馬六甲
172	37932	符育春		廣東文昌	30	符昕	程文岳	1916.04	馬六甲
173	37933	符大成		廣東文昌	44	符昕	程文岳	1916.04	馬六甲
174	37934	符獻經		廣東會同	38	符昕	程文岳	1916.04	馬六甲
175	38001	陳義和	貴義	廣東文昌	30	許登瀛		1916.05	馬六甲
176	38358	林之瓊	瑤琴	廣東文昌	45	李受卿	陳文岳	1916.05	馬六甲

177	38359	李澤阡		廣東文昌	27	李受卿	陳文岳	1916.05	馬六甲
178	38360	王進簪	豫朋	廣東文昌	34	李受卿	陳文岳	1916.05	馬六甲
179	38361	陳在章		廣東文昌	27	鄭漢東	程文岳	1916.05	馬六甲
180	38362	陳足定	昭德	廣東文昌	25	陳篤初	程文岳	1916.05	馬六甲
181	38363	鄭濟鑾		廣東文昌	30	符育春	程文岳	1916.05	馬六甲
182	38364	陳繼先		廣東瓊山	40	李受卿	程文岳	1916.05	馬六甲
183	38365	符斯階		廣東瓊山	47	李受卿	程文岳	1916.05	馬六甲
184	38366	陳昌卿		廣東文昌	30	符育春	程文岳	1916.05	馬六甲
185	38367	姚漢清		廣東瓊東	45	符大成	程文岳	1916.05	馬六甲
186	38368	符一揆	慎深	廣東文昌	34	陳協熙	陳寬琛	1916.05	馬六甲
187	38369	黃炳星	奐炳	廣東瓊山	30	陳協熙	陳寬琛	1916.05	馬六甲
188	38732	符樹保	玉英	廣東文昌	21	符受初	吳禮庭	1916.07	馬六甲
189	38733	陳行仁		廣東文昌	31	褚善庭	吳禮庭	1916.07	馬六甲
190	38734	符大源	鏡泉	廣東文昌	27	符育春	程文岳	1916.07	馬六甲
191	38735	劉秩三		廣東文昌	23	吳天位	程文岳	1916.07	馬六甲

注：本表根據以下資料另行彙編。由於部分〈中華革命黨黨員名冊〉有嚴重水損、沾
　　黏的狀況，暫無法翻閱，惟將現有資料整理成〈附件二：中華革命黨馬六甲支部
　　會員一覽表（1914～1916）〉，疏漏之處在所難免。

資料來源：

①〈中華革命黨麻六甲支部會員壹覽表〉，《環龍路檔案》第 0375 卷，【黨：環龍】
　07488。

②〈中華革命黨黨員名冊〉，《中華革命黨時期史料》第 1867 卷，【黨：一般】
　395/179。